企业绩效精细化管理实操一本通

杨光瑶／编著

中国铁道出版社有限公司
CHINA RAILWAY PUBLISHING HOUSE CO., LTD.

内 容 简 介

这是一本系统介绍企业如何做好绩效管理的书籍，书中以绩效管理的流程为线索，详述了绩效管理从落地推行到实施应用的操作方法及技巧。

全书共 11 章，主要内容有 4 个部分。第一部分介绍了如何建立绩效管理体系；第二部分从工具出发，详细讲解了如何运用考核工具来设计绩效指标；第三部分介绍了如何实施绩效考核，包括计划落实、考核评价、反馈面谈等内容；第四部分深入解读如何运用绩效结果及如何解决绩效纠纷。

本书在讲解过程中将理论方法与具体案例相结合，同时，提供了大量的实用模板和图表工具，具有很强的实操性。适合企业管理人员、绩效管理专员、人事专员及想要从事人力资源岗位的毕业生阅读。

图书在版编目（CIP）数据

企业绩效精细化管理实操一本通 / 杨光瑶编著 . —北京：中国铁道出版社有限公司，2021.8

ISBN 978-7-113-27575-4

Ⅰ . ①企… Ⅱ . ①杨… Ⅲ . ①企业绩效 – 企业管理 Ⅳ . ① F272.5

中国版本图书馆 CIP 数据核字（2021）第 103829 号

书　　名：企业绩效精细化管理实操一本通
QIYE JIXIAO JINGXIHUA GUANLI SHICAO YIBENTONG
作　　者：杨光瑶

责任编辑：王　佩　**编辑部电话：**(010) 51873022　**邮箱：**505733396@qq.com
封面制作：宿　萌
责任校对：苗　丹
责任印制：赵星辰

出版发行：中国铁道出版社有限公司（100054，北京市西城区右安门西街 8 号）
印　　刷：北京铭成印刷有限公司
版　　次：2021 年 8 月第 1 版　2021 年 8 月第 1 次印刷
开　　本：700mm×1 000mm　1/16　**印张：**18.25　**字数：**260 千
书　　号：ISBN 978-7-113-27575-4
定　　价：69.80 元

前言

说起绩效管理，不少管理者都表示：绩效管理很重要，但也令人头疼。当下，很多企业都施行了绩效管理，但实施效果却不尽如人意。绩效管理似乎沦为了书面形式，企业和员工的绩效并没有得到提升。

确实，在企业管理中，绩效管理是一项具有挑战性的工作。要让绩效管理在企业落地生根，并且有序、有效地推行实施，不仅要有科学的绩效管理思路来指导，还需要各部门的积极配合。

绩效管理从推行到落实，需要经历目标设置、过程跟踪、沟通辅导、评估反馈及结果应用等环节。实践告诉我们，绩效管理循环系统的每个环节都是环环相扣、相辅相成的，避免绩效管理最终流于形式，企业要将各个环节一步步递进、一层层落实。

本书从绩效管理的动态循环流程出发，将绩效管理活动流程与具体的考核工具、实操方法相结合，为企业开展绩效管理工作提供有序清晰的操作指导。

全书包括 11 章，可分为 4 个部分，各部分的内容如下所示。

◎ 第一部分：第 1 ~ 2 章

该部分是绩效管理循环系统的起点，介绍了绩效管理的基本常识及如何制订绩效计划，包括正确理解绩效与绩效管理、确立合理的绩效目标、提取合适的绩效指标等内容。

◎ 第二部分：第 3 ~ 4 章

该部分介绍了如何运用主要的绩效考核工具及设计绩效考核指标量化表，包括目标管理法、平衡计分卡、人力资源部绩效考核指标设计、财务部绩效考核指标设计等。

◎ 第三部分：第 5 ~ 7 章

该部分重点讲解如何根据绩效计划实施绩效考评和反馈，包括绩效考核准备工作、绩效考核数据的收集、科学的员工绩效评估、考核结果的反馈面谈等内容。

◎ 第三部分：第 8 ~ 11 章

该部分介绍了如何解决绩效常见纠纷和问题及如何运用绩效考评结果，包括提供绩效申诉渠道、考核结果统计分析、员工岗位薪酬调整、考核实施过程中的问题解决等内容。

本书内容全面，语言通俗易懂，将“理论 + 方法 + 表单 + 案例”进行一站式讲解，管理者可结合实际找到适合自身企业的绩效管理路径。本书可供各类企业中高层管理人员、人力资源管理从业人员、绩效管理专员、绩效考核助理及想要从事绩效管理工作的相关人员学习使用。

由于编者能力有限，对于本书内容不完善的地方希望获得读者的指正。

编　者

目录

第一章　看懂绩效：战略落地的重要工具

在企业管理中，绩效这个词越来越多地被提到。随着时代的发展，企业对员工的要求正在发生改变，而员工对企业的期望也会产生变化，不少管理者感叹道："人力资源管理越来越难。"绩效管理作为企业战略落地及激励员工的重要工具，被越来越多地运用到人力资源管理中。

第二章 计划设定：绩效目标和体系的构建

在绩效管理流程中，绩效计划是循环系统中的起点，是将绩效实施方案订立为正式书面协议的过程，我们可以将绩效计划看作绩效管理工作实施的行动指南。

第三章 工具助力：主要绩效评估工具的应用

不同的企业，由于发展现状、岗位设置、员工综合能力等的不同，在进行绩效考核时选择的评估工具也会不同，充分了解不同绩效评估工具的优缺点，可以帮助企业在进行绩效考核时选择更适合自身的工具，使绩效管理真正发挥实效。

第四章 量化考核：不同岗位员工的指标设计

一个企业通常会有多个岗位，在设计绩效考核表时，企业要根据不同岗位的工作职责与任务来设计适合该岗位员工的绩效指标，这样才能保证绩效考核能因岗制宜。本章将以常规部门及岗位为例，讲解不同职位如何进行量化考核。

第五章　追踪控制：指导落实绩效计划

有效落实绩效计划是企业取得高绩效的关键，而绩效计划的落实离不开企业全体员工的积极配合，企业需要向员工传达绩效考核的价值，对绩效计划实施过程进行追踪，才能确保绩效计划有效实施。

第六章 考核评价：考察绩效指标完成情况

考核评价是针对员工的工作绩效进行评估的过程，在绩效考核评价过程中，如何公正、合理地对员工进行评价是企业考虑的重点。根据绩效指标类型的不同，企业可采用不同的考评方法对绩效结果进行评估，从而科学地对员工绩效结果进行考评。

第七章 反馈面谈：讨论和回顾考核结果

员工的绩效考核结果怎么样，哪方面的成绩值得肯定，有哪些地方需要改进。这些问题都需要管理者通过绩效面谈的方式反馈给被考核者。在绩效管理实践中，很多企业都存在绩效反馈面谈成效不佳的问题，那么企业该如何有效开展绩效反馈面谈呢？

第八章 纠纷解决：应对绩效考核异议

绩效考核不可能完全做到“人人满意”，在绩效考核过程中，难免会听到反对、抱怨、投诉等声音，面对这些异议，不应回避，积极地去妥善处理和解决才是关键。在解决这些异议的过程中，企业的绩效管理能力也会得到进一步提高。

第九章 结果应用：员工晋升调动与激励

对绩效考评结果的应用，主要可分为两方面：一是应用于物质层面，如薪资、福利；二是应用于精神层面，如晋升、培训发展等。绩效考评结果如果应用得当，将会给企业带来巨大的价值，而员工对薪酬、岗位调动等的关注，也会促使企业重视绩效结果的应用。

第十章 优化改进：提升绩效管理效果

优化改进是诊断绩效问题、制订绩效改进计划的过程。通过有针对性地实施绩效改进，企业可以帮助员工提高个人能力，优化组织绩效管理流程和体系，进一步提高企业绩效管理能力和核心竞争力。

第十一章　困局破解：企业绩效管理的常见问题

企业引进绩效管理的初衷是为了实现企业和员工双赢，但在实施绩效管理的过程中，很多企业会遇到各种各样的问题，这些问题不仅会影响绩效管理的成效，严重的还会导致企业管理误入歧途。因此，解决和处理这些问题对企业来说非常重要。

第一章

看懂绩效：战略落地的重要工具

在企业管理中，绩效这个词越来越多地被提到。随着时代的发展，企业对员工的要求正在发生改变，而员工对企业的期望也会产生变化，不少管理者感叹道：“人力资源管理越来越难。”绩效管理作为企业战略落地及激励员工的重要工具，被越来越多地运用到人力资源管理中。

1.1 正确理解绩效与绩效管理

将绩效等同于考核，将绩效管理理解为挑员工毛病，是不少企业管理者和员工对绩效和绩效管理的错误认知，正确认识绩效和绩效管理是提高企业管理效果的前提。

1.1.1 两个与绩效有关的关键词

说起绩效，不少人都会联想到绩效考核与绩效管理这两个关键词，那么绩效与这两个关键词的含义是什么呢？具体内容如下。

（1）绩效

绩效是由“绩”和“效”两个字构成的，其中，“绩”可以理解为工作业绩，“效”可以理解为效率。因此绩效有动态和静态两层含义，静态层面是指工作的最终结果，动态层面是指完成工作成果所作出的行为。

基于以上理解，对于绩效的常见认识有 3 种：一种认为绩效就是工作结果，另一种认为绩效是工作完成的过程，还有一种认为绩效是结果与过程的统一体。

在实际应用中，要将两个层面结合起来理解，这样做的好处在于可以有效避免企业管理中出现只重视产出、不重视过程或只强调方法、不重视实际工作成果的情况。

（2）绩效考核

绩效考核也常被称为绩效考评，其是绩效管理中的一环，是考核者针对企业成员的工作能力、结果、行为等，运用科学的方法进行评定，并将考评结果反馈给成员的过程。从绩效考核的含义可以看出，绩效考核属于过程管理，有效的绩效考核将有助于企业目标的实现，同时也可以让企业员工认识自身的不足。

（3）绩效管理

绩效管理是指各级管理者和员工在实现及提升绩效过程中进行的一系列活动，在人力资源管理中，绩效管理是企业促进管理规范化的有效手段。有效的绩效管理对企业及员工都会产生积极的作用，糟糕的绩效管理则会降低组织绩效，给企业带来消极影响。

1.1.2　绩效管理在人力资源管理中的作用

绩效管理是人力资源管理系统的重要组成部分，在员工管理中具有以下重要作用。

（1）实现企业目标，促进共同发展

在进行绩效管理时，会进行企业、部门和个人绩效目标的科学设定，员工可以通过了解自己的绩效目标找到工作规划的重点和方向，当个人和部门绩效目标得到有效实现后，企业目标也会得以实现。另外，管理者还可以从绩效管理中了解员工的工作能力及优缺点，通过挖掘和培养优秀员工来促进企业和员工的共同发展。

（2）提高工作质量，有助于员工激励

当绩效考核的结果与员工工资、奖金等结合在一起后，员工就会为提高工作绩效而努力提升自身的工作能力和质量，这样可以起到激励员工的作用。同时，在企业内部还可以建立良性的竞争环境，持续促进员工更积极主动地提升绩效。

（3）构建管理体系，优化管理问题

不少处于快速发展期的企业都没有完善的人力资源管理体系，通过引入绩效管理系统，可以优化企业管理流程，提高组织运行效率。在推进绩效管理的过程中，还可以发现管理中存在的各种问题，如在协调部门间日常事务上花费太多时间、员工缺乏工作主动性等，从而根据实际有针对性地调整，改善人力资源管理中的缺陷，不断提升管理水平。

（4）促进有效沟通，营造良好工作氛围

进行人力资源管理时，很多企业都忽略了沟通的重要性，从而导致员工工作效率低下，甚至影响管理活动的有效开展。而在绩效管理实施的过程中，沟通与反馈是必要环节，通过持续的动态沟通可以协调管理矛盾，让组织成员了解并认识自身的工作职责，营造良好的工作氛围。

1.1.3 绩效管理要实现怎样的效果

不同的企业引入绩效管理系统的目的是不同的，总的来看，企业都希望绩效管理能产生以下推动作用。

（1）激励员工，而不是打击员工积极性

激发员工主动性和创造性是很多企业实施绩效管理的主要目的，但并不是所有企业的绩效管理都会起到激励员工的作用，失败的绩效管理不仅不能激励员工取得更好的工作业绩，反而会带来负面影响。

| 范例解析 | 绩效考核导致优秀员工业绩不升反降

李某是某公司销售部的一名销售专员，平时工作积极性很高，因此工作业绩也很突出，几乎每个月都能获得“销售能手”的称号和对应的奖金。为了促进部门其他员工也积极主动地完成销售目标，公司决定对销售部实行绩效考核。

在设置绩效目标时，公司将“销售能手”业绩指标由过去的20万元提升到了50万元，认为这样可以激励像李某这样的优秀员工进一步提高工作效率和业绩。一段时间过后，公司领导却发现李某的工作业绩下滑得很快，工作状态也越来越差。

经过沟通，公司领导发现原来是绩效目标设置不合理导致的，过高的绩效目标使得李某完成工作目标很吃力，压力太大也导致李某精神崩溃，工作效率下降。

通过上述范例可以看出，过高的绩效目标不仅不能起到激励员工的作用，反而会带来负面破坏力，导致员工压力过大，业绩不升反降，这种绩效管理效果是企业不愿看到的。

（2）绩效改进，而不是恶性循环

通过绩效管理发现问题并制订和实施绩效改进计划，帮助员工提升工作绩效和能力，是很多企业实施绩效管理的目的。有效地落实绩效改进计划不仅能让员工更优秀，还能提升绩效管理效果。只考核不反馈，对绩效问题置之不理，则会形成恶性循环。

| 范例解析 |　绩效改进促进员工持续进步

根据绩效考核结果，某企业制订了绩效改进计划。在实施绩效改进计划的过程中，针对绩效表现不佳的员工，以一对一沟通的方式了解其不足之处，并予以适当警示和职业技能培训帮助；针对绩效合格的员工，则了解其可提升空间，给予适当的激励并指出提升的途径和办法；针对绩效优秀的员工，在认可其工作能力的同时，鼓励其做得更好并且给予重点培养，使其成为企业的“核心员工”。

上述绩效改进计划完成后，该企业员工的工作能力和态度都得到了普遍提高。同时，员工有了自我学习意识，个人绩效也得到了显著提升，大大推动了企业整体绩效的提高。

1.1.4 对绩效管理理解的常见误区

对于绩效管理的认识，不少管理者和员工都存在一定误区，这些错误认识会影响绩效管理的有效推进，只有正确认识绩效管理才能充分发挥其作用，常见的误区有以下 3 种。

（1）认为绩效考核就是约束员工

许多企业在实施绩效管理的过程中，错误地认为绩效考核就是约束员工，于是设置了极为严苛的考核制度并采用末位淘汰制，对绩效不合格的员工一律采取扣罚工资、辞退等消极的处理方法。最后导致员工怨声载道，公司员工的流失率也很高。

以约束员工为目的进行绩效管理是错误的认知，这种认知会将员工推向企业的对立面，实际上绩效管理作为一种管理工具，并不会损害员工的利益。相反，优秀的绩效管理可以强化内部激励，实现企业和员工的共同进步。

（2）认为绩效管理就是绩效考核

将绩效管理等同于绩效考核是常见的错误认知，绩效管理是一个循环的系统，绩效考核只是其中的一个环节，除此之外，还包括绩效计划制订、绩效指标设计等内容。

如果将绩效管理定位于考核员工，只进行考核这一件事，那么绩效管理也会走向失败。与单纯的考核不同，绩效管理注重的是过程管理，强调员工实现工作绩效的产出过程，而不是只关注一个考核结果。

（3）认为绩效管理能解决所有的管理问题

认为绩效管理能解决所有的管理问题，只要企业出现管理问题都是绩效管理的责任，这是企业高层管理者容易出现的误区。管理者应该知道绩效管理并不是“灵丹妙药”，企业出现了管理问题，还可能与企业制度、文化、流程等因素有关。

理智地看待绩效管理，明白绩效管理只是企业管理系统的一个组成部分，而非管理的全部，才是正确地认识绩效管理。

1.2 构建企业绩效管理系统

从不重视绩效到引入绩效，从没有管理到构建绩效管理系统，不少企业都开始认识到绩效管理对于企业健康发展的重要性，而构建全面系统的绩效管理体系则是绩效管理顺利运行的关键。

1.2.1　企业绩效管理循环流程图

绩效管理是一个闭合的动态循环系统，由绩效计划、过程追踪、考核评价、反馈面谈和结果运用构成，如图 1–1 所示。

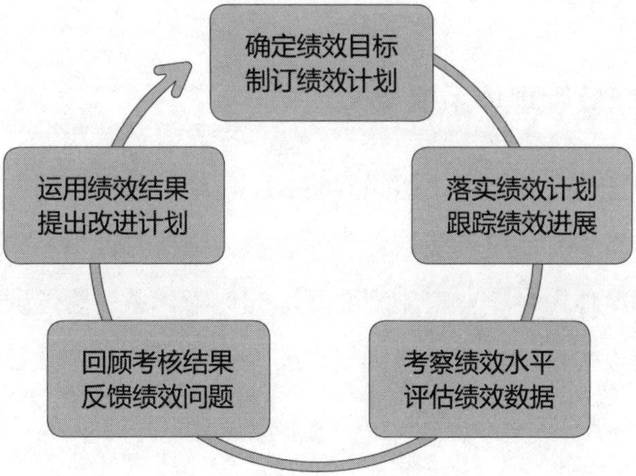

图 1–1

图 1–1 呈现了绩效管理系统的循环流程，5 个关键节点环环相扣，各个环节的主要内容如下所示。

- **绩效计划：** 制订绩效计划是绩效管理基本流程中的第一步，在该环节需要确定绩效目标，明确各部门员工的职责，为员工工作提供行动指引。
- **过程追踪：** 该环节会根据设定的计划来开展工作并完成绩效目标，管理者会对员工进行持续的绩效跟踪记录，并有针对性地对员工进行指导，保证绩效计划能够充分落实。
- **考核评价：** 考核评价是针对绩效完成结果进行评估的过程，在该过程中会收集员工的绩效考核数据，并以此来了解员工的绩效水平、工作行为等。
- **反馈面谈：** 反馈面谈是管理者与员工一起就绩效问题进行沟通分析的过程，在这一过程中员工可以了解到自己的工作成果和优缺点，为确定绩效改进计划提供依据。
- **结果运用：** 结果运用是指将绩效考核的结果运用于薪酬、奖金的发放及员工职务调整等，同时提出绩效改进计划，对员工进行培训开发。

绩效管理循环系统中每一个环节都是很重要的，将每个环节的内容落到实处，对绩效管理的成功实现具有重要意义。

1.2.2　基本绩效管理体系框架

在绩效管理体系框架中，组织战略、部门绩效和员工绩效构成了 3 个重要的层级，绩效管理制度和绩效管理理念则为绩效管理体系的运营提供了支撑。其中，制度体系是企业实施绩效管理的保障体系，管理理念则会为绩效管理体系的建设提供良好的环境氛围，图 1–2 所示为基本绩效管理体系框架示意图。

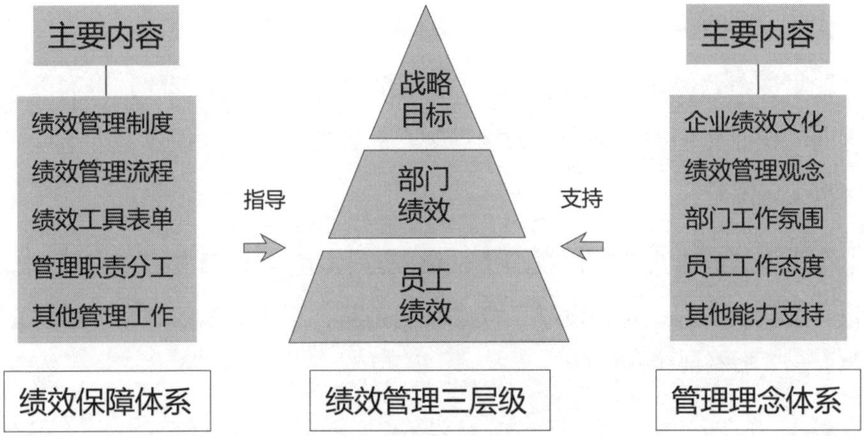

图 1-2

通过图 1-2 所示的内容可以看出，企业绩效管理体系包含了 3 个层面，第 1 层面是企业战略规划，第 2 层面是建立绩效保障体系，第 3 层面是管理理念支持，这 3 个层面的具体内容如下。

（1）企业战略规划

企业战略规划是指根据企业愿景、现状等对企业的战略目标进行分析和策划，以明确企业短期、中期及长期的战略目标，再根据企业战略目标来确定部门及员工的关键绩效。

通过将企业战略目标与绩效管理工作对接，可以确保战略有效落实执行，在战略执行过程中，还可以借助绩效管理循环系统对目标进行跟踪、反馈和调整，确保成功实现战略目标。

（2）建立绩效保障体系

企业的绩效管理工作的有效开展，离不开保障体系的指导和支撑，通过制定绩效管理制度，确定绩效考核工具，明确绩效管理职责与分工，可以让企业成员主动参与绩效管理体系建设，确保绩效管理有效执行和顺利运营。

（3）管理理念支持

如果说绩效保障体系是有形的，那么管理理念就是无形的，没有以绩效为导向的企业文化和正确的绩效管理观念的支持，企业的绩效管理想要成功实施也十分困难。

在重视绩效的企业文化氛围下，员工会主动学习，自发追求高绩效，企业也会重视员工的成长与发展，鼓励员工创新，正确的绩效观念能够防止绩效管理陷入瓶颈或走向失败。

1.2.3 如何开展绩效管理工作

绩效管理的开展并不是一蹴而就的，需要经历前期宣传、中期建设、后期推进的过程，具体内容如下所示。

（1）前期宣传

企业在初期开展绩效管理工作时，可能会因为管理者不了解绩效工作的内容，员工不了解绩效管理的意义，而导致绩效管理工作的开展受到阻碍。为了保证绩效管理工作顺利开展，在正式开展绩效管理前，需要进行宣传造势。

企业可以通过例会、培训、发放宣传资料等方式来让员工认识和理解绩效管理，员工对绩效管理的理解越透彻，开展绩效管理工作受到的阻力就会越小。

（2）中期建设

中期建设是指制订绩效行动计划，绩效行动计划一般由绩效管理小组来编制，管理小组要起草绩效管理的相关制度，确定部门及岗位的绩效计划，制定科学的绩效考核指标。在确立绩效行动计划时，管理小组可以制作一份绩效管理推进计划表，明确绩效管理的实施流程和进度安排。

绩效管理推进计划表一般要包含工作内容、负责人、时间安排等内容，表 1-1 所示为某公司绩效管理推行时间表部分内容。

表 1-1　某公司绩效管理推行时间表

推进阶段	工作目标	具体内容	责任人	时间安排
准备阶段	成立绩效管理小组	由总经理及各部门经理确定绩效管理小组成员	总经理及部门经理	4 月 20 日前
	初步拟定各部门绩效计划	确定本部门的绩效目标和指标	部门经理	5 月 10 日前
	初步拟定各岗位绩效计划	按岗位确定被考核员工的绩效指标和标准	部门经理	5 月 20 日前
	形成绩效管理制度框架和文件	完善部门及岗位的绩效计划并编制绩效管理制度	管理小组	5 月 30 日前
试行阶段	跟进部门绩效管理实施情况	了解绩效管理实施过程中的问题或漏洞	管理小组	6 月
	跟踪员工绩效计划执行情况	了解员工绩效完成情况并纠正偏差	部门经理	6 月
	……	……	……	……
完善阶段	反馈绩效问题并进行完善	了解绩效考核结果，并纠正试运行过程中发现的问题	管理小组	6 月后
	……	……	……	……
正式启用	……	……	……	……

（3）后期推进

当确定绩效行动计划后，就可以进行绩效管理的推进工作了。部分企业在全公司正式推进绩效管理前，会进行试运行，待修正了不合理的绩效指标、优化绩效管理关键环节后再投入正式运行，这点从表 1-1 也可以看出。

知识延伸 | 开展绩效管理工作不能盲目照搬

不同的企业导入绩效管理的基本步骤都比较相似，但在具体开展过程中，企业应该根据自身实际情况来确立制度规范、管理流程、考核方法等，不能盲目照搬其他企业的绩效管理方案。

1.3 强化绩效管理水平和能力

由于绩效管理的特殊性，所以与企业的每一位员工都密切相关，如何借助这一工具去提升绩效，实现组织目标，优化管理体系，十分考验企业的绩效管理水平和能力。

1.3.1 开展企业绩效管理水平诊断

了解绩效管理的现状和问题，有利于进行绩效改进，企业可以从以下几个方面进行绩效管理水平的诊断。

- **管理制度的诊断：**主要诊断企业的绩效管理制度是否存在不科学、不合理的地方，如诊断绩效管理流程是否规范、绩效考评有没有落到实处、绩效监控是否正常开展等。
- **绩效目标的诊断：**主要诊断绩效目标是否合理，如诊断绩效目标是否可量化、关键绩效指标设计是否合理、绩效指标是否与职责相匹配等。
- **绩效考核体系的诊断：**主要诊断绩效考核体系是否科学、健全，如诊断绩效考核体系是否充分结合了企业自身特点、绩效考评方法是否合理、绩效考评结果的激励手段是否完善等。

◆ **对管理人员的诊断：**主要诊断管理人员对绩效管理的落实程度及自身的职业素养，如诊断是否对绩效管理有正确的认识、是否存在不重视管理制度的情况、有没有按流程对员工进行绩效辅导和沟通、是否能有效做好过程管理等。

◆ **对被考核员工的诊断：**主要诊断被考核员工的态度及参与情况，如诊断员工是否认识到了绩效管理的重要意义、员工是否支持绩效管理、员工是否都参与了绩效考核。

在实践中对企业绩效管理水平进行诊断时，可以采用访谈法和问卷调查法，这两种方法的具体操作方式如下。

（1）访谈法

访谈法是指以绩效管理专家面对面访谈的方式来诊断企业的绩效管理水平及问题，受访者一般为公司高层领导、部门经理或绩效管理小组成员。专家访谈法的优势在于能够了解到绩效管理理念中存在的问题，能够准确捕捉到绩效管理的关键问题。

在访谈结束后，绩效管理专家会对访谈结果进行总结，并形成绩效管理诊断报告。诊断报告一般包括绩效管理调研基本情况、绩效管理现状诊断分析、访谈意见及解决方案等内容，如下为某公司绩效管理诊断报告的部分内容。

绩效管理诊断报告

一、绩效管理诊断方法

主要通过公司高层访谈、部门经理访谈等沟通方式，了解管理人员在绩效管理实施过程中存在的问题，通过分析企业的绩效管理制度及工作目标体系等，掌握企业的绩效管理现状。

二、绩效管理调研基本情况

本次调研由3个部分组成：调研资料收集、深度访谈、调研分析。

……

三、绩效管理现状诊断分析

（一）多数管理者对绩效管理缺乏正确的认识

在访谈中，很多管理者对绩效管理存在错误的认识，主要包括5点：

1.认为绩效管理就是考核指标。

……

四、访谈意见及解决方案

（一）通过培训和沟通纠正管理人员对绩效管理的错误认识

……

（2）问卷调查法

对大多数中小企业来说，常用问卷调查的方法来诊断企业的绩效管理水平。问卷调查法可以从绩效指标、管理流程等维度来设计问卷，从而诊断绩效管理现状，如下所示为某公司绩效管理诊断调查表的部分内容。

绩效管理诊断调查

本次调查旨在了解绩效管理体系在公司的实施情况，将结合最终结果做出诊断。本次调查属于不记名调查，大家可表达真实想法。

您目前的岗位级别是？

□经理层及以上　　□主管层　　□主管层以下

1.我认为本公司的绩效管理能够将本公司目标、部门目标和个人目标有机结合起来。

□非常符合　□比较符合　□一般　□较不符合　□完全不符合

2. 本公司目前所有的员工都参与了绩效管理。

□非常符合　□比较符合　□一般　□较不符合　□完全不符合

……

1.3.2 四大因素影响组织绩效管理水平

总体来看，影响企业绩效管理水平的因素主要有 4 种，包括考核缺乏科学性、绩效管理观念落后、不重视员工参与、缺乏沟通反馈机制，具体介绍如表 1-2 所示。

表 1-2　影响组织绩效管理水平的常见因素和解决方法

因　素	体现方式	解决方法
考核缺乏科学性	考核指标体系的设计不科学	分析岗位职责，梳理部门绩效指标，设计有差异化的考核指标
	考核主观性太强，评分随意	建立绩效跟踪机制，通过培训提高考评者的考核能力
	考核结果没有与人力资源系统相连接，流于形式	完善绩效激励机制，将考核结果运用于多种回报方式中
绩效管理观念落后	对绩效管理的体系和意义认识不足	加强绩效管理培训，帮助树立科学的绩效管理理念
	认为绩效管理与自己无关	明确企业成员的绩效管理职责，责任到人
不重视员工参与	员工未参与目标制定，导致管理者与员工的绩效预期不同，个人绩效目标实现困难	管理者与员工就当期绩效目标进行沟通交流，使员工了解并认可绩效目标，明确行动方向
	员工不了解考核内容，导致未配合企业进行绩效考核	进行绩效考核公示，让员工明确绩效考核的内容
缺乏沟通反馈机制	绩效目标执行困难，问题重重	加强绩效管理过程沟通，就目标执行中产生的问题给予指导

续上表

因　素	体现方式	解决方法
缺乏沟通反馈机制	绩效考核无法促进员工发展	强调绩效考评面谈，对考核结果进行公示或表彰

1.3.3　中层管理者要如何进行自我修炼

中层管理者是绩效管理实施过程中的中坚力量，做好部门绩效管理，不断提升部门及员工的绩效，与企业共同发展，是企业对中层管理者的要求，中层管理者要扮演好自己的角色，可从以下几方面来提高自身能力。

（1）提高自我认知能力

中层管理者要明确自身的定位，清楚自身在绩效管理中扮演的角色，整体来看，中层管理者在企业绩效管理工作中要扮演以下 3 种角色。

- **绩效计划制订者：**在企业绩效计划制订的过程中，中层管理者通常会参与目标分解、绩效指标设定、绩效标准确立等工作，扮演绩效计划制订者的角色。
- **绩效跟踪者：**在绩效考核过程中，中层管理者要负责本部门下属员工日常工作绩效的记录工作，形成绩效管理文档。
- **绩效考评者：**根据绩效考核的结果，中层管理者要对员工各方面的绩效能力做出客观评价，在这一过程中，其要扮演绩效考评者的角色。

（2）提高沟通能力

沟通会贯穿于绩效管理实施过程的始终，因此提高与员工的沟通能力是比较重要的。而在企业中，沟通能力弱是不少中层管理者普遍存在的问题。为了强化沟通能力，在日常工作中，中层管理者要主动与员工保持及时、有效的沟通，培养聆听的习惯，自主学习沟通技巧。

（3）提高执行能力

一项科学的绩效计划没有中层管理者去施行，最终也将变成一纸空文。作为绩效计划的执行者，执行能力的强弱会对绩效管理的运作产生影响。在日常工作中，中层管理者要学会自我约束，明确绩效管理的职责，通过保持良好的工作状态，做到“在其位，谋其职”，提高自身的执行能力。

1.3.4　借助互联网的绩效管理信息化

随着互联网的发展，绩效管理信息化成为重要的趋势，很多企业已从过去的手工统计核算、人工汇总分析等转变为借助互联网来构建绩效管理系统，比较普遍的应用就是使用绩效管理软件来实现绩效动态管理，图 1-3 所示为某绩效管理软件界面。

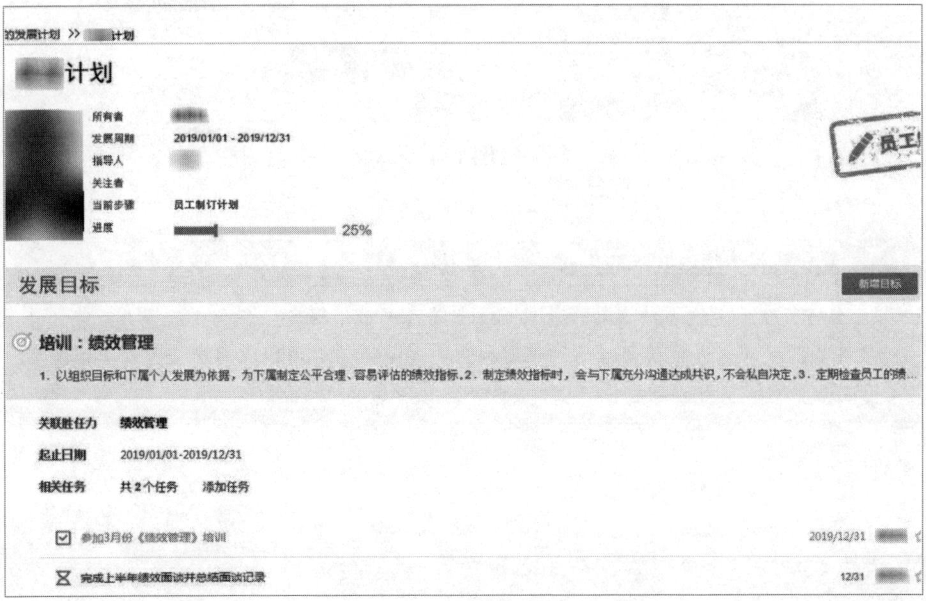

图 1-3

从图 1-3 可以看出，绩效管理软件可以帮助企业更轻松地进行绩效管理，提升绩效管理成效。目前，市场上的绩效管理软件有很多，企业在选择时要充分了解绩效管理软件的功能特点及专业性，尽量选择靠谱、成熟的绩效管理软件，图 1-4 所示为某公司提供的绩效管理软件产品功能，可以看到其包含了绩效管理的全流程。

图 1-4

知识延伸 | 通过实际应用了解绩效管理软件

目前，市面上很多绩效管理软件都提供了免费试用服务，企业在选择一款绩效管理软件前，可以先进行试用，通过试用来对比多家绩效管理软件的功能，从中选择更适合企业自身的绩效管理软件。

第二章

计划设定：绩效目标和体系的构建

在绩效管理流程中，绩效计划是循环系统中的起点，是将绩效实施方案订立为正式书面协议的过程，我们可以将绩效计划看作绩效管理工作实施的行动指南。

2.1 绩效计划是基础和关键

为了保证绩效管理能够取得良好的效果，企业需要一个行之有效的计划来统筹安排各项任务，以实现组织目标。那么企业应如何制订一个切合实际的绩效计划呢？

2.1.1 从计划准备阶段到制订阶段

从绩效计划的流程来看，绩效计划的制订要经历准备、沟通和制订 3 个阶段，不同阶段的工作内容有所不同。

（1）准备阶段

在绩效计划准备阶段，需要对企业、部门及员工情况资料进行整理分析，具体内容如下所示。

- **企业信息整理分析：**需要明确企业的战略目标、经营计划，其目的是保证绩效计划与企业发展规划协调，可通过会议和查阅相关文件的方式来了解企业的发展规划，如企业战略发展规划书、年度经营计划报告等。
- **部门信息整理分析：**需要明确各部门的工作计划及职责，部门工作计划一般是由企业经营计划分解得到，如果企业此前已实施过绩效考核，那么可参考上个考核周期的部门绩效结果。
- **员工信息整理分析：**需要明确员工的岗位职责及绩效目标，一般通过岗位说明书、部门工作目标及员工上个考核周期的绩效表现来分析。

（2）沟通阶段

在绩效计划沟通阶段，绩效计划的参与者需要对绩效计划的内容进行沟通，包括部门目标、员工个人绩效指标等。通过沟通可以对绩效信息进行合理协商，以便对工作目标及标准等内容达成共识。

绩效计划的沟通方式有多种，可采取小组会议、一对一沟通、电话会议等方式。高效的绩效计划过程沟通，离不开绩效计划参与人员的配合，为保证绩效计划沟通过程的顺畅，在沟通时，要注意沟通方式，对于沟通过程中出现的摩擦要本着互相尊重的态度来妥善解决。

（3）制订阶段

在绩效计划制订阶段，要对绩效计划的内容进行审核和确认，最终形成绩效计划书。审核过程中，可从横向和纵向两个方面来确定绩效计划的内容是否合理。

在横向上，可按部门、职位来审核工作目标及绩效标准的设计是否实事求是；在纵向上，可从企业战略目标、部门绩效计划、员工绩效计划来逐级审核其合理性，以确保绩效计划能支持企业整体发展战略。

2.1.2　解锁绩效计划制订的正确方法

在绩效计划制订过程中，很多企业会面临绩效计划太笼统、没有目标等问题，掌握正确的绩效计划制订方法，有助于制订科学合理的绩效计划，企业可按以下步骤来操作。

（1）明确制订原则

在制订绩效计划前，参与人员首先要明确绩效计划的制订原则，具体包括以下几点。

◆ **目标导向原则**：是指绩效计划的制订要以目标为导向，企业的战略目标要关联部门目标及员工目标。

◆ **双向沟通原则**：是指绩效计划的制订应坚持员工与管理者双向沟通的原则，管理者和员工都要表达自己的观点和看法。

◆ **可行性原则**：是指应保障绩效计划的内容能有效执行，主要通过绩效指标及目标值是否合理来体现。

（2）梳理工作内容

绩效计划制订的第二步是梳理工作内容，参与人员要根据不同岗位的职责罗列工作内容，同时将职责关联部门目标。在梳理工作内容的过程中要紧扣工作重点，选取能体现不同岗位价值的关键工作任务。在职位职责梳理的过程中，形成岗位说明书，表 2-1 所示为某公司办公室文员的岗位说明书。

表 2-1　某公司办公室文员岗位说明书

职位名称	办公室文员	所属部门	办公室
上属关系	办公室主任	下属关系	相关业务部门
岗位概要	负责公司行政、人事等各项工作，协助部门经理办公及协调各部门的工作		
岗位职责	1. 负责办公室日常事务 2. 负责公司各类电脑文档的编号、打印、数据统计 3. 采购办公室文具用品等 4. 负责各类会务的安排工作 5. 负责各类公文撰写、打印、汇报与传达工作 6. 建立、完善人事档案的管理，规范借档手续 7. 协助完成领导交代的其他事项		
职位需求	1. 具备一定的行政管理知识 2. 熟练使用各种办公室软件，如 Word、Excel 和 PPT 等 3. 具有良好的沟通表达能力，执行能力强，具备亲和力 4. 工作细致、认真、有责任心，有较强的文字撰写能力		

（3）对目标进行设定

根据不同部门岗位职责进行工作目标设定，提取关键绩效指标，并对绩效指标体系的权重进行衡量。关键绩效指标和权重可根据职位性质和关键工作职责来设计，在该过程中，要充分发挥双向沟通的作用，以确立本绩效周期内的工作计划和标准。

2.1.3 绩效计划应由什么人来制订

企业的绩效计划一般由各层级管理者与员工共同参与制订，他们各自发挥着不同的职责和作用，具体包括以下几位参与者。

（1）总经理

总经理是绩效管理的领导者与推动者，参与绩效计划的制订是其重要的职责。在绩效计划制订的过程中，总经理要负责企业战略目标的规划，为绩效战略目标的制订指明方向。除此之外，总经理还要负责绩效计划的监督和审批工作。

（2）人力资源部

人力资源部是绩效管理的推行者和监督者，绩效计划需要人力资源部规划和指导。让人力资源部参与绩效计划的制订，可以充分发挥人力资源专业人员的优势，让绩效计划的制订更专业、科学。在绩效计划制订过程中，人力资源部要负责相关数据的收集、整理和分析工作，并负责绩效计划方案的草拟。

（3）中层管理者

中层管理者是绩效管理的执行者和反馈者，他们一般是部门的直接负责人，更了解与岗位、业绩相关的信息。让中层管理者参与绩效计划，可以让管理者明确自己在绩效管理中扮演的角色，同时，也可以让绩效计划的设计更符合企业实际。

（4）员工代表

员工是绩效管理执行的主体，在绩效计划制订过程中，充分发挥员工参与的作用，可以减少绩效计划执行的阻力，保障绩效计划的合理性。对于员工人数较多的大中型企业来说，通常不会要求全体员工参与绩效计划的制订，而是由各部门派员工代表参与绩效计划的制订。

在企业实践中，忽视员工参与是绩效计划制订过程中存在的普遍问题，员工参与绩效计划的程度会影响绩效计划的透明度和执行力度，企业要重视员工对设计绩效计划的作用。

2.1.4 一份绩效计划应包含的内容

绩效计划作为一份明确工作目标和标准的指导文件，一般包含以下内容。

- **绩效目标：**是指在本绩效周期内，不同岗位员工所要实现的工作目标，如销售部员工要实现 2020 年 100 万元的个人销售目标。
- **绩效标准：**是指衡量工作绩效的指标及权重，如销售增长率的目标值为 35%。
- **绩效考核周期：**是指从绩效考核开始到结束的时间，如一年。
- **判断方式：**是指绩效指标的提取方式、计算方法及评分方法等。
- **绩效信息获取：**是指绩效信息收集的来源、内容及方法。
- **绩效沟通方式：**是指在本绩效周期内，管理者与员工进行绩效沟通的方式。

◆ **提供的支持**：是指在本绩效周期内，企业能为员工提供哪些帮助及岗位员工拥有哪些权利。

◆ **其他问题**：如企业组织机构、企业人力资源情况、绩效培训、绩效反馈等内容。

在制作绩效计划书时，关于绩效目标、绩效标准及考核周期等内容，一般会以绩效计划表的形式来展现，表 2–2 所示为某公司绩效计划表。

表 2–2 某公司年度绩效计划表

基本信息					
姓名		职务		考核周期	
员工号		直接上级		考核人	
业绩目标（权重：____）					
类型	指标	计算公式	权重	评分标准	目标值
备注：绩效得分 = Σ各指标绩效得分 × 权重					
发展目标（权重：____）					
能力	指标	计算公式	权重	评分标准	目标值
目标签署					
员工		直接上级		数据审核人	
签署时间		签署时间		签署时间	

2.2 确立合理的绩效目标

绩效目标是用于衡量绩效的评价标准，通过设立合理的绩效目标，可以明确员工行动的方向，起到激励员工的作用，那么企业要如何设计科学合理的绩效目标呢？下面具体来了解一下。

2.2.1 层层分解各项绩效目标

在绩效管理中，员工的绩效目标是通过自上而下细化分解得到的，如图 2-1 所示。

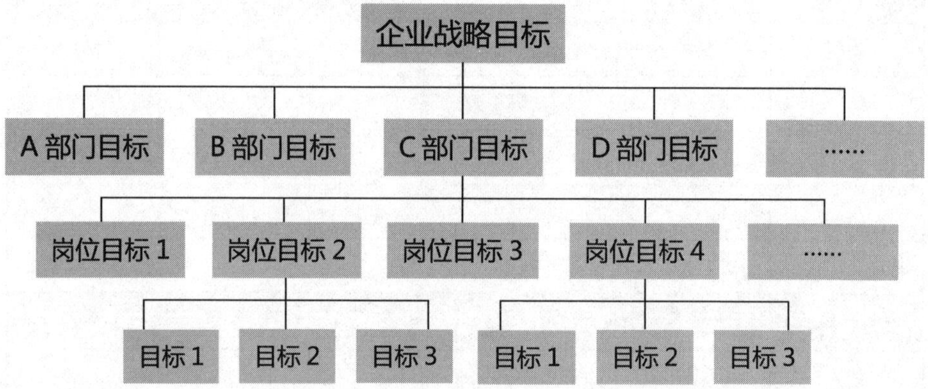

图 2-1

从图 2-1 可以看出，员工绩效目标要围绕本部门的目标来设计，而部门的绩效目标则是根据企业战略目标来设定的。在绩效目标分解过程中，首先要确定企业的战略目标，常见的企业战略目标有以下一些。

- **市场目标：**市场目标体现了企业要实现的竞争地位，常见的目标有市场占有率、销售额、行业排名、市场份额、销售额等。
- **盈利目标：**盈利目标体现了企业的盈利能力，常见的目标有投资收益率、营业利润、资本金利润率、销售利润率等。

◆ **人力资源目标**：人力资源目标体现了企业的管理成熟度，常见的目标有人员流动率、缺勤率、员工培训与开发、组织架构建设、人才配置等。

◆ **技术改进和发展目标**：技术改进和发展目标体现了企业研究与技术创新的规划，常见的目标有工艺程序设计、新产品开发、关键技术创新等。

◆ **生产效率目标**：生产效率目标体现了企业的产出效率，常见的目标有生产量、产品合格率、设备运转率等。

除以上企业战略目标外，社会责任、职工福利、财务状况等也是企业在进行战略规划时会考虑的目标。

明确了企业战略目标后，需要将各项目标分解到各个部门，再到各个岗位。以开发新市场、完成年销售额目标并将目标分解给销售部为例，目标分解过程如表 2-3 所示。

表 2-3　绩效目标分解

目标	内容
企业经营目标	开发新市场，完成年销售额 ×× 万元目标，实现年销售额增长率达 ××%
销售部门目标分解	年度公司发展战略目标完成率 ××%、销售增长率 ××%、市场占有率 ××%、新品销售收入 ×× 万元……
营销总监目标分解	销售账款回收率 ××%、销售计划完成率 ××%、年销售额增长率、客户有效投诉次数……
销售专员目标分解	销售量完成率 ××%、主要产品销售量完成率 ××%、销售资金回款率 ××%、新开发客户数 ×× 个、客户满意度……

在实际进行目标分解时，会将企业目标分解给多个部门，如生产部、人力资源部、研发部等，如针对新产品开发的企业目标，需要研发部完成产品研发目标、生产部完成生产计划、人力资源部保证人才供给才能实现。

部门的目标最终要分解到各个岗位才能得到落实，在分解部门目标的过程中，一般会对部门岗位进行层级划分，再根据不同岗位的工作职责来确定目标。

2.2.2 基于岗位职责的目标设计

对员工岗位进行职责分析是确立员工绩效目标的重要步骤，岗位分析通常分 3 步走，第一步是信息收集，可通过访谈法、问卷调查法、观察法、工作日志法等对不同岗位的基本情况、工作任务进行信息收集。第二步是进行岗位分析，在岗位分析过程中要明确本岗位的主要工作事项，可通过工作岗位分析表来帮助进行岗位分析，如表 2–4 所示。

表 2–4 工作岗位分析表

职位名称		岗位级别	
所属部门		直接上级	
本职位设置的目的			
列举	1. 2.		
工作描述（按重要性排序填写）			
每日必做	工作内容描述		完成任务的时间百分比
1			
2			
3			
每周必做	工作内容描述		完成任务的时间百分比
1			
2			
3			
偶尔要做	工作内容描述		完成任务的时间百分比

1		
2		
3		
每月必做	工作内容描述	完成任务的时间百分比
1		
2		
3		
教育要求（您认为对于本职位工作而言，哪些教育和知识是必要的？）		
列举	1. 2. 3.	
经验要求（您认为对于本职位工作而言，任职者需要具备哪些经验？）		
列举	1. 2. 3.	
职业发展（您认为您理想的职业发展途径是怎样的？包括晋升渠道和目标岗位）		
列举	1. 2. 3.	
工作关系（您认为对于本职位工作而言需要合作的岗位有哪些？）		
列举	1. 2. 3.	

通过工作岗位分析表对岗位进行调查分析后，可以进行岗位职责分析的第三步，即形成岗位说明书。根据岗位说明书对岗位职责和任职条件的描述，可以基于岗位职责进行目标设计，以采购专员岗位为例，基于岗位职责的目标设计示例如表 2–5 所示。

表 2-5 采购专员岗位职责和目标设计

职责模块	职责细分	目标
编写采购计划	根据企业销售及生产计划，确定采购计划	采购计划编制及时率达到 100%
采购计划执行	根据采购计划，完成采购订单	采购计划完成率达到 100%
	根据采购要求开发供应商并建立长期合作	供应商开发计划完成率达到 100%
	与供应商进行采购询价议价，确保物资的采购价格合理	采购物资价格合理性
	采购物品交货跟踪及控制，确保采购的物资符合质量要求	采购交期准时率达到 100%、采购质量合格率达到 100%

知识延伸 | 个人绩效目标是如何构成的

绩效管理过程中，最终形成的员工个人绩效目标一般会由企业战略和业务目标的分解和员工岗位职责目标共同构成。

2.2.3 两个绩效目标制定公式

从绩效目标的内容来看，绩效目标包含两方面的内容，一是绩效指标，二是衡量标准，两者共同构成完整的绩效目标。

绩效目标=绩效指标+衡量标准

绩效指标可以看作是什么，衡量标准可以看作是怎么样。绩效指标反映了绩效目标的特征，如完善管理制度、核心员工流失率等，衡量标准反映了绩效目标的指标值，如达 98%、达 100 分等。

通过绩效指标和衡量标准的基本含义，可以形成两个绩效目标的书写公式，如图 2-2 所示。

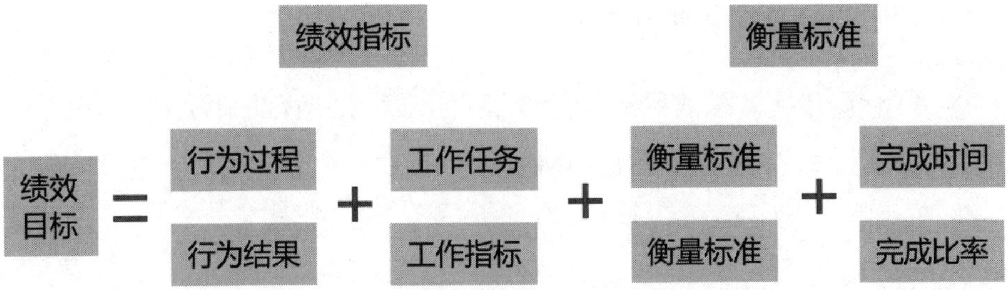

图 2-2

根据图 2-2 所示的公式，可以形成体现工作过程、行为结果或效果的绩效目标，以“行为过程 + 工作任务 + 衡量标准 + 完成时间”的公式为例，针对仓储管理岗位可以得到以下绩效目标。

完善仓储管理制度+××年××月形成仓储管理制度书面文件

保障存储环境的清洁+所辖库区每天一洒一扫

监控物资库存状况+每月一次检查并处理呆废物资

以“行为结果 + 工作指标 + 衡量标准 + 完成比率”为例，针对仓储管理岗位可以得到以下绩效目标。

装卸作业按时完成率+100%

安全事故发生次数+0次

仓储管理费用控制率+100%

知识延伸 | 一个绩效目标可以包含多个绩效指标和标准

绩效目标不宜太多太复杂，要选择能反映职位关键绩效水平的目标，一个绩效目标可以有多个绩效指标和标准，如做好设备检修与保养、减少设备故障这一目标，可以由设备完好率、设备保养按时完成率、设备维修按时完成率3个绩效指标来体现。

2.2.4 用 SMART 原则检测可行性

为了保障设定的绩效目标是科学合理的，对于选择的绩效目标，可以利用 SMART 原则检测其可行性，SMART 原则由 5 个要点构成，具体内容如下所示。

（1）具体的

SMART 原则中的 S 表示具体的（Specific），是指绩效目标需是具体明确的，而不是模棱两可的。比如检测设备这个目标就是一个比较笼统的目标，因为没有具体的评判标准衡量检测设备目标的达成标准，如果将检测设备更改为设备检测及时率达到 100%、设备检测任务完成率达到 100%、设备检测误操作次数为 0 次，那么这样的目标就是具体的。

为了保证绩效目标是具体的，在选择绩效目标时，可以为目标设定 3 个要素，包括 What（什么）、When（什么时候）、How（怎么做）。如员工培训，按照目标设定的 3 要素，可以得到以下具体的目标。

What（什么）→部门关键员工

When（什么时候）→每月

How（怎么做）→培养人数达5人

具体的目标→每月组织部门关键员工进行培训，培养人数在5人以上

（2）可衡量的

可衡量的（Measurable）表示绩效目标应该是可量化的，可以用数量、指标、数据等标准来衡量。比如提高员工满意度这个绩效目标，就是无法衡量的目标，我们并不知道怎样才算提高了员工的满意度。如果将员工满意度修改为减少员工投诉，每月员工投诉次数降低为两次，或者修改为员工对部门工作的满意度评分在 90 分以上，这样就可以衡量员工满意度了。

要想使绩效目标可衡量，比较简单的做法就是让目标数值化，如表 2-6 所示。

表 2-6　将绩效目标数值化

任务	数值化目标
确保员工车辆安全	员工车辆破损或丢失等安全事件发生次数为 0 次
确保物资完好	食堂物资完好率达 100%
对车辆进行维护	车辆故障率控制在 80%以内，每 6 个月对车辆进行 1 次检验
确保公司信息安全	每周清除一次上网痕迹，公司信息泄露次数为 0 次
做好巡逻记录	治安巡查按时完成率达 100%，治安纠纷次数为 0 次，巡逻记录准确率达 100%

（3）可实现的

可实现的（Attainable）是指该绩效目标通过努力应该是可以达成的。可实现原则能避免绩效目标不切实际，比如新增客户数量这个目标，过去部门员工每月新增客户数量通常能达到 20 个有效客户数，现在企业设置了每月新增有效客户数量为 100 个的绩效目标，这样的目标过高，违背了可实现性原则。为了保证绩效目标的可实现性，在设定绩效目标时要注重员工参与程度和双向沟通。

（4）相关的

相关的（Relevant）是指绩效目标应该与岗位或其他目标相关联，如个人目标要与部门、企业目标相关联，短期目标要与中期、长期目标相关联，员工目标要与岗位职责相关联。

相关性原则可以保证绩效目标呼应企业的目标，避免目标跑题。如公司采购专员岗位，如果让这个岗位的员工去完成招聘计划达成率达到 100%的绩效目标就是不合理的，因为完成人才招聘并不是采购专员的岗位职责。

（5）有时限的

有时限的（Time-bound）是指绩效目标的达成应该有时间限制，没有时间限制的绩效目标是无法考核的，绩效目标的实现也很容易不了了之。绩效目标的达成时间可按目标实现的轻重缓急来设置，常用的时限有年度、季度及月度。

2.3 提取合适的绩效指标

绩效指标是评价员工业绩好坏的要素，是绩效目标特征的反映，绩效指标的设定是否合理会直接影响绩效管理的效果。

2.3.1 绩效指标的常见分类方式

绩效指标有多种分类方式，可按内容、主客观性、工作阶段等来分类，具体内容如下所示。

（1）按内容分类

按内容来分，绩效指标可分为工作业绩指标、工作能力指标及工作态度指标。

- **工作业绩指标**：工作业绩指标是指用于衡量工作结果的指标，其可以反映员工的岗位职责及业绩水平，常用的有成本费用指标、质量指标、数量指标等，如主营业务收入达500万元、销售额达200万元、成本费用控制率100%、合同签订按时完成率100%等。

- **工作能力指标**：不同的岗位对员工的能力要求是不同的，工作能力指标能反映对员工工作能力的要求，同时也可以激励员工自主提升工作技能，常用的工作能力指标有沟通交流、创造创新、专业技能等，如组织管理能力、生产计划调度能力、财务分析能力等。
- **工作态度指标**：工作态度在一定程度上会影响工作结果，工作态度指标可以反映员工对工作的认真程度，常用的指标有工作积极性、工作责任心、工作主动性等。

（2）按主客观性分类

按主客观性可以将绩效指标分为定量指标和定性指标。定量指标是指能用数量来定义和衡量的指标，具体又可分为绝对量指标和相对量指标，如产品合格数量就是绝对量指标，产品质量合格率就是相对量指标。定量指标是客观的绩效指标，这类指标主要通过数据计算得出结果，常见的市场占有率、产品销售量、净利润增长率等都是定量指标。

定性指标有较强的主观性，这类指标无法用数据直接衡量，主要以人的主观判断衡量结果，常见的能力指标及态度指标都属于定性指标。为了避免定性指标笼统和模糊，在实际进行绩效考核时，会对定性指标设立不同的考核维度，以确保定性指标能有效衡量。如识人用人能力指标分为 3 个维度，第一维度为发掘 5 个优秀员工；第二维度为发掘 5 个优秀员工并将其安排在合适的岗位；第三维度为发掘 8 个优秀员工并做到因人设职、量才使用。

（3）按工作阶段分类

按岗位的工作阶段可将绩效指标分为工作过程指标、工作结果指标和工作效果指标。

- **工作过程**：是指员工在岗位工作过程中所需做到的规范或要求等，如保持微笑、沟通协调能力等，这类指标常常是定性指标。
- **工作结果**：是指工作所产生的结果，如项目开发数量、产品质量合格数等指标。
- **工作效果**：是指对工作过程和结果的主观感受，如员工满意度、工作合作性等指标。

2.3.2 从指标获取到指标确定

绩效指标的设立并不是一蹴而就的，总体来看，绩效指标的最终确立要经历 3 个步骤，如图 2-3 所示。

图 2-3

绩效指标主要是通过企业战略目标和岗位分析得到的，获取指标后，要对指标进行筛选，筛选时，可从以下几方面入手。

（1）根据考核的目的来选择

如果选取的绩效指标过多也会使绩效考核失去意义，因此可以根据考核的目的来筛选绩效指标，比如绩效考核的目的是提升员工绩效短板，改进问题，那么在选择绩效指标时就要选取能促进员工成长的指标，如员工满意度、学习培训次数等。

如果绩效考核的目的是实现产品质量战略目标，那么就可以选择能提高产品质量的绩效指标，如产品质量合格率、库存产品质量合格率、产品质量投诉次数等。

（2）根据关键绩效水平来选择

在选取绩效指标时，要选择能反映岗位关键绩效水平的指标，如影响销售部业绩水平的关键因素有销售收入、销售量和回款金额等，根据这些关键因素，就可以选择出销售岗位的关键绩效指标，如销售额、销售量、销售增长率和实际回款率等。

（3）根据业绩与素质的共同要求来选择

绩效指标的选取不能只考虑业绩指标，还要考虑与员工素质有关的指标，在注重业绩的同时兼顾员工素质的提升，这样才有利于企业的持续发展。在绩效指标筛选过程中，可以对业绩和素质指标设定一个合适的比例，然后进行绩效指标的恰当分配。

初步筛选出绩效指标后，为了保证绩效指标的合理性，可以通过专家调查法、绩效顾问征求意见、内部会议等方式来进行绩效指标的修订，最终确立完善的绩效指标体系。

2.3.3　检测绩效指标的适用性

为了确保绩效考评指标体系是切实可行的，可以利用一定的方法对绩效指标的适用性进行检测，包括问卷调查法、要素图示法和维度评估法等。

（1）问卷调查法

问卷调查法是指采用问卷调查方式对选取的指标征求意见，通过员工对绩效指标的反馈确定最终的绩效指标。具体方法是按岗位在问卷调查表中将绩效指标罗列出来，然后发放问卷，回收问卷后对问卷调查的结果进行统计分析，最后挑选出需要的绩效指标，表 2-7 所示为人力资源岗位绩效指标调查表的部分内容。

表 2-7　人力资源岗位绩效指标调查表

类型	绩效指标	指标说明	对需要程度的判定
工作业绩	招聘计划完成率	实际招聘人数 ÷ 计划招聘人数 × 100%	□1 □2 □3 □4 □5
	部门培训计划完成率	部门实际培训次数 ÷ 部门计划培训次数 ×100%	□1 □2 □3 □4 □5
	工资与奖金计算差错次数	考核期内，工资与奖金核算出现差错的次数	□1 □2 □3 □4 □5
	……		□1 □2 □3 □4 □5
工作能力	组织协调能力	能够根据现有工作任务对资源进行分配，使工作目标顺利实现	□1 □2 □3 □4 □5
	沟通能力	能够正确倾听他人的需要和观点，能有效化解矛盾和抱怨	□1 □2 □3 □4 □5
	……		□1 □2 □3 □4 □5
工作态度	忠诚度	认同企业文化，认可公司形象和利益	□1 □2 □3 □4 □5
	敬业精神	热爱人力资源工作，遵守职业操守，并有为实现公司目标而不懈努力的精神	□1 □2 □3 □4 □5
	……		□1 □2 □3 □4 □5
备注：1 为必须要，2 为较为需求，3 为可以需要，4 为不太需要，5 为根本不需要			

（2）要素图示法

要素图示法是指按岗位将绩效指标罗列在坐标轴中，让绩效专家或绩效计划小组成员按需要程度对绩效指标进行分布标注，然后综合意见选出适合的绩效指标。

在使用要素图示法时，同样可以将绩效指标分为必须要、较为需要、可以需要、不太需要和根本不需要 5 个层次，图 2-4 所示为生产部岗位绩效指标要素图示。

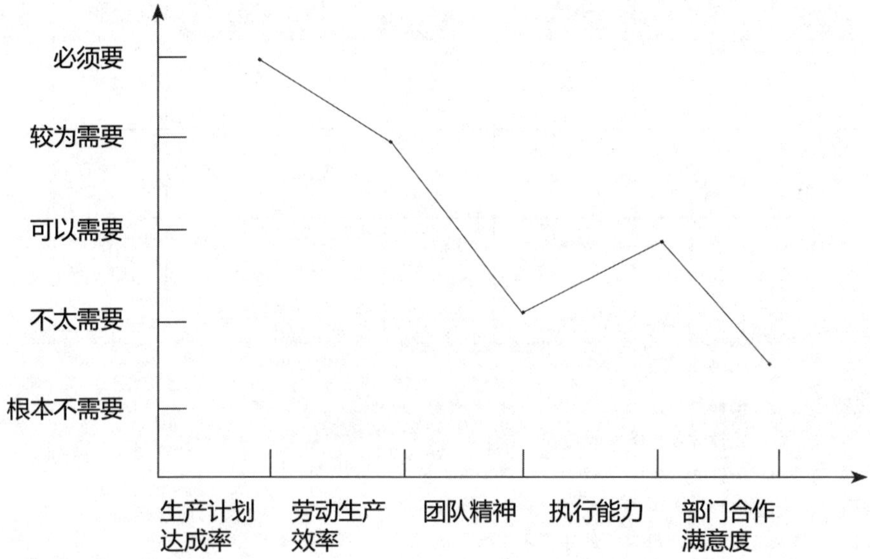

图 2-4

（3）维度评估法

维度评估法是指按照绩效质量维度对选取的绩效指标进行评估，按照高、中、低对绩效指标的质量进行评估，如果一个绩效指标的质量维度整体较高，那么这样的指标就是可以选取的指标，如表 2-8 所示。

表 2-8　采购专员岗位绩效指标维度检测表

绩效指标	关键性	可衡量性	科学性	针对性	低成本	合理性	结论
采购计划完成率	高	高	高	高	高	高	
采购质量合格率	高	高	高	高	高	高	
关键人员流失率	中	中	中	高	高	高	

续上表

绩效指标	关键性	可衡量性	科学性	针对性	低成本	合理性	结论
订货差错率	中	高	高	中	高	高	
自我开发热情	低	低	低	低	低	低	
谈判能力	低	低	低	中	低	中	
……							
备注： 关键性是指该指标是否能为组织战略目标的实现提供贡献 可衡量性是指该指标是否能够被度量 科学性是指该指标的数据来源及设计思路是否科学 针对性是指该指标是否体现了被考评对象的岗位性质和特点 低成本是指该指标是否可以以较低成本获得 合理性是指该指标是否能准确反映考评对象的绩效							

2.4 衡量绩效评估标准

怎样才算完成了绩效指标，绩效指标要做到何种程度才算好，这需要一定的标准来衡量。不同的绩效指标，其衡量标准会有所不同，本节就来学习如何设计绩效衡量标准。

2.4.1 绩效评估标准的组成部分

绩效评估标准是由指标定义和评定标准两部分构成的，其中，指标定义用于说明绩效指标的内容，评定标准用于说明绩效指标的评定方式，两者的具体内容如下所示。

（1）指标定义

同一个绩效指标，由于企业性质、岗位工作内容等的不同，其定义也会有所不同，如工作责任感这一指标，有的企业可能会定义为能够自觉承担责任和履行工作任务，并努力提升工作业绩；而有的企业则可能会定义为工作勤恳、做好本职工作。对绩效指标的定义会影响员工的工作行为和结果，企业要根据自身的实际情况来定义。

（2）评定标准

不同的绩效指标，其评定的标准也有多种形式，可按分值进行评价，也可以按优良差等标准进行评价，如工作态度绩效指标，能认真贯彻执行各项规章制度为 5 分、基本上能贯彻执行各项规章制度为 3 分、不能认真贯彻落实各项规章制度为 1 分；再比如行政后勤计划完成率绩效指标，完成率 100% ~ 80% 为优等、完成率 80% ~ 60% 为中等、完成率 60% 以下为差等，评定标准的不同会对员工的绩效结果产生不同的影响。

2.4.2　用加减分法衡量绩效标准

绩效标准的衡量方法有多种，比较常用的是加减分法。加减分法是指按照加分和扣分的方式对绩效指标进行评价，这种方法比较适合完成方式比较明确、容易量化的绩效指标，如以下绩效指标和标准。

办公用品发放及时率：目标值为100%，达到目标值得满分；每低___%，减__分；低于__%，本项不得分。

生产材料整理：总分值为100分，有一处废弃物未清理扣1分；有一处未整理归位扣2分。

生产任务完成率：目标值为100%，超额一个百分点，加2分；减少一个百分点，扣2分。

加减分法的优势在于简单、易操作，在使用过程中，要灵活使用。

（1）按目标分值实现的难易程度

如果目标分值实现的难度较大，那么可以按照超过目标值_%即加分的方式来评分；如目标分值实现的难度较低，那么可以按照低于目标值_%即减分的方式来评分。

（2）按绩效指标的性质

根据绩效指标性质，如果对一个绩效指标的要求是必须要做好，那么可以不设计加分项，而只设计减分项，如保守公司机密绩效指标，企业的要求是不能出现泄漏公司机密的情况。那么就可以将该绩效指标的标准设计为出现一次泄密扣 10 分。对于可提升的绩效指标，可以设计加分项来激励员工，如新客户开发数量，每增加 1 个客户加 1 分。

（3）按绩效指标趋高和趋低性

如果绩效指标的数值越高越好，那么可以设计增加即加分，减少即减分的方式，如产品销售额绩效指标，指标值为 100 万元，每增加 10 万元，加 5 分；每减少 10 万元，扣 5 分。如果绩效指标的数值越低越好，那么可以设计减少即加分，增加即减分的标准，如优秀人才离职率，指标值为 10%，每减少 1%，加 2 分，每增加 1%，减 2 分。

知识延伸｜合理设计一个最高值和最低值

在使用加减分法时，为了避免分值过高或过低而影响考核结果，最好设计一个最高值和最低值，最高值不能超过规定的数值，如最高值为100分，最低值不能出现负值，即最低应为0分。另外，如果标准值已经是最高值了，那么只能设计减分项，如果标准值是及格分值，那么只能设计加分项。

2.4.3　用区间范围法衡量绩效标准

区间范围法是指为绩效标准设置一个区间范围，不同的区间范围所得分值会有所不同，如以下绩效指标和标准。

培训计划完成率：90%≤完成率≤100%，得90～100分；80%≤完成率<90%，得80（含）～90分；70%≤完成率<80，得70（含）～80分；60%≤完成率<70，得60（含）～70分。

回款额：回款额≤1万元，为10分；1万元<回款额≤2万元，为15分；2万元<回款额≤3万元，为20分。

在使用区间范围法衡量绩效标准时，可以对绩效结果进行等级划分，根据目标实现的难易度将标准划分为不同层级。在划分考核标准时，一般以阶梯等级的方式来划分，如按优、良、及格来划分阶梯，则先确定及格线，然后确定良好线，最后确定优秀线，确定好区间范围后，再对不同的区间范围赋分。

其中，及格线表示企业对绩效目标的最低期望值，如果员工无法实现该目标值，则该项绩效指标的考核为不合格；良好线表示企业对绩效目标的基本期望值，是希望大部分员工都能实现的目标值；优秀线表示企业对绩效目标的挑战期望值，是希望优秀员工能实现的目标值。根据不同的区间标准，再为其赋分，如总分为5分，及格线以下为0分，及格线为1分，良好线为3分，优秀线为4分，优秀线以上为5分。

不同的绩效指标，其区间范围的赋分方式会有所不同，对于容易量化的绩效指标，可以按百分比来划分指标的区间范围，再设置一个相对分值，如表2–9所示。

表2–9　按百分比来划分绩效指标区间范围

销售计划实际完成率	评分标准（总分值5分）
达到100%	5分

续上表

销售计划实际完成率	评分标准（总分值 5 分）
达到 90% ~ 99%	4 分
达到 80% ~ 89%	3 分
达到 70% ~ 79%	2 分
达到 60% ~ 69%	1 分
未达到 60%	0 分

对于不容易量化的指标，可以按判断标准来划分绩效指标的区间范围，再为评分标准划分区间分值，如表 2-10 所示。

表 2-10　按判断标准来划分绩效指标区间范围

工作责任感	评分标准（总分值 50 分）
不断努力工作来获得优异的工作业绩并主动维护公司利益	41 ~ 50 分
有较强的责任心，能努力完成工作任务	31 ~ 40 分
有一定的责任心，能做好本职工作任务	21 ~ 30 分
需要督促才能完成交付的工作	11 ~ 20 分
对工作任务敷衍了事，无责任心	0 ~ 10 分

2.4.4　用等级划分法衡量绩效标准

等级划分法是指将绩效指标的完成标准设定为不同的等级，然后对各个级别进行界定，再为其赋分，如以下绩效指标及评分标准。

执行力满意度：绩效级别A，分值100分；绩效级别B，分值85分；绩效级别C，分值60分。A级评分标准：及时有效地完成工作任务；B级评分标准：总体上按要求、按时完成工作任务；C级评分标准：因自身原因拖沓工作，未及时完成工作任务。

学习能力：学习能力极强为优秀，10分；具有学习能力为良好，8分；学习能力一般为合格，6分；学习能力低为不合格，6分以下。

等级划分法适合定性绩效指标的标准衡量，等级的划分方式可以使用文字，也可以使用字母或数字，如优、良、中、差；甲等、乙等、丙等；1 级、2 级、3 级；A 级、B 级、C 级等，表 2-11 所示为按甲、乙、丙等级进行划分的绩效指标。

表 2-11　按甲、乙、丙等级划分绩效指标

绩效指标	等级	描述	分值（10 分）
工作计划	甲	能根据企业发展战略将工作任务分解给部门员工，全面合理制订本部门及各岗位月及周工作计划	10 分
	乙	能够具体制订本部门及各岗位月及周工作计划，基本符合管理需求	6 分
	丙	被动制订工作计划，且需他人指引、辅助	3 分

2.5 为绩效指标权重赋值

绩效指标的权重反映了不同绩效指标的重要程度，绩效指标的权重不是随意设置的，在进行权重设计时，有一定的方法，下面就来学习如何为绩效指标的权重赋值。

2.5.1　绩效指标权重设计要点

绩效指标的权重越高，表明该绩效指标所占的比值越大，对绩效考核结果的影响也越大，为了保证绩效指标权重的合理性，在进行权重设计时要注意以下几点。

◆ 对企业战略目标或岗位关键工作任务有直接影响的绩效指标，赋予其的权重应该高于其他指标。

◆ 一个绩效指标的权重值通常在5%~30%，一般为5%的倍数，最高不要超过30%，最低不要少于5%。若权重值太高或太低，如50%和1%，可能会导致员工过于重视或忽视某些指标。

◆ 在为绩效指标权重赋值时，应优先对定量指标设置权重，然后再设置定性指标的权重，且定量指标的总权重应高于定性指标的总权重。

◆ 在设计绩效指标权重时要注意避免平均主义，即所有指标的权重值相同，应让不同指标的权重有高有低。

2.5.2 用统计赋值法设计指标权重

统计赋值法是指对设置的绩效指标进行统计评分，根据评分的高低为绩效指标的权重赋值。下面以与财务部经理有关的5个绩效指标为例，讲解如何使用统计赋值法为绩效指标设置权重。

首先，制作财务部经理绩效指标重要程度评分表，然后让绩效计划小组成员对不同的绩效指标按重要性打分，分值区间为1 ~ 10分，如表2-12所示。

表2-12 财务部经理绩效指标重要程度评分表

评分	财务预算差异率	资产负债率	投资收益率	员工满意度	员工流失率
评分A	10	8	6	5	3
评分B	8	9	5	5	3
评分C	9	7	5	6	2
评分D	9	8	5	2	2
评分E	9	8	9	2	5

根据上表的评分情况，分别计算各个绩效指标的平均值，如表 2–13 所示。

表 2–13　财务部经理绩效指标平均值计算

分值	财务预算差异率	资产负债率	投资收益率	员工满意度	员工流失率
总分	45	40	30	20	15
平均值	9	8	6	4	3

根据平均值数据，对所有绩效指标平均值求和，即 9+8+6+4+3=30，再用各个指标的平均值 ÷ 绩效指标平均值的总和 ×100%，即可得到不同指标的权重，如表 2–14 所示。

表 2–14　财务部经理绩效指标权重计算

指标	财务预算差异率	资产负债率	投资收益率	员工满意度	员工流失率
计算	9 ÷ 30	8 ÷ 30	6 ÷ 30	4 ÷ 30	3 ÷ 30
权重	30%	27%	20%	13%	10%

为了便于进行考核计算，再对权重进行取整，即可得到最终的指标权重，如表 2–15 所示。

表 2–15　财务部经理绩效指标权重

指标	财务预算差异率	资产负债率	投资收益率	员工满意度	员工流失率
权重	30%	25%	20%	15%	10%

通过统计赋值法的权重计算方式可以看出，该方法带有一定的主观性，对评分者的能力要求较高，一般会选择岗位直接主管、任职者、绩效管理小组成员、绩效专家进行打分。

2.5.3 用矩阵对比法设计指标权重

矩阵对比法又叫作对偶对比法，是指将绩效指标放在矩阵中进行比较，若横向绩效指标的重要性大于纵向绩效指标，则记1分；若横向绩效指标的重要性小于纵向绩效指标，则记0分；若两个指标的重要性相同，则标记为“—”。下面以成本管理岗位的管理能力、决策能力、预算能力、核算能力、控制能力5个绩效指标为例，讲解如何进行权重赋值。

将选取的5个绩效指标依次排列在矩阵表中，然后进行横向和纵向绩效指标的对比和打分，如表2-16所示。

表2-16 成本管理岗位绩效指标矩阵表

	管理能力	决策能力	预算能力	核算能力	控制能力
管理能力	—	1	1	1	0
决策能力	1	—	1	1	0
预算能力	0	0	—	1	0
核算能力	0	0	0	—	1
控制能力	1	1	1	1	—
合计	2	2	3	4	1

以管理能力为例，将横向的管理能力分别与纵向的绩效指标相比，得到的分值为—、1、0、0、1。在矩阵表中进行指标对比和打分后，计算不同指标的得分合计，然后按指标重要性进行排序，计算不同指标的得分占总分的比重，如表2-17所示。

表2-17 成本管理岗位绩效指标重要性排序表

指标	核算能力	预算能力	管理能力	决策能力	控制能力
计算	4÷12	3÷12	2÷12	2÷12	1÷12
权重	33%	25%	17%	17%	8%

根据上表计算出的绩效指标权重，对绩效指标进行取整微调，最后得到表 2-18 所示的权重排序表。

表 2-18　成本管理岗位绩效指标权重排序表

指标	核算能力	预算能力	管理能力	决策能力	控制能力
权重	30%	25%	20%	15%	10%

2.5.4　用排序加权法设计指标权重

排序加权法是一种比较简单的权重计算方法，是将岗位涉及的所有绩效指标罗列出来，然后按重要性对指标进行排序，再进行权重分配，下面以行政主管岗位常用的绩效指标为例，来学习如何进行权重赋值。

根据行政主管岗位特征，设置了 10 个绩效指标，分别为部门费用达成率、核心员工流失率、部门工作计划完成率、后勤保障及时性、行政管理制度的规范性与完善程度、办公用品发放及时性、固定资产流失率、文件起草与下发的及时性、客户满意度和部门协作满意度，然后按重要性对这 10 个绩效指标进行排序，得到表 2-19 所示的结果。

表 2-19　行政主管岗位绩效指标排序表

序号	指标	序号	指标
1	后勤保障及时性	6	部门费用达成率
2	办公用品发放及时性	7	固定资产流失率
3	行政管理制度的规范性与完善程度	8	核心员工流失率
4	文件起草与下发的及时性	9	部门协作满意度
5	部门工作计划完成率	10	客户满意度

根据排序的结果，再进行指标权重赋值，越是排在前面的绩效指标，权重数越大，如表 2-20 所示。

表 2-20　行政主管岗位绩效指标权重表

指标	权重	指标	权重
后勤保障及时性	20%	办公用品发放及时性	15%
行政管理制度的规范性与完善程度	15%	文件起草与下发的及时性	10%
部门工作计划完成率	10%	部门费用达成率	10%
固定资产流失率	5%	核心员工流失率	5%
部门协作满意度	5%	客户满意度	5%

在使用排序加权法时要注意，对绩效指标进行重要性排序和赋值时要注重多方参与，岗位管理者、人力资源部及任职者都应该成为参与者，这样可以避免一个人决定指标权重所带来的问题。

知识延伸｜对绩效指标进行权重赋值前可进行相关培训

在进行绩效指标权重赋值前，可以先对小组成员进行相关培训，包括指标定义和权重设置原则的培训，以便小组成员对绩效指标进行打分或排序时更为专业。

第三章

工具助力：主要绩效评估工具的应用

不同的企业，由于发展现状、岗位设置、员工综合能力等的不同，在进行绩效考核时选择的评估工具也会不同，充分了解不同绩效评估工具的优缺点，可以帮助企业在进行绩效考核时选择更适合自身的工具，使绩效管理真正发挥实效。

3.1 从目标出发的目标管理法

目标管理法简称MBO，是以目标结果为导向的一种绩效评估工具，其核心是以目标来激励员工，从而使员工可以自发、积极地完成工作任务，在不少企业的实践中，目标管理法都促进了企业的快速发展。

3.1.1 目标管理法的优缺点

作为一种被广泛使用的绩效评估工具，目标管理法既有优点，也有缺点，其优缺点如下所示。

（1）目标管理法优点

从目标管理法实施的过程和管理形式来看，目标管理法具有以下优点。

- **促进激励员工：**这种激励作用体现在目标管理法将个人和组织目标联系起来，其考核以目标完成情况作为评价标准，考核结果很容易观测和评估，这使得员工对于目标任务有着清晰的认识，能自主地完成目标任务。当这种基于目标的考核结果与员工报酬、人事奖惩等联系在一起时，更能激发员工的积极性。
- **实现组织与个人目标的统一：**在目标管理法实施过程中，员工会参与目标的制定，而员工的目标来自组织目标和部门目标的分解。当员工目标和部门目标得以实现时，组织目标也会得以实现，这使得目标管理法能实现组织与个人目标的统一。
- **提高员工自我管理能力：**目标管理法强调自查自检，这使得员工在实现目标的过程中能清楚自身存在的不足，并进行自我改进，这样可以加强员工的自我管理能力。

（2）目标管理法的缺点

目标管理法也有缺点，其缺点主要表现在以下 5 个方面。

- **注重短期目标**：从大多数企业的实践来看，在设定目标时会以短期目标为主，这主要是因为短期目标比较容易分解和实现，并且效果更显而易见。但也会使得企业和员工只关注短期行为，而忽视了长期目标，如果目标设置不合理，这个缺点会进一步影响企业的长远发展。
- **企业运作缺乏弹性**：当目标管理中的目标确定后通常不会轻易更改，这会使企业的运作缺乏弹性，如果企业内外部环境发生了变化，这一缺点会导致已经设立好的目标无法及时调整，不能适应这种变化，从而影响企业的运作。
- **无法进行横向比较**：运用目标管理法形成的绩效标准无法在不同部门、不同员工之间设立统一的目标，这使得企业无法对员工进行工作业绩的横向比较。
- **忽视员工素质的提升**：目标管理法关注目标的结果，对于员工实现目标的行为通常不会作出要求，这就会使得企业无法对员工的行为作出约束，企业和员工有可能为了实现目标而忽视员工素质的提升。
- **受到部分员工的抵触**：并不是所有员工都是目标偏好者，对于目标压力厌恶者来说，他们并不喜欢目标所带来的压力，这可能会导致目标管理受到部分员工的抵触。

3.1.2　目标管理法的实施步骤

目标管理法因其目标任务明确，能在短期内为企业带来良好的绩效，因此被不少企业用于绩效考核中。企业要推行和实施目标管理法，需要经历图 3–1 所示的流程。

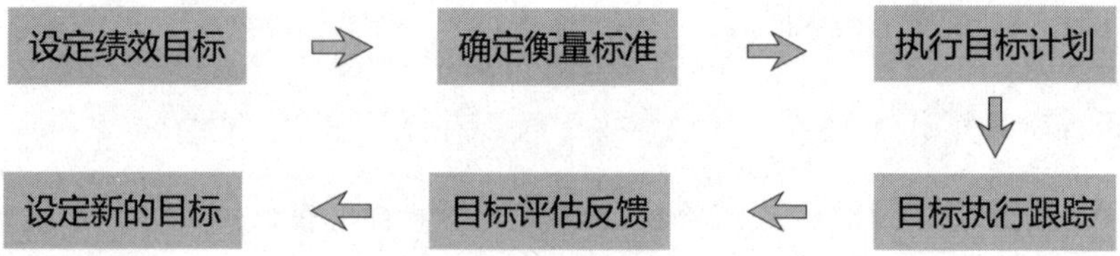

图 3-1

根据图 3-1 所示的流程，当企业确定使用目标管理法对员工进行绩效考核时，就需要确定员工的绩效目标。在确定员工绩效目标的过程中，管理者要向员工说明企业及部门的目标是什么，然后根据目标分解和岗位职责建立员工目标列表。

当确定绩效考核的目标后，就要明确该目标的衡量标准，对于绩效目标和衡量标准的确立，可以参考前面章节的内容进行设计。在该环节中会形成绩效目标考核表以明确员工的工作目标及完成时间等，表 3-1 所示为绩效目标考核表模板。

表 3-1　绩效目标考核表

类别	工作任务和目标	权重	任务完成步骤及详细计划	完成时间	目标值	需要的支持和配合
日常型						
达成型						

目标管理法注重结果，但不代表管理者可以放手不管。在执行 MBO 绩效考核法的过程中，要注意进行目标的定期检查，其目的是及时发现和解决目标实现过程中出现的问题。在绩效考核期末时，要对员工业绩与设定的目标进行评估，再提出下一绩效周期的目标。

3.1.3　恰当地设定绩效目标

在使用目标管理法进行绩效考核时，目标的设置是很重要的步骤，绩效目标是否合理在很大程度上会直接影响考核结果，那么如何保证绩效目标的合理性呢？这要求管理者和员工在进行目标确定时注意以下几点。

- **目标要有挑战性：**要充分发挥目标管理法的激励作用，在设定绩效目标时，保证该目标具有一定的挑战性，鼓励员工自我突破，通过努力来实现绩效目标。
- **目标设置应有优先秩序：**在设置绩效目标时应考虑目标的重要性，优先设定重要目标，其次是次要目标，最后是不太重要的目标。
- **目标个数不宜过多：**绩效目标的个数不宜太多，目标过多会分散员工的注意力。一般来说，重要目标最好不要超过 5 个，这样可以使员工集中精力在关键绩效目标上。
- **要取得上下级员工的认同：**当目标取得上下级员工的一致认可后，可以让管理者与员工的行动具有统一性，这样有助于员工及部门绩效目标的实现。
- **要符合 SMART 原则：**前面我们介绍过目标检测的 SMART 原则，在确立好绩效目标后，管理者和员工都可以根据 SMART 原则对目标进行修正，以确保目标的可实现性。
- **注意目标之间的冲突：**在设立绩效目标时，还要注意因目标重合或不符合工作流程所带来的冲突。

知识延伸｜并不是所有目标都要量化

在实施目标管理法的过程中，很多企业都会陷入这样的误区，认为设立的所有绩效目标都必须要量化。实际上，将所有目标量化并不是设立绩效目标的目的，让目标可考核和评估才是其目的。根据SMART原则，可衡量的标准并不仅仅是用数值去量化绩效目标，对于一些无法简单量化的目标，可通过设立明确的评价标准让其变得可衡量。

3.1.4 有效实施目标管理法的关键

不少企业在实施目标管理法时，总会遇到各种各样的问题，从目标管理法的推动到执行，需要管理者注意以下关键点。

（1）明确可能遇到的问题和阻碍

当绩效目标得以确立后，管理者可以让员工找出绩效目标考核表中可能遇到的问题和阻碍，然后针对这些问题和阻碍找到解决方法。进行这一步骤的目的在于提前找出员工绩效目标的影响因素，保证绩效目标的有效实现。在实践中，这是很多企业在实施目标管理过程中容易忽视的。

在分析绩效目标实现过程中可能遇到的问题和阻碍时，员工可以将问题一一罗列在绩效目标分析表中，然后与管理者一起就这些问题提出解决方案，如表 3-2 所示。

表 3-2　绩效目标分析表

绩效目标	可能存在的问题	解决方案

（2）要有可落实的绩效计划

设置绩效目标后，若没有具体落实的计划，只会让目标成为空谈。针对已设立的绩效目标，企业可以要求各部门为目标的实现做出行动计划，然后按照行动计划去执行，以保证目标管理的有序运行，表 3–3 所示为绩效目标工作计划表。

表 3–3　绩效目标工作计划表

部门：		岗位：		考核周期：
序号	绩效目标	策略	完成目标的工作计划	所需的支持
被考核人：		直接主管：	日期：	

（3）对目标实施过程进行检查

对目标管理实施过程进行检查，可以避免因目标管理法缺乏弹性，而导致无法纠正绩效目标存在的偏差问题。在目标检查过程中，需要重点检查以下节点。

- ◆ 对绩效目标完成进度进行检查，了解目标是否能在考核周期内顺利完成。
- ◆ 对绩效目标完成的质量进行检查，了解目标实现的程度及是否需要纠正偏差。
- ◆ 对需要的支持和配合进行检查，了解资源的落实情况。

在检查过程中，若发现目标存在偏差，那么需要找到偏差所在并进行纠正，在该过程中会使用绩效目标执行情况及纠偏表，如表 3-4 所示。

表 3-4　绩效目标执行情况及纠偏表

绩效目标	总目标值	本阶段应完成的绩效目标值	实际完成目标百分比或情况描述	偏差纠正
业绩目标				
能力目标				
存在的主要问题（分条描述清楚）				
改进措施和建议（分条描述清楚）				
其他需要说明的问题				

3.2 以战略为导向的平衡计分卡

平衡计分卡简称为 BSC，是以实现组织战略为核心的绩效考核工具。平衡计分卡将组织战略分解为可衡量和操作的指标，能有效解决战略制定和执行脱节的问题。

3.2.1　平衡计分卡的优缺点

平衡计分卡所追求的4个平衡充分体现了其所具有的优点，包括内外部的平衡、长短期的平衡、定量和定性的平衡、成果及其驱动因素的平衡。

- **内外部的平衡**：是指平衡计分卡的考评指标会将内部评价（如员工的评价）与外部评价（如客户的评价）结合起来，这种平衡使得企业既注重内部流程的优化，也能维护好外部的形象和客户关系。
- **长短期的平衡**：平衡计分卡不仅会关注短期目标，也会关注企业长期的战略目标，这使得年度或月度绩效目标能够与企业长期发展目标保持一致，可以有效避免短期行为。
- **定量与定性的平衡**：平衡计分卡并不仅仅追求定量指标，其还会考核定性指标，通过将定量与定性指标结合，可以弥补只考核定量或定性指标所带来的缺陷，使绩效考评指标体系更完善、全面。
- **成果及其驱动因素的平衡**：在平衡计分卡的考核中，既包含成果指标，如市场占有率；也包含会对成果产生影响的驱动因素指标，如员工培训开发，通过这样的平衡可以让企业关注成果的同时也关注影响绩效结果的因素和过程。

平衡计分卡既是一种绩效管理工具，也是企业加强战略执行力的工具，在实施平衡计分卡的过程中，存在一定的缺点，具体体现在以下3方面。

（1）并不能适用于所有企业

平衡计分卡的操作难度相对较大，对企业的管理水平要求较高，要求企业有明确的组织战略，管理者要有持续的沟通和反馈能力。在具体操作过程中，实施平衡计分卡的工作量会比较大，要求企业从多个方面去分解目标和设计指标，这使得平衡计分卡实施起来较为复杂，且成本较高。对于一些管理水平较低、信息系统建设不太完善的企业来说可能不太适用。

（2）指标体系的建立较困难

从平衡计分卡的指标评价体系来看，其既包含财务指标，也包含非财务指标，这在一定程度上克服了只考核财务指标所带来的局限，但增加了指标体系建立的难度，且指标的权重分配也会更困难。对于部分非财务指标来说，要将其量化为可考核的业绩指标是比较有挑战性的，这使得部分非财务指标的量化工作难以落实。

（3）指标修正难度较大

随着企业内外部环境的变化，一些滞后的指标会丧失有效性，由于平衡计分卡指标体系所涉及的面较广，指标数量较多，会使指标的修正难度变大。

3.2.2 平衡计分卡考察的维度

平衡计分卡会根据企业的愿景和战略设计指标体系，其考察维度包括以下 4 个，如图 3-2 所示。

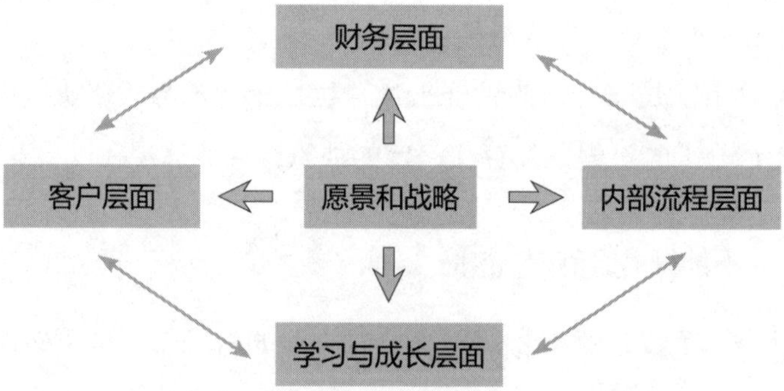

图 3-2

从图 3-2 所示的内容可以看出，平衡记分卡从财务层面、客户层面、内部流程层面、学习与成长层面来构建绩效考评指标体系，这 4 个层面的具体内容如下。

（1）财务层面

财务层面反映了企业要如何改善盈利，实现长期的经营目标。处于不同发展阶段的企业，其财务层面的指标衡量侧重会有所不同。处于成长期的企业，其会更关注销售增长财务目标，如销售增长率、新客户数量等；处于发展期的企业，其会更关注获利能力财务目标，如营业利润率、投资回报率等；处于成熟期的企业，其会更关注现金流量财务目标，如偿债能力、盈利现金比率等。

企业在对财务层面指标进行衡量时，要根据所处的生命周期和实际发展情况来设计，表 3–5 所示为平衡计分卡财务层面常用指标。

表 3–5　平衡计分卡财务层面常用指标

指标类别	指标名称	计算公式
经营能力指标	应收账款周转率	销售收入净额 ÷ 应收账款平均余额
	应收账款周转天数	计算期天数 ÷ 应收账款周转率
	存货周转率	销货成本 ÷ 平均存货
	总资产周转率	销售收入 ÷ 平均总资产
	流动资产周转率	销售收入 ÷ 平均流动资产
偿债能力指标	总资产周转率	销售收入 ÷ 平均总资产
	速动比率	（流动资产总额 – 存货）÷ 流动负债总额 ×100%
	现金比率	现金 ÷ 流动负债 ×100%
	资产负债率	负债 ÷ 资产 ×100%
	现金流动负债比	年经营活动现金净流量 ÷ 期末流动负债
成长能力指标	销售收入增长率	本期销售收入增长额 ÷ 上期销售收入 ×100%
	总资产增长率	本期总资产增长额 ÷ 上期有效总资产 ×100%

续上表

指标类别	指标名称	计算公式
成长能力指标	利润增长率	本期利润增长额 ÷ 上期利润总额 ×100%
	净利润增长率	本期净利润增长额 ÷ 上期净利润 ×100%
	流动资产增长率	本期流动资产增长额 ÷ 上期流动资产 ×100%
盈利能力指标	销售净利润率	净利润 ÷ 销售收入净额
	资产净利润率	净利润 ÷ 平均资产总额
	实收资本利润率	净利润 ÷ 实收资本
	净资产利润率	净利润 ÷ 平均所有者权益
	市盈率	每股价格 ÷ 每股收益

（2）客户层面

企业要实现战略目标，离不开客户的支持和信赖，平衡计分卡中的客户层面反映了企业要如何维护客户关系和形象，常用的客户层面指标有市场份额、客户保持率、客户满意度等，如表 3–6 所示。

表 3–6　平衡计分卡客户层面常用指标

指标类别	指标名称	指标定义或计算公式
市场份额	销售计划达成率	实际销售额 ÷ 计划销售额 ×100%
	销售增长率	本期销售增加额 ÷ 上期末销售额 ×100%
	老客户销售额比例	老客户销售收入 ÷ 总销售收入 ×100%
	新产品开发目标达成率	实际完成开发数 ÷ 计划开发数 ×100%
	新客户销售额比例	新客户销售收入 ÷ 总销售收入 ×100%
客户保持率	客户流失率	流失客户数量 ÷ 客户总数 ×100%
	老客户所占比率	老客户数量 ÷ 客户总数 ×100%
	客户拜访任务完成率	实际拜访客户数量 ÷ 计划拜访客户数量 ×100%

续上表

指标类别	指标名称	指标定义或计算公式
客户满意度	客户投诉次数	按客户实际投诉次数计算
	投诉处理及时率	当期客户投诉次数 ÷ 客户投诉总数 ×100%
	客户反馈响应度	当期解决的客户反映问题数 ÷ 客户反映问题总数 ×100%
客户盈利率	单一客户获利率	单一客户净利润 ÷ 单一客户总成本 ×100%
	整体顾客获利指数	（所有顾客净利润 ÷ 所有顾客成本）÷ 单一客户获利率最大值

（3）内部流程层面

在内部流程层面，要明确影响企业战略实现的关键流程有哪些。从大多数企业的运行轨迹来看，生产营运流程、售后服务流程及创新流程是关键流程，该层面常用的指标如表 3-7 所示。

表 3-7　平衡计分卡内部流程层面常用指标

指标类别	指标名称	指标定义或计算公式
生产效率	原材料采购计划完成率	实际采购数 ÷ 计划采购数 ×100%
	生产能力利用系数	投入生产的资产 ÷ 可用于生产的资产总额 ×100%
	研发周期	研发从立项到结束的时间
	产品供货周期	产品从确立订单到交货时间
生产质量	原料质量一次达标率	一次达标的原料数量 ÷ 原料总采购量 ×100%
	退货率	退货数量 ÷ 售出产品数量 ×100%
	返工率	返工数量 ÷ 总产量 ×100%
	质量合格率	合格产品数量 ÷ 总产量 ×100%
售后服务	售后服务一次成功率	售后服务一次成功次数 ÷ 售后服务总次数 ×100%
	售后服务回访率	售后服务回访次数 ÷ 售后服务总次数 ×100%

续上表

指标类别	指标名称	指标定义或计算公式
产品创新	新产品开发上市数量	按新产品开发实际上市数量计算
	新产品计划销售达成率	新产品销售数 ÷ 计划销售数 ×100%
	获得国家专利数量	按实际获得国家专利数量计算

（4）学习与成长层面

企业要持续发展，离不开人才的培养，平衡计分卡中的学习与成长层面体现了企业如何提高员工能力，促进员工发展，表 3-8 所示为常用的学习与成长指标。

表 3-8　平衡计分卡学习与成长层面常用指标

指标名称	计算公式
培训覆盖率	参加培训人数 ÷ 员工总数 ×100%
员工培训费比率	实际培训支出 ÷ 销售额 ×100%
员工流失率	员工流失数 ÷ 同期员工平均数 ×100%
员工年均培训时间	参加培训的员工时间之和 ÷ 参与员工人数 ×100%

3.2.3　编制平衡计分卡的步骤

企业要运用平衡计分卡对绩效进行评价，首先需要编制适合企业的平衡计分卡，平衡计分卡的编制步骤如下所示。

- ◆ **确定企业愿景和战略目标：**在编制平衡计分卡前，企业可以组建平衡计分卡编制小组，由小组成员来梳理和确定企业的愿景和战略目标，以明确企业未来的发展方向。
- ◆ **将战略转化为具体的指标：**根据确定的企业战略，按照平衡计分卡的 4 个维度及层层分解的原则来设立具体的指标，一般来说，一个类别设计 3~5 个指标比较合适，如图 3–3 所示。

图 3–3

- **就目标进行内部沟通**：确定了具体的绩效目标和指标后，还应就目标及指标进行内部解释和沟通，形成基于 BSC 的绩效考核体系。
- **平衡计分卡的修正**：在平衡计分卡实施过程中，要根据考核情况对 4 个维度的指标进行合理修正。

3.2.4　订立有效的评价指标

平衡计分卡为我们提供了指标设计的思路，不同的企业由于市场情况、竞争环境的不同，在设计平衡计分卡时，其选取的指标也会有所不同。在具体设计平衡计分卡时，企业可以先绘制属于自己的战略地图，再根据战略地图来设计具体的衡量指标。

企业战略地图同样要从平衡计分卡的 4 个维度来绘制，在对战略目标进行比例分配时，一般可根据企业生命周期来分配，如成熟期企业，建议财务维度占 20% 左右、客户维度占 20% 左右、内部流程维度占 40% 左右，学习与成长维度占 20% 左右，图 3-4 所示为某公司绘制的战略地图。

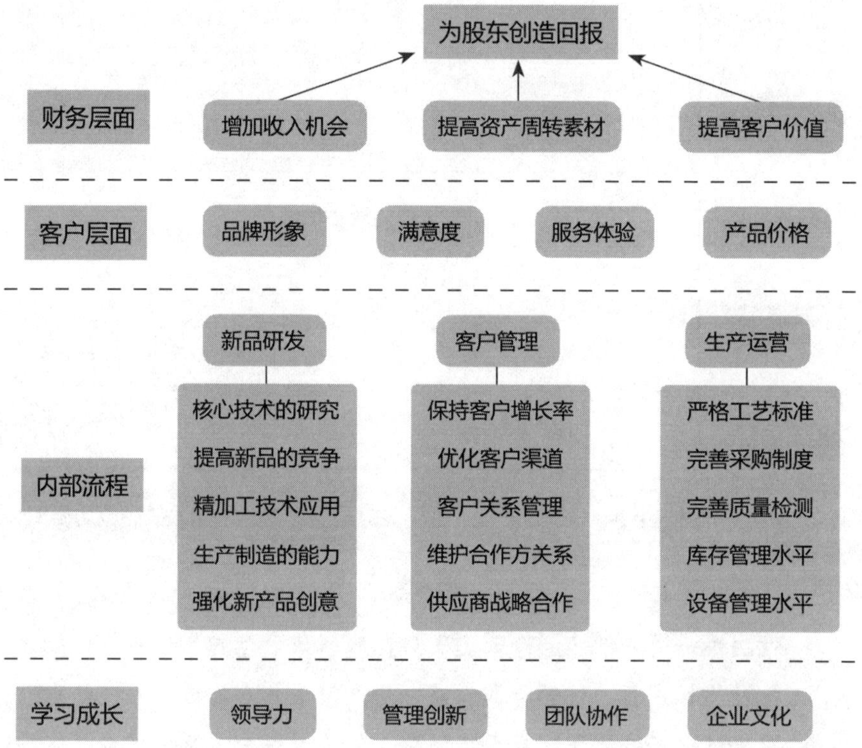

图 3-4

绘制战略行动地图后，企业可根据战略地图来设计平衡计分卡指标体系，使战略与指标挂钩。在设计过程中，可以用矩阵图罗列出评价指标，然后再对指标赋值，表 3-9 所示为平衡计分卡指标示例。

表 3-9 平衡计分卡指标示例

财务指标	客户指标
1. 销售增长率 2. 成本费用利润率	1. 市场占有率 2. 新顾客开发率
内部流程指标	学习与成长指标
1. 订单需求满足率 2. 设计错误造成的损失占营业收入的比例	1. 员工流失率 2. 培训覆盖率

平衡计分卡指标的赋值同样要按照重要性程度来分配，根据行业及企业发展阶段的不同，不同维度指标的权重也会不同。如高科技企业，对学习成长指标所赋予的权重会较大；而大型企业，通常更注重内容流程的优化，因此内部流程指标的权重会较大。表 3–10 所示为某企业高层管理者平衡计分卡考核表，可以看出财务指标的权重占比较大。

表 3–10　基于平衡计分卡的绩效考核表（高层管理者）

考核维度	指标名称	权重	指标说明
财务类	利润额目标达成率	10	目标达成率 =（实际利润额 ÷ 计划利润额）× 100%
	成本费用利润率	10	成本费用利润率达到 ____% 以上。成本费用利润率 =（利润总额 ÷ 成本费用总额）× 100%
	销售目标达成率	10	目标达成率 =（实际收入 ÷ 计划营业收入）× 100%
	总资产周转率	5	总资产周转率达到 ____% 以上
	现金流量	5	公司的现金流量应保持在 10% 以上。现金流量指标计算公式：（现金收入 – 现金支出）÷ 资本总额
客户类	客户满意度	5	客户投诉次数控制在 ____ 次以内，或者平均评分达 ____ 以上。
	品牌忠诚度	5	品牌忠诚度达到 ____% 以上。过去一年内最经常使用本品牌产品的消费者数量 ÷ 该年内购买过该品牌产品的总人数 × 100%
	市场占有率	5	市场占有率达到 ____% 以上
	品牌价值增长率	5	品牌市场价值增长率在 ____% 以上
内部流程	制度与流程改善	5	制度的完善性与有效性，流程的简化程度及高效性
	产品次品率	5	生产产品次品率控制在 ____‰以内

续上表

考核维度	指标名称	权重	指标说明
内部流程	关系维护	5	与客户、供应商定期进行关系维护，并与其保持良好的合作关系
	风险管理	5	财务、安全、质量、法律等方面的风险得到有效控制
学习成长	员工流失率	5	员工流失率控制在 ____% 以内
	人才培养达成率	5	达成率 =（人才实际培养数量 ÷ 计划人才培养数量）× 100%
	核心员工保有率	5	核心员工保有率达到 ____%
	员工职业生涯发展	5	学习发展、生活关爱、成长辅导支持

3.3 主抓关键要素的关键绩效指标

关键绩效指标又被称为 KPI，其符合“二八原理”，即企业中 80% 的工作工作内容是由 20% 的关键行为来完成的。基于该原理，关键绩效指标的重要核心就是抓住这 20% 的关键指标。

3.3.1 KPI 需要具备的几个特征

基于关键绩效指标进行指标体系设计时，首先要明确 KPI 的特点，这样才能保证设计的指标体系符合要求，下面具体来看 KPI 应具备的几个特征。

（1）要体现其重要性

既然是关键绩效指标，那么就要体现其关键性，因此，企业选取的 KPI

应是对整体战略目标影响较大的重要指标。不能衡量企业整体价值或重点经营活动的指标，不能作为关键绩效指标。比如销售增长率、市场占有率、品牌认识度、销售目标完成率、市场竞争比率这 5 个指标，如果品牌认识度不能对企业战略目标的实现起到关键作用，那么就不能纳入关键绩效指标体系中。

（2）能够被衡量的

关键绩效指标应该是能够被衡量的指标，即其应该有明确的定义、计算方法及评估标准，表 3-11 所示为某公司财务部关键绩效指标，可以看出所有指标都有明确的定义，即评分标准。

表 3-11　某公司财务部关键绩效指标

绩效指标	指标定义	考核目标	分值	评分标准
财务满意度	相关部门对财务部门工作的满意度	85%	5	每少 3 个百分点扣 1 分，每增 3 个百分点加 1 分
报告及时率	及时向上级提供公司及部门费用报告表	100%	10	每迟延两天扣 1 分
财务结算及时性	不得延期结算	100%	5	每迟延两天扣 1 分
工资及考核奖金及时率	每月 15 日前发放上月工资，每月 20 日前发放绩效奖金	100%	5	每迟延两天扣 1 分
回款及时率	实际回款额 ÷ 应回款额 ×100%	95%	5	及时向上级汇报回款额

（3）可以被控制的

可控制的是指关键绩效指标的职位负责人应该是能够控制和影响指标结果的，以人力资源部经理岗位员工增加率和员工出勤情况两个指标为例，其中员工出勤情况会受他人的影响，因此该指标不应作为关键绩效指标。而员工增加率则是人力资源部经理可以直接控制的，因此该指标可以作为关键绩效指标。

3.3.2 KPI 指标的选取方法

企业在进行 KPI 指标体系设计时，可以采用的方法有多种，在具体设计时可以灵活选择，下面来看看 KPI 指标选取的常用方法。

（1）标杆基准法

标杆基准法具体又可分为内部标杆基准法和外部标杆基准法，两者的含义如下所示。

- **内部标杆基准法：**是指以企业内部优秀部门或职能的绩效指标为标准，然后建立其他部门或岗位的关键绩效指标，比如销售部门将高绩效员工和低绩效员工的绩效指标进行评价比较，设计出适合本部门销售人员的关键绩效指标；又比如以本企业优秀部门绩效指标为标准，将其与其他部门做比较，然后形成其他部门的关键绩效指标。
- **外部标杆基准法：**是指以行业内某一具有代表性的公司业绩指标作为范本或标准，在此基础上进行研究分析和比较，建立企业自身的关键绩效指标。

在使用标杆基准法时，比较重要的一步是分析这些标杆绩效形成的原因，以外部标杆基准法为例，在分析领先企业的绩效指标时，要了解其成功因素及本企业与领先企业之间的绩效差异，如订单处理、新产品开发、市场领先等。找到关键所在，然后建立适合本企业的关键绩效指标体系。

（2）关键驱动因素分析法

关键驱动因素分析法是指分析企业成功的关键因素，然后根据这些关键驱动因素来设计绩效指标。在使用关键驱动因素分析法进行绩效指标设计时，可以使用鱼骨图来提炼关键绩效指标，如图 3-5 所示。

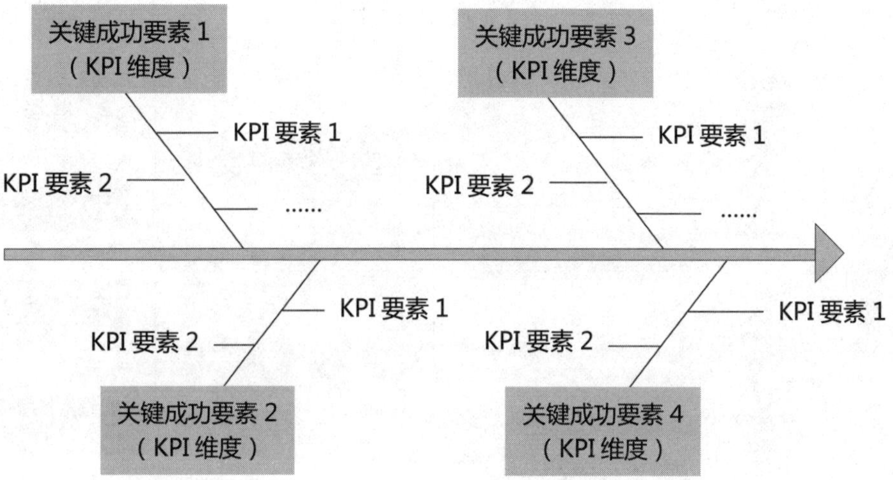

图 3-5

比如企业根据关键驱动因素，分析出影响企业价值创造的关键因素有客户服务和利润增长，那么根据这两个关键驱动因素，企业确立的 KPI 如表 3-12 所示。

表 3-12　关键驱动因素和指标提炼

关键驱动因素	关键绩效指标	关键驱动因素	关键绩效指标
客户服务	客户对品牌认知度	利润增长	纯利润目标达成率
	客户投诉处理的及时性		费用控制
	客户投诉数量		回款速度与期限

（3）策略目标分解法

策略目标分解法是指通过分解企业战略目标来建立 KPI 体系。在使用该方法时，会按照确定企业战略→确定业务重点→价值树分析→确定 KPI 体系的流程来设计。其中价值树分析是指以树状图的形式来分解影响企业、部门或岗位业绩的关键指标，以总资产收益率为例，其价值树分析示例如图 3–6 所示。

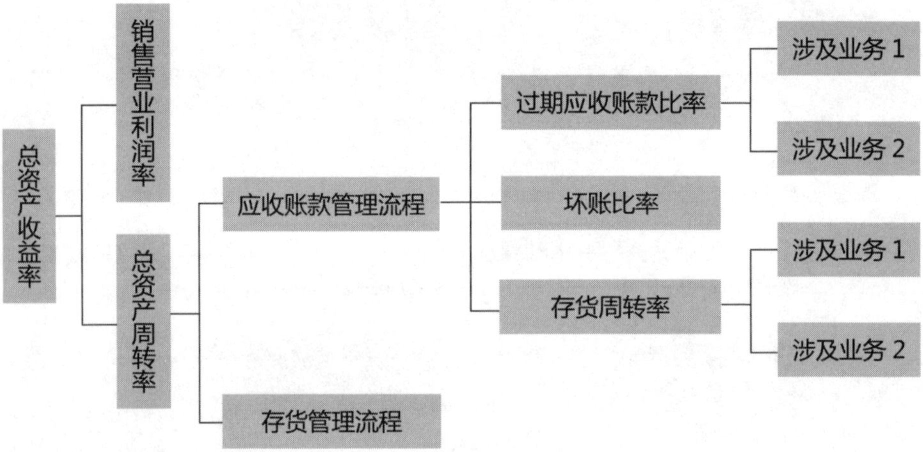

图 3–6

3.3.3 KPI 体系建立的实施步骤

了解了 KPI 指标的选取方法后，下面来看看企业如何搭建属于自己的 KPI 体系，在这一过程中，需要灵活使用 KPI 指标的选取方法。

（1）企业级 KPI 提取

提取企业级 KPI 是关键绩效指标体系建立的第一步，在提取过程中，要运用关键成功因素分析法，找到影响企业经营成功的关键因素。具体分析时，可以借助平衡计分卡的 4 个维度来分析关键成功因素，如财务维度的资产运营状况、偿债能力状况等。

进行内部讨论确定企业关键成功因素后，就可以进行企业级 KPI 的提取了，比如将资产运营状况作为关键成功因素，针对该因素可以设立的评价指标有总资产周转率、流动资产周转率、存货周转率、应收账款周转率等，然后再从已确定的绩效评价指标中找出关键绩效指标，如流动资产周转率。

（2）部门级 KPI 提取

确定了企业级的 KPI，要通过指标分解来确定部门级的 KPI。部门级 KPI 可以利用价值树进行分析并确定，价值树的起点为影响企业业绩的关键性指标，如企业级市场份额指标，分解到市场部，可得到销售增长率、市场占有率、品牌认识度、销售目标完成率、市场竞争比率等指标。

（3）岗位级 KPI 提取

岗位级 KPI 由部门级 KPI 及岗位职责分析来确立，随着指标的逐步分解，岗位级获取的绩效指标会更多，这时需要对指标进行筛选，找出关键绩效指标。无法衡量的、不太重要的、不能控制的指标要优先剔除，最终只保留关键结果或行为指标。确立关键绩效指标的权重后，最终形成关键绩效指标考核表，表 3-13 所示为某企业销售岗位员工 KPI 考核表。

表 3-13　某企业销售岗位员工 KPI 考核表

被考核人		员工编号		填表日期		
所在部门		岗位		入司日期		
考核区间	年　　月至　　年　　月					
考核项	考核指标	考核标准	分值	目标值	完成值	得分
工作成绩（30分）	销售达成	按实际完成比例考核：实际完成销售额 ÷ 销售任务 × 分值	10			
	回款完成	按实际回款比例考核：实际完成回款额 ÷ 计划回款额 × 分值	10			
	客户开发	按实际开发比例考核：实际新客户数 ÷ 新客户开发任务 × 分值	10			

工作效率（20分）	团队协作	因个人原因而影响整个团队工作的情况出现一次，扣5分	5			
	客户投诉	客户投诉且经确认是自己工作失误造成的情况出现一次，扣5分	5			
	服从安排	未听从安排出现一次，扣2分；出现第二次，扣3分；恶意不听从出现一次不得分	5			
	行为规范	违反公司行为规范，第一次扣1分，第二次扣2分，第三次不得分	5			
工作态度（25分）	工作规划	1. 每月有月工作计划，月尾有工作报表 2. 每天向领导汇报市场工作	10			
	工作责任	1. 能够管理好自己的时间，及时完成工作任务 2. 对客户的投诉能够及时反映并协调解决	10			
	工作热情	1. 能够积极主动地开展工作，能够高度配合同事及其他部门工作 2. 遇到问题能够做到勇于面对，积极寻求解决方案并执行	5			
工作能力	专业知识	0～2分：只了解公司产品基本知识 3分：熟悉本行业即本公司产品 4分：熟练掌握本岗位所具备的专业知识，但对其他相关知识了解不多 5分：熟练掌握业务知识及其他相关知识	5			

工作能力（25分）	分析判断	0～2分：较弱，不能及时做出正确的分析与判断 3分：一般，能对问题进行简单的分析和判断 4分：较强，能对复杂问题进行简单的分析判断，但不能灵活运用到实际工作中 5分：强，能迅速地对客观环境做出较为正确的判断	5			
	沟通协调	0～1分：不能清晰地表达自己的想法 2～3分：有一定的说服能力 4分：能有效化解矛盾 5分：能灵活运用多种谈话技巧和他人进行沟通	5			
	灵活应变	0～1分：缺少变通能力，反应不灵活 2～3分：对个别问题能处理，有一定的应变能力 4分：较强，工作中遇到的突发事件基本上都可以处理，但有时也有失误 5分：很灵活，能灵活应对客观环境的变化并采取相应的措施	5			
	整体工作	0～1分：不认可其工作，不满意 2分：工作表现不明显，勉强可以接受 3～4分：工作还可以，比较满意 5分：工作有质有量，非常满意	5			
总分						

3.4 从不同角度来考核的 360 度考核法

360 度考核法可以通过多个方面来评价员工，因此又被称为全方位考核法，这使得 360 度考核法能够更加全面、客观地进行员工绩效考评。

3.4.1 360 度考核法的优缺点

360 度考核法常用于对企业管理者进行考核评价，其优点主要体现在以下几个方面。

- 360 度考核法的考核者并不局限于上级，这使得 360 度考核法能够避免传统考核中只由上级考核下级所带来的“光环效应”“个人偏见”等问题。
- 360 度考核法会通过不同的主体来评价被考核者，这可以避免考核的片面性，使得企业可以更全面的评价同一被考核者。
- 考核主体的多元性使得 360 度考核法能够提高考核结果的有效性，促进被考核者多方面素质和能力的提升。
- 360 度考核法充分发挥了员工参与的作用，这使得员工能够感受到企业对绩效考核的重视程度，对企业绩效管理的有效实施有着积极的推动作用。

360 度考核法有着其他考核工具所没有的优点，但其也存在一定的缺点，具体体现在以下几个方面。

- 一个被考核者要由多名考核者来做出评价，这使得企业实施 360 度考核法所花费的时间会较多，考核成本较高。
- 考核者的多元性会增加考评数据收集和处理的难度，这需要企业需要加强信息技术建设。
- 360 度考核法的主观性较强，还可能存在某些员工利用考评机会“公报私仇”的现象。

◆ 受工作岗位从属关系的影响，可能存在员工不敢如实做出真实评价的情况出现。

◆ 360 度考核体系中的员工既是考核者，也是被考核者，这在无形中会增加企业进行绩效管理培训的工作量。

3.4.2　哪些人可以成为评估者

在 360 度考核法中，绩效考评的考核者不仅仅包括被考核者的上级，还包括其他主体，如图 3-7 所示。

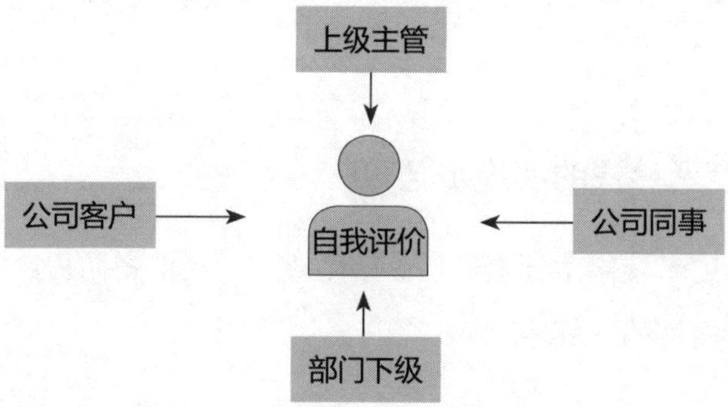

图 3-7

从图 3-7 所示的内容可以看出，360 度考核者的考评者包括被考核者自己、上级主管、公司同事、部门下级及客户。

◆ **被考核者自己：**在企业中，被考核者本人是最了解自身工作业绩的，通过被考核者的自我评价，可以让被考核者了解自己在工作中做得好的地方及不足之处，有利于员工及时进行自我改进，提高个人能力。

◆ **上级主管：**上级主管对部门业务流程及岗位职责都很了解，同时，上级主管通常也比较了解员工的工作绩效要求及完成情况，因此上级主管是重要的绩效考核者。

◆ **公司同事：**当公司同事作为考核者时，通常采用互评绩效的方式。

在企业中，部分工作岗位会存在上下级之间的沟通交流并不多的情况，这时由上级主管来做评估就比较困难，而同事由于彼此熟悉，在这种情况下，让同事作为考评者，可以让考核评价更具有客观性和针对性。

◆ **部门下级**：由部门下级来评估上级，这一评价过程被称为向上反馈，通过下级的评价反馈，可以让管理者了解下级意见及管理上存在的不足，有利于管理者提升管理能力。

◆ **公司客户**：客户是企业服务的对象，对于经常与客户直接接触的岗位来说，客户的评价对被考核员工来说具有重要意义，如销售岗位，客户对于销售人员的沟通表现及工作态度都很了解，让客户对被考核员工作出评价，可以得到客观公正的意见。

3.4.3 360 度考核法的实施步骤

实施 360 度考核法主要会经历 3 个阶段，包括准备阶段、设计阶段和实施阶段，具体内容如下所示。

（1）准备阶段

在 360 度考核法实施前，需要对参与 360 度评估的考核者及被考核者进行宣传和培训，以让参与人员了解 360 度考核法的作用和意义，让员工信任 360 度考核法，同时对考核引起重视。

在宣传和培训过程中，还需要取得管理层对实施 360 度考核法的支持，这样才能保证考核顺利进行。

（2）设计阶段

在该阶段，企业需要确定考核周期、被考核者和评估者，同时要设计评估问卷，评估问卷的内容应包括考核内容及评分标准。在设计评估问卷时，应根据不同部门和岗位的特点来设计，以便如实反映被评估者的绩效行为及个人素质能力。

在实际设计评估问卷时，企业可组织人力资源部、被考核者、评估者及绩效专家组成360度考核工作小组，对问卷的内容进行设计，通过工作小组充分地沟通讨论后，形成与被考核者职位关联性强的评估表，表3-14所示为某企业360度考核评估表。

表3-14　某企业360度考核评估表

<table>
<tr><td>被考核人</td><td></td><td>个人编号</td><td colspan="2"></td><td colspan="2">填表日期</td><td></td></tr>
<tr><td>所在部门</td><td></td><td>岗位</td><td colspan="2"></td><td colspan="2">入司日期</td><td></td></tr>
<tr><td>考核区间</td><td colspan="7">年　　月至　　年　　月</td></tr>
<tr><td colspan="8">考核标准及分数</td></tr>
<tr><td colspan="8">优秀（5分）良好（4分）一般（3分）差（2分）较差（1分）极差（0分）</td></tr>
<tr><td colspan="2" rowspan="2">考核指标</td><td colspan="6">考核得分</td></tr>
<tr><td>自我评价</td><td>上级评价</td><td>同级评价</td><td>下级评价</td><td>权重</td><td>备注</td></tr>
<tr><td rowspan="7">个人素质（30分）</td><td>品德修养、礼貌礼仪、个人仪容仪表</td><td></td><td></td><td></td><td></td><td>30%</td><td></td></tr>
<tr><td>有团队合作意识，能以集体利益为重</td><td></td><td></td><td></td><td></td><td>20%</td><td></td></tr>
<tr><td>沟通能力和亲和力</td><td></td><td></td><td></td><td></td><td>20%</td><td></td></tr>
<tr><td>学习、总结能力</td><td></td><td></td><td></td><td></td><td>10%</td><td></td></tr>
<tr><td>主动发现问题、解决问题的态度和能力</td><td></td><td></td><td></td><td></td><td>10%</td><td></td></tr>
<tr><td>良好的组织能力和协调管理能力</td><td></td><td></td><td></td><td></td><td>10%</td><td></td></tr>
<tr><td>合计</td><td></td><td></td><td></td><td></td><td></td><td></td></tr>
</table>

工作态度（25分）	出勤状况					20%	
	对待工作责任心					20%	
	对待工作热情度					20%	
	能主动完成工作任务					20%	
	遵守工作规范					20%	
	合计						
专业知识（20分）	专业业务知识					30%	
	外语知识					25%	
	计算机应用知识					25%	
	参加各种专业知识培训，不断学习专业知识和技能					20%	
	合计						
工作能力（25分）	能保质保量完成工作任务					35%	
	能正确理解上级安排的工作，在执行过程中能主动调动各方资源以达成目标					20%	
	能准确地表达出自己的看法，在工作中善于沟通并保持良好的人际关系					20%	
	对承担的工作熟练掌握，有成功完成的经验					15%	
	对问题认识全面，有系统性					10%	
	合计						

（3）实施阶段

制作好360度考核评估表后，接下来就是360度考核评估实施。在实施360度考核法的过程中，评估表通常采用无记名的方式来收集，这样可以让评估者更客观真实地进行打分，收集到评估表后再进行数据统计和汇总。

3.4.4　有效实施 360 度考核法的关键

在实施 360 度考核法的过程中，有的企业会出现考核失效的情况，企业要有效实施 360 度考核法，还要注意以下几点。

（1）明确适用范围

企业在实施 360 度考核法时要注意，并不是所有的企业员工都适合用 360 度考核法来评估。从 360 度考核的评估者来看，其包含上级、下级和同级，同时数据收集的成本也较高，因此 360 度考核更适合用于对企业中高层管理者进行考核评估。

从企业生命周期来看，成熟期的企业更适用于 360 度考核法，这是因为成熟期的企业组织架构已比较完善，且员工的稳定性较高，有实施 360 度考核法的良好企业环境和条件。

（2）注意评估问卷的差异化

评估问卷的设计是 360 度考核评估的重要步骤，在设计问卷时，要注意不同岗位的差异化。另外，针对不同的评估者，其对被考核者的考核重点也应有所区别，具体内容如下所示。

◆ 当评估者是下级时，那么应重点考察被考核者的领导能力、管理能力等。

◆ 当评估者是上级时，那么应重点考察被考核者的工作能力及专业知识的掌握程度等。

◆ 当评估者是同级时，那么应重点考察被考核者的团队协作能力及沟通能力。

◆ 当评估者是客户时，那么应重点考察被考核者的客户关系维护能力及服务态度等。

（3）考核并不一定都是 360 度

360 度考核法的考核者可以是多个主体，但并不代表针对所有的被考核者都要进行 360 度考核，企业可根据自身的资源支持情况及考核要求来确定是否要进行 360 度考核。也可以减少考评者，选择进行 180 度考核或 270 度考核，比如被考核者与企业客户并没有直接的业务往来，那么客户就可以不作为考核者。

（4）利用信息数据化减少考核成本

考评信息收集是 360 度考核法实施的一个难点，针对该难点，企业可以建设网络化的信息系统，通过绩效考核软件来缩短考核周期，利用电子考核表来替代纸质考核表，降低数据收集的难度，减少考核成本，提高 360 度考评的效率，图 3-8 所示为 360 度考核电子评估表，员工可在线进行考核身份填写、基本信息填写及考评打分。

*基本信息：
被考核者姓名：
被考核者职务：销售部经理
考核日期: 2020.3.10
*考评者所属部门：
销售中心
*1、计划控制能力：
1 2 3 4 5
a. 每月能够制定出明确的工作及加强成本管理的计划，对投入产出、节约控制成本有价值观念。
b. 按轻重缓急排定工作次序；
c. 能够将计划分解，按照员工的能力进行合理分配；
d .对下属的工作进行跟进与掌控，以确保目标的达成，并提高下属成本意识；

图 3-8

第四章

量化考核：不同岗位员工的指标设计

一个企业通常会有多个岗位，在设计绩效考核表时，企业要根据不同岗位的工作职责与任务来设计适合该岗位员工的绩效指标，这样才能保证绩效考核能因岗制宜。本章将以常规部门及岗位为例，讲解不同职位如何进行量化考核。

4.1 人力资源部绩效考核指标设计

人力资源部是企业重要的职能部门，主要负责企业人力资源的管理工作，包括人才选拔、培训、开发、考核及薪酬管理等。在绩效管理中，人力资源部扮演着“主持人”角色，那么针对人力资源部岗位员工，企业要如何进行绩效考核呢？

4.1.1 人力资源部主管绩效指标设计

人力资源部主管是人力资源部的主要负责人，对人力资源部的工作会产生直接影响，其主要岗位职责如下所示。

- ◆ 根据企业发展需求和岗位设置制订年度人力资源需求计划，完善招聘流程，提升招聘效率。
- ◆ 制订并完善人力资源管理各项制度，如培训制度、绩效考核制度、招聘制度、薪酬制度等。
- ◆ 制订人力资源部专业培训计划，完善公司培训体系和人才梯队建设，提升员工素质和能力。
- ◆ 维护和传播企业文化，并根据公司情况制定个性化的团队活动，提高员工凝聚力。
- ◆ 研究设计各岗位绩效考核方案，并负责公司各部门的绩效考核和评定工作。
- ◆ 负责员工关系管理及其他日常管理工作。

在确定了人力资源部主管的主要岗位职责后，就可以根据其工作目标和职责来设计绩效指标，招聘计划达成率、培训计划达成率、员工流失率及人力资源管理制度的规范性与完善程度是该岗位常用的绩效指标，表 4-1 所示为某企业人力资源部主管的绩效考核表。

表 4-1 某企业人力资源部主管绩效指标量化表

<table>
<tr><td colspan="2">被考核人姓名</td><td colspan="2"></td><td>职位</td><td>人力资源部经理</td><td>部门</td><td>人力资源部</td></tr>
<tr><td colspan="2">考核人姓名</td><td colspan="2"></td><td>职位</td><td></td><td>部门</td><td></td></tr>
<tr><td>序号</td><td colspan="2">KPI 指标</td><td>权重</td><td colspan="3">绩效目标值</td><td>考核得分</td></tr>
<tr><td>1</td><td colspan="2">人力资源工作计划按时完成率</td><td>15%</td><td colspan="3">考核期内人力资源工作计划按时完成率达 100%</td><td></td></tr>
<tr><td>2</td><td colspan="2">人力资源成本预算控制率</td><td>15%</td><td colspan="3">考核期内人力资源成本预算控制在___%以下</td><td></td></tr>
<tr><td>3</td><td colspan="2">人力资源规划方案提交及时率</td><td>15%</td><td colspan="3">考核期内人力资源规划方案提交及时率在___%以上</td><td></td></tr>
<tr><td>4</td><td colspan="2">招聘计划完成率</td><td>10%</td><td colspan="3">考核期内招聘计划完成率达 100%</td><td></td></tr>
<tr><td>5</td><td colspan="2">培训计划完成率</td><td>10%</td><td colspan="3">考核期内培训计划完成率达 100%</td><td></td></tr>
<tr><td>6</td><td colspan="2">绩效考核计划按时完成率</td><td>10%</td><td colspan="3">考核期内绩效考核计划按时完成率达 100%</td><td></td></tr>
<tr><td>7</td><td colspan="2">薪酬调查方案提交及时率</td><td>10%</td><td colspan="3">考核期内薪酬调查方案提交及时率达 100%</td><td></td></tr>
<tr><td>8</td><td colspan="2">员工任职资格达标率</td><td>5%</td><td colspan="3">考核期内员工任职资格达标率达 100%</td><td></td></tr>
<tr><td>9</td><td colspan="2">核心员工流失率</td><td>5%</td><td colspan="3">考核期内核心员工流失率不得高于___%</td><td></td></tr>
<tr><td>10</td><td colspan="2">员工管理</td><td>5%</td><td colspan="3">考核期内部门员工绩效考核平均得分在分以上</td><td></td></tr>
<tr><td colspan="7">总计</td><td></td></tr>
<tr><td>考核指标说明</td><td colspan="7">1. 人力资源工作计划按时完成率 = 按时完成的人力资源计划数 ÷ 人力资源工作计划总数 ×100%
2. 培训计划按时完成率 = 按时完成的培训工作次数 ÷ 计划培训总次数 ×100%</td></tr>
</table>

4.1.2 招聘专员绩效指标设计

招聘专员主要负责招聘信息的发布及人员的招聘、面试和入职办理等工作，主要工作职责如下所示。

◆ 建立及完善公司招聘流程，维护和开拓招聘渠道，完成企业招聘计划。

◆ 负责职位发布、简历筛选及招聘面试工作，确保拟录用人员符合岗位要求。

◆ 总结招聘工作中存在的问题，不定期提出招聘制度和流程改进建议，提高招聘效率，降低招聘成本。

◆ 负责新员工入职办理及入职培训工作，建立员工档案库。

根据招聘专员的主要岗位职责，其常用的绩效指标有招聘计划达成率、招聘渠道选择的合理性等，表 4–2 所示为某企业招聘专员绩效指标量化表。

表 4–2 某企业招聘专员绩效指标量化表

考核项	绩效指标	考核标准	分值	得分
工作职责（70 分）	招聘完成率	招聘完成率目标值为 100%，每低于 1% 扣 1 分，直到扣完为止	35	
	招聘及时率	招聘及时率目标值为 100%，每低于 1% 扣 1 分，直到扣完为止	35	
工作能力（20 分）	招聘渠道开发及维护	每月 3 号前提供招聘渠道分析报告，说明渠道开发、维护情况及各渠道有效利用率情况，未能及时提供分析报告不得分，分析报告不合格不得分	5	
	招聘成本控制	当月折算的招聘费用不得超过年度招聘费用折算的月度招聘费用，超过则该项不得分	5	
	人才甄选体系	根据公司情况引进有效的人才甄选测评工具，使用率 100%，排查当月入职人员评测记录，每发现一例不符合要求扣 1 分，扣完为止	5	
	招聘流程管控	当月新入职员工符合招聘流程且入职人员资料完整，每发现一例不符合扣 1 分，扣完为止	5	

续上表

考核项	绩效指标	考核标准	分值	得分
工作态度（10分）	工作主动性	能够根据企业需求主动做好本职工作，主动性高，得4～5分；主动性一般，得2～3分；缺乏主动性，得0～1分	5	
	工作责任感	努力将工作做到更好，责任感强，得4～5分；责任感一般，得2～3分；缺乏责任感，得0～1分	5	
合计得分				

4.1.3　薪酬专员绩效指标设计

薪酬专员主要负责企业各项薪酬、福利工作，其主要岗位职责如下所示。

- ◆ 负责年度薪资和福利方案的起草和规划，并组织推动实施薪资和福利方案，监督执行情况。
- ◆ 关注行业薪酬福利信息和数据，优化企业薪酬管理体系。
- ◆ 统计、分析薪酬福利数据，制作各类报告及报表，如工资报表、人工成本分析报告等。
- ◆ 负责员工薪资福利费用的核算和发放，以及社会保险金和公积金的申办工作。
- ◆ 组织并实施绩效考核工作，并对考核过程进行跟踪监督，根据考核结果提出绩效改进建议。
- ◆ 负责合同协议资料的管理和建档，如劳动合同、保密协议、劳务协议等。
- ◆ 协助人力资源部主管完成其他人事管理工作。

根据薪酬专员的主要岗位职责，可知其常用的绩效指标有薪酬计算准确率、薪酬资料管理的规范度等，表4-3所示为某企业薪酬专员绩效指标量化表。

表 4-3　某企业薪酬专员绩效指标量化表

考核项	绩效指标	考核标准	分值	得分
工作职责（50%）	薪酬调查工作	定期开展薪酬调查，并有调查报告	8	
	薪酬（工资与奖金）计算准确率	薪酬（工资与奖金）计算准确率为 100%	9	
	员工保险、福利计算与发放准确率	员工保险、福利计算与发放准确率为 100%	9	
	员工薪酬满意度调查与沟通	定期开展员工薪酬满意度调查，并出具调查报告，积极与员工就薪酬进行沟通	8	
	薪酬资料管理	薪酬资料及时进行归档，管理规范可追溯	8	
	事务性工作完成情况	执行力强、质量高、效率高	8	
工作态度（25%）	遵章守纪	能认证执行各项规章制度	7	
	政策性与原则性	严格按政策与原则办事	6	
	责任感	具有很强的责任感，能全身心投入岗位工作	6	
	团队精神	能够积极协调其他部门和同事共同达成工作目标	6	
工作能力（25%）	协调能力	与上下级、平级及外部合作者保持良好关系	6	
	沟通能力	能与各方就薪酬福利方案交换意见，并达成共识	7	
	政策把握能力	了解薪酬政策和制度，使人力资源薪酬管理工作不偏离相关法律法规	6	
	执行能力	能有效贯彻和落实相关法律法规，确保企业薪酬福利方案有效执行	6	
总计得分：				

4.1.4　培训专员绩效指标设计

培训专员主要负责企业各岗位员工的培训与管理工作，其主要岗位职责如下所示。

- 根据企业的人才培养计划，开展员工培训需求调研并制订各个部门的培训计划。
- 负责收集培训资料及信息，搭建并完善培训课程体系。
- 根据部门培训计划及费用预算，确保培训计划的有效落实。
- 与外部专业培训公司保持沟通交流，完善培训流程体系，提出培训改进措施，不断提高培训效果和质量。
- 建立员工培训档案，跟进培训工作，在培训项目结束后对培训效果进行评估。

根据培训专员的主要岗位职责和任职要求，其常用的绩效指标有培训工作计划的完成率、员工对培训工作的满意度等，表 4-4 所示为某企业培训专员绩效指标量化表。

表 4-4　某企业培训专员绩效指标量化表

考核项	绩效指标	权重	考核标准	打分标准	得分
工作业绩	培训组织工作	30%	对培训工作组织、协调、配合及效果等方面都特别满意	91 ~ 100	
			对培训工作组织、协调、配合及效果等方面都满意	81 ~ 90	
			对培训工作组织、协调、配合及效果等方面基本满意	71 ~ 80	
			对培训工作组织、协调、配合及效果等方面都不满意	51 ~ 70	
			对培训工作组织、协调、配合及效果等方面都很不满意	0 ~ 50	

续上表

考核项	绩效指标	权重	考核标准	打分标准	得分
工作业绩	培训工作计划完成率	20%	$90 \leqslant P < 100$，P= 实际培训时间 / 计划培训时间	91 ~ 100	
			$80 \leqslant P < 90$，P= 实际培训时间 / 计划培训时间	81 ~ 90	
			$70 \leqslant P < 80$，P= 实际培训时间 / 计划培训时间	71 ~ 80	
			$50 \leqslant P < 70$，P= 实际培训时间 / 计划培训时间	51 ~ 70	
			$0 \leqslant P < 50$，P= 实际培训时间 / 计划培训时间	0 ~ 50	
	培训效果	10%	培训具有革新性价值，被培训者相关工作绩效有突破性提高	91 ~ 100	
			培训具有重大价值，被培训者相关工作绩效有显著提高	81 ~ 90	
			培训具有较高价值，被培训者相关工作绩效有一定提高	71 ~ 80	
			培训价值一般，被培训者相关工作绩效提高不明显	51 ~ 70	
			培训价值较低，被培训者相关工作绩效完全无提高	0 ~ 50	
工作态度	工作责任心	10%	有强烈的责任心，从来没有失职行为	91 ~ 100	
			有较强的责任心，极少有失职行为	81 ~ 90	
			有相当的责任心，但偶尔有失职行为	71 ~ 80	
			有一定的责任心，时常有失职行为	51 ~ 70	

续上表

考核项	绩效指标	权重	考核标准	打分标准	得分
工作态度	工作责任心	10%	基本上没有责任心，工作失职习以为常	0 ~ 50	
	工作积极性	10%	工作非常积极，工作任务从来不会延迟	91 ~ 100	
			工作较为积极，工作任务极少延迟	81 ~ 90	
			工作相当积极，工作任务偶尔会有延迟	71 ~ 80	
			工作不太积极，工作任务经常会有延迟	51 ~ 70	
			工作很不积极，工作延迟习以为常	0 ~ 50	
	团队意识	10%	有强烈的团队意识，总是主动协助他人完成工作	91 ~ 100	
			有较强的团队意识，经常主动协助他人完成工作	81 ~ 90	
			有相当的团队意识，偶尔主动协助他人完成工作	71 ~ 80	
			有一定的团队意识，极少主动协助他人完成工作	51 ~ 70	
			基本上没有团队意识，从不主动协助他人完成工作	0 ~ 50	
	服从意识	10%	有强烈的服从意识，从不违反规章制度和工作标准	91 ~ 100	
			有较强的服从意识，极少违反规章制度和工作标准	81 ~ 90	
			有相当的服从意识，偶尔违反规章制度和工作标准	71 ~ 80	

续上表

考核项	绩效指标	权重	考核标准	打分标准	得分
工作态度	服从意识	10%	有一定的服从意识，时常违反规章制度和工作标准	51 ~ 70	
			基本上没有服从意识，违反规章制度和工作标准习以为常	0 ~ 50	

4.2 财务部绩效考核指标设计

财务部是企业重要的核心部门之一，负责企业整体资金的预算、核算与控制。企业的财务部一般由财务部主管、会计师、出纳员等组成，根据企业规模的不同，财务部的岗位设置也会不同。

4.2.1 财务部主管绩效指标设计

财务部主管对企业的所有财务工作负责，作为企业的中层管理者，财务部主管的主要岗位职责如下所示。

- ◆ 根据公司发展战略，编制企业年度财务工作计划与控制标准。
- ◆ 起草和修订财务管理制度，并负责各项财务工作的跟踪落地。
- ◆ 负责企业全面预算管理，并定期根据预算执行情况进行分析汇报，提出改进建议。
- ◆ 负责企业税务筹划工作，按照相关财税法律法规进行应纳税金计算和申报。
- ◆ 审核与编制财务有关报表并进行财务分析。
- ◆ 建立健全内控体系，把控财务风险，提高企业财务管理水平。

根据财务主管主要岗位职责和任职要求，其常用的绩效指标有账务处理及时率、财务费用降低率等，表 4-5 所示为某企业财务主管绩效指标量化表。

表 4-5　某企业财务主管绩效指标量化表

考核项	绩效指标	标准分值	指标说明	得分
账务处理	账务处理及时率	10	账务处理及时率 = 账务及时处理次数 ÷ 账务处理总次数 ×100%	
	财务报表审核及时率	10	财务报表审核及时率 = 财务报表及时审核次数 ÷ 财务报表审核总次数 ×100%	
	财务报表、会计核算错误率	10	财务报表、会计核算错误率 = 财务报表、会计核算出错次数 ÷ 财务报表、会计核算总数 ×100%	
部门管理	财务计划完成及时率	10	财务计划完成及时率 = 财务计划及时完成次数 ÷ 财务计划完成总次数 ×100%	
	财务培训计划的完成率	5	财务培训计划的完成率 = 已完成的财务培训课时数 ÷ 计划完成的财务培训课时数 ×100%	
成本管理	成本核算准确率	10	成本核算准确率 = 成本核算准确次数 ÷ 成本核算总次数 ×100%	
	财务费用降低率	10	财务费用降低率 = 财务费用降低额 ÷ 财务费用预算额 ×100%	
	企业成本降低率	10	企业成本降低率 =（企业成本预算－实际成本支出）÷ 企业成本预算 ×100%	
日常管理	财务文件完好率	10	财务文件完好率 = 保存完好的财务文件数 ÷ 财务文件总数 ×100%	
	资产盘点按时完成率	10	资产盘点按时完成率 = 资产盘点按时完成次数 ÷ 资产盘点总次数 ×100%	
	审计报告审批通过率	5	审计报告审批通过率 = 审批通过的审计报告数 ÷ 提交审批的审计报告总数 ×100%	
评分汇总				

4.2.2　出纳人员绩效指标设计

出纳人员主要负责企业现金、账务、票据等的处理，其岗位主要职责如下所示。

◆ 负责办理企业现金收付业务及银行结算业务。

◆ 负责现金日记账、银行日记账的登记和核对工作，确保账实相符。

◆ 开具各项票据，对原始报销单据进行审核，报销公司各项费用。

◆ 负责员工工资、奖金及各项福利的发放。

◆ 根据审核无误的现金收付凭证，编制资金日报表，

根据出纳人员的主要岗位职责，其常用的绩效指标有日记账的准确性、发票开具的准确性等，表 4-6 所示为某企业出纳人员业绩考核指标量化表。

表 4-6　某企业出纳人员业绩考核指标量化表

绩效指标	权重	指标要求	评分标准	得分
现金收付准确性	10%	现金收付无出错次数	1. 按要求完成目标为 10 分 2. 现金收付有一次及以上出错次数的为 0 分	
现金管理安全性	10%	现金管理无安全事故	1. 按要求完成目标为 10 分 2. 现金管理有一次及以上出错次数的为 0 分	
日记账准确率	10%	日记账无差错	1. 按要求完成目标为 10 分 2. 日记账有一次及以上出错次数的为 0 分	
费用报销及时性和准确性	15%	单位周期内费用报销未及时准确次数不超过 3 次	1. 单位周期内费用报销全部及时准确为 15 分 2. 单位周期内费用报销未及时准确在 3 次以内为 10 分 3. 单位周期内费用报销未及时准确在 3 次以上为 0 分	

续上表

绩效指标	权重	指标要求	评分等级	得分
发票、报表提交及时准确性	5%	发票开具无出错次数，每天及时提交报表	1. 按要求完成目标为 5 分 2. 出现 3 次及以上发票开具出错为 0 分，出现一次未提交报表为 0 分	
工资发放及时性和准确性	5%	单位周期内工资发放未及时准确不超过 3 次	1. 单位周期内工资全部发放及时准确为 5 分 2. 单位周期内工资发放未及时准确 3 次以内为 0 分	
日记账准确率	10%	日记账无差错	1. 按要求完成目标为 10 分 2. 日记账有一次及以上出错次数为 0 分	
费用报销及时性和准确性	15%	单位周期内费用报销未及时准确次数不超过 3 次	1. 单位周期内费用报销全部及时准确为 15 分 2. 单位周期内费用报销未及时准确在 3 次以内为 10 分 3. 单位周期内费用报销未及时准确在 3 次以上为 0 分	
业绩考核合计				

在绩效考核中除了可以对出纳人员的工作业绩进行考核外，还可以对其行为进行考核，表 4-7 所示为出纳人员行为指标量化表。

表 4-7 某企业出纳人员行为指标量化表

绩效指标	权重	评分标准	得分
工作态度	5%	10 分：每天精神饱满，热爱工作，积极主动承担责任，严守岗位职责规范与职业道德 5 分：工作热情时高时低，被动工作，主人翁意识一般 3 分：将自己的个人情绪带到工作中，影响工作及周边的同事 0 分：找借口、找理由推卸责任，态度恶劣	
商业保密	5%	10 分：不散布公司信息、技术，积极宣传公司的正面信息	

续上表

绩效指标	权重	评分标准	得分
商业保密	5%	8分：工作期间遵守单位保密协议，但未积极宣传公司正面信息 0分：私自散布公司机密（包括但不限于公司信息、技术、经营情况等）	
服从安排	5%	10分：高效、高质完成领导交办的各项工作，领导满意 8分：按时完成工作，执行效果基本能达到上级要求 0分：故意找借口、找理由推脱工作或者交代的任务没有执行	
团队协作	5%	10分：与同事融洽相处，团结和睦，互帮互助，积极配合、参与各项集体活动 8分：偶有争执发生，但能很快化解，和睦如常。 0分：勾心斗角，公报私仇	

4.2.3 会计人员绩效指标设计

在企业中，会计人员要负责企业经济活动的核算和监督工作，其主要岗位职责如下所示。

- 负责日常会计核算、账务处理，登记各类明细账、分类账及总账。
- 根据相关税法及要求，核算、申报和缴纳公司各项税费，编制并上报各种纳税报表。
- 整理、装订、编册、归档会计凭证、会计账簿、会计报表及其他会计资料。
- 负责固定资产定期盘点清查工作，按月正确计提固定资产折旧。
- 负责相关收据、发票的领用和保管，审核各类报销单据，确保报销手续及原始凭证合法准确。

根据会计人员的主要岗位职责和任职要求，其常用的绩效指标有会计报表完成的及时性、财务登记与核算的准确性等，表4-8所示为某企业会计人员绩效指标量化表。

表 4-8　某企业会计人员绩效指标量化表

绩效指标	权重	目标值	评分标准	得分
日常费用支出审核	10%	1. 审核报账单据的真实性、准确性和完整性（出错率为 0） 2. 审核会计凭证与所附的原始单据是否一致，审批手续是否齐全	10 分：按要求完成为 10 分 5 分：个别有差错，影响整体数据 0 分：严重差错	
账务管理	20%	1. 编制各类会计凭证，月末结转凭证（100% 完成） 2. 负责日常查账工作，确保会计记录正确无误（出错率为 0） 3. 建立总账及相关明细账（100% 完成） 4. 准确地编制并报送各种财务报表（出错率为 0）	总分为 20 分，完成一项得 5 分，某一项未完成则该项不得分	
应收应付款管理	10%	1. 核查公司应收账款回收情况，纳税申报无延误（准确率为 100%） 2. 核对付款单据，配合出纳做好货款付款工作（出错率为 0）	按要求完成为 10 分，一项达标为 5 分，两项未达标为 0 分	
合同管理	5%	每月审核合同内容和金额，金额准确无误（出错率为 0）	按要求完成得 5 分，出错一次得 0 分	
会计凭证管理	10%	1. 根据审核无误的原始凭证填写记账凭证等相关明细账、银行日记账等 2. 月末进行凭证装订和保管，以备查账 3. 其他会计资料的建档和保管	按要求完成得 10 分，个别差错不影响整体数据得 5 分，严重差错 0 分	
日常费用支出审核	10%	1. 审核报账单据的真实性、准确性和完整性（出错率为 0） 2. 审核会计凭证与所附的原始单据是否一致，审批手续是否齐全	10 分：按要求完成为 10 分 5 分：个别有差错，影响整体数据 0 分：严重差错	

续上表

绩效指标	权重	目标值	评分标准	得分
纳税申报	15%	1. 按照财税要求，进行票据的收集和规整，及时做好申报工作（出错率为 0） 2. 管理好发票开具数额，避免出现因计划平衡不合理导致发票不能正常开具的情况	按要求完成得 15 分；个别有差错，不影响整体数据得 10 分；严重差错 0 分	
工资核算	5%	1. 每月 10 日前完成工资核算，确保数据完整，计算准确无误 2. 每月 15 日前结算各部门员工工资	两项完成得 5 分，出错一项得 0 分	
现金盘查	10%	1. 月初清点出纳手中现金并编制现金盘点表 2. 编制银行对账单（出错为 0 次） 3. 编制现金月报表（出错为 0 次）	按要求完成得 15 分；个别差错，不影响整体数据 5 分；未完成 0 分	
制度建设	5%	协助财务主管建立、健全各项财务管理规章制度，监督落实有关财务制度的制定和执行	根据实际结果评分	
学习能力	5%	加强财务知识的学习，提高业务能力，避免财税风险	根据个人表现评分	

4.3 销售部绩效考核指标设计

销售部主要负责企业产品与服务的营销，是为企业带来利润的重要部门，其工作成果的好坏会直接影响企业的成长与发展。根据企业营销方式的不同，销售部岗位的设置也会不同，在对销售部员工进行绩效考核时，要充分考虑岗位的工作特性。

4.3.1　销售部主管绩效指标设计

在企业中，销售部主管要对部门的销售目标负责，同时要管理销售人员，其主要岗位职责如下所示。

◆ 根据公司销售计划分解部门内各员工指标，跟踪员工销售任务完成情况，对本部门销售目标的达成负责。

◆ 制定市场拓展计划，负责区域内销售活动的策划和执行，积极开拓新市场，发展新客户，拓展销售渠道。

◆ 负责本部门员工管理及业务培训，提高员工业务能力，打造一支有市场竞争力的团队。

◆ 维护公司重要客户，确保客户沟通渠道顺畅，创建良好、稳固的客户关系。

◆ 了解市场行情变化，分析竞争对手销售策略，打造有竞争力的销售模式。

根据销售主管的主要岗位职责，其常用的绩效指标有销售达成率、新增客户数量等，表 4–9 所示为某企业销售主管绩效指标量化表。

表 4–9　某企业销售主管绩效指标量化表

考核维度	绩效指标	权重	计算公式	评分标准	得分
财务表现	销售利润达成率	10%	（实际销售利润 ÷ 预算利润 –1）×100%	根据实际情况而定	
	销售利润同比增长率	10%	（实际销售利润 ÷ 同比销售利润 –1）×100%	–	
	销售回款率	10%	已收货款 ÷ 本月销售总额 ×100%	–	
客户市场	销量达成率	10%	（实际销量 ÷ 预算销量 –1）×100%	–	
	销量同比增长率	10%	（实际销量 ÷ 同比销量 –1）×100%	–	

续上表

考核维度	绩效指标	权重	计算公式	评分标准	得分
客户市场	市场占有率	10%	市场占有率 =（产品销量 ÷ 产品市场总量）× 100%	–	
	消费者投诉	5%	按实际投诉次数计算	–	
	新增客户数量	5%	按新客户实际增加数量计算	–	
内部运营	销售费用总额控制	5%	（实际销售费用 ÷ 预算销售费用 −1）× 100%	–	
	销售费用使用管理	5%	根据销售费用实际违规使用次数计算	–	
	销售员工秩序管理	5%	根据销售实际窜货发生次数计算	–	
培训发展	员工培训计划完成率	5%	（实际培训人数 × 实际培训课时）÷（计划培训人数 × 计划培训课时）× 100%	–	
	月度员工流失率	5%	月度员工流失人数 ÷ 月平均人数 × 100%	–	
	人均销量同比增长率	5%	（人均销量 ÷ 同比销量 −1）× 100%	–	

4.3.2 电话销售专员绩效指标设计

电话销售专员主要以电话沟通的方式来完成销售目标，其主要岗位职责如下所示。

- ◆ 负责新客户资料的搜集，通过多种渠道发掘潜在的客户资源，并将客户信息录入系统。
- ◆ 通过电话与客户进行有效沟通，了解客户需求，寻找销售机会并完成目标业绩。
- ◆ 接听客户来电，为客户介绍相关产品，定期对来电数据进行统计分析。

◆ 维护老客户，建立良好的长期合作关系。

根据电话销售专员的岗位职责，其常用的绩效指标有电话销售计划完成率、新客户开发数量等，表 4-10 所示为某企业电话销售专员绩效指标量化表。

表 4-10　某企业电话销售专员绩效指标量化表

考核维度	绩效指标	权重	评分标准	目标值	得分
定量指标	电话量计划完成率	25%	1. 每低于 1% 减__分，每高于 1% 加____分 2. 电话量计划完成率低于___%，该项不得分		
	新客户开发数量	15%	1. 每减少一个，减__分；每增加一个，加__分 2. 新客户开发数低于__个，该项不得分		
	销售回款率	15%	1. 每低于 1% 减__分，每高于 1% 加____分 2. 销售回款率低于_____%，该项不得分		
	客户有效投诉次数	10%	1. 每少一次，加____分；每多一次，减____分 2. 投诉次数多于____次，该项不得分		
	有效电话回访次数	10%	1. 每多一次，加____分；每少一次，减____分 2. 有效电话回访次数少于__次，该项不得分		
定性指标	公司产品相关知识	10%	1. 熟悉公司产品，能流畅地解答客户咨询 2. 按优（$90 < x \leqslant 100$ 分）、良（$80 < x \leqslant 90$ 分）、中（$65 < x \leqslant 80$ 分）、差（$x \leqslant 65$）评分		

续上表

考核维度	绩效指标	权重	评分标准	目标值	得分
定性指标	工作积极性	10%	1. 具备良好的心态和积极的工作热情 2. 按优（$90<x\leqslant100$ 分）、良（$80<x\leqslant90$ 分）、中（$65<x\leqslant80$ 分）、差（$x\leqslant65$）评分		
	电话销售业务拓展能力	5%	1. 掌握产品市场状况，能开拓市场内客户及新业务 2. 按优（$90<x\leqslant100$ 分）、良（$80<x\leqslant90$ 分）、中（$65<x\leqslant80$ 分）、差（$x\leqslant65$）评分		

4.3.3 网络销售专员绩效指标设计

网络销售专员主要通过网络渠道来完成销售目标，其主要岗位职责如下所示。

- ◆ 通过各类网络渠道在线与客户进行有效沟通，寻找销售机会并完成销售业绩。
- ◆ 建立完善的客户档案资料，维护与客户的长期稳定关系。
- ◆ 及时更新网络渠道推广信息，为线上客户提供咨询服务，协助客户下单。
- ◆ 了解和收集同行及竞争产品市场动态信息，为网络推广提供建议。
- ◆ 整理网络营销渠道客户资料，建立客户档案。
- ◆ 收集客户反馈意见，提高客户满意度。

根据网络销售专员的主要职责，其常用的绩效指标有客户管理、网络销售活动执行情况等，表 4-11 所示为某企业网络销售专员绩效指标量化表。

表 4-11　某企业网络销售专员绩效指标量化表

绩效指标	分值	评分标准	完成情况	得分
重点工作完成情况	20	对上级安排的重点工作有落实 / 有反馈，每一项工作缺少其中一个环节扣 2 分，因个人原因未及时完成扣 5 分 /1 项次		
软文发布达标数量	10	软文发布数每月不少于 8 篇，每少一篇扣 1 分		
网络发帖达标数量	10	每月微博、论坛、QQ 群有效发帖数量不少于 8 篇，每少一篇扣 1 分		
意向客户信息反馈	10	意向客户信息及时登记及反馈到销售经理，每周跟踪意向客户状态。未及时反馈扣 2 分 / 项次		
网络会员平台维护	10	及时发布市场活动信息，本地区会员网站排名在前 10 名以内。市场活动信息发布不及时扣 3 分 / 项次，本地区会员网站排名未在前 10 名以内的扣 10 分		
市场信息的收集	10	收集同行及竞争产品市场信息，每周四前提交市场信息报告，延迟提交扣 2 分 /1 项次，报告未达标扣 3 分 /1 项次		
网络营销信息日报	10	每天下午 5:00 前提报网络营销信息日报，未按时提交扣 1 分 /1 项次		
流程执行	5	严格执行相关管理制度（包括考勤、绩效面谈、绩效改进等相关规定）和业务流程。违反流程扣 1 分 /1 项次		
素质考核	5	具备良好的团队协作精神；是否具备胜任岗位任职资格要求的专业知识和专业技能		
关键事件考核	10	对员工其他关键事项的考核，每件事加减分在 5 分以内，加减分上 / 下限为 10 分		
考核总计				

4.4 采购部绩效考核指标设计

采购部是企业中负责生产物资采购的部门，采购部的职能主要是保证企业所需物料的供应，提高采购效率，减少采购成本，其常设岗位通常是采购部主管和采购专员。

4.4.1 采购部主管绩效指标设计

采购部主管是采购部的直接负责人，其对采购部的各项工作负责，主要岗位职责如下所示。

- 负责供应商的开发与选择，建立与供应商长期合作的战略关系。
- 建立和完善公司采购制度，优化采购流程，提高采购质量。
- 关注物料价格趋势，采取有效的采购策略和方案，稳定并控制采购成本，确保采购价格合理。
- 根据采购计划做好库存控制，避免物资积压及断货情况出现。
- 负责采购部员工的岗前培训和在岗培训，并对员工绩效进行管理，提高员工工作效率。
- 规范采购合同管理，做好采购合同登记、存档工作。

根据采购部主管的主要岗位职责，其常用的绩效指标有采购完成率、订货差错数，表 4-12 所示为某企业采购部主管业绩指标量化表。

表 4-12 某企业采购部主管业绩指标量化表

绩效指标	目标值	考核内容	评分标准	得分
供应商开发数量（12分）	3	当月新开发供应商数量	每增加 1 家，得分加 10%；每减少 1 家，得分减 10%，最高减至 50%	

续上表

绩效指标	目标值	考核内容	评分标准	得分
订单处理时间（7分）	≤ 5 天	完成物资采购的平均时间	每增加 1 天，得分减 10%；每减少 1 天，得分加 10%，最高减至 50%	
采购完成率（7分）	98%	完成采购单项次 ÷ 采购总项次数 ×100%	每增加 0.5%，得分加 10%；每减少 0.5%，得分减 10%，最高减至 50%	
采购出错频次（10分）	≤ 3 次	错误采购次数	每减少 1 次，得分加 10%；每增加 1 次，得分减 10%；最高减至 50%	
原材料交货批次合格率（12分）	97%	合格批次 ÷ 交货批次 ×100%	每增加 2%，得分加 10%；每减少 2%，得分减 10%，最高减至 50%	
原材料交货批次及时率（12分）	96%	及时批次 ÷ 交货批次 ×100%	每增加 2%，得分加 10%；每减少 2%，得分减 10%，最高减至 50%	

针对采购部主管岗位，除了要考核工作业绩外，还要对其素质进行考核，表 4-13 所示为某企业采购部主管素质指标量化表。

表 4-13　某企业采购部主管素质指标量化表

绩效指标	考核项目（分值）	得分
专业知识及学习能力（3分）	1. 熟悉本专业的专业知识、技能、工作要求和程序（1 分） 2. 规范完成工作报表及报告（1 分） 3. 学习能力强，专业知识和综合素质有不断提升（1 分）	
领导能力（3分）	1. 给予下级及时的激励，获得下级的尊重和肯定（1 分） 2. 公平公正，有效分配工作，并授予下级（属）相应的权利和责任（1 分） 3. 有效监督工作，下级（属）犯错能主动承担相应的权利和责任（1 分）	
组织协调能力（3分）	1. 能够将公司的战略细化为本部门的具体目标，制定的工作目标和完成期限明确且可行性强（1 分）	

续上表

绩效指标	考核项目（分值）	得分
组织协调能力（3分）	2. 根据工作的轻重缓急合理安排并有序地展开工作（1分） 3. 能有效协调组织内外的关系，顺利达成工作目标（1分）	
判断决策能力（3分）	1. 对出现的问题迅速地做出准确的判断（1分） 2. 做出决策的同时能够考虑到其他可能的后果（1分） 3. 见微知著，对隐患立即采取行为，防患未然（1分）	
工作责任感（3分）	1. 对自己的工作及本部门员工的工作要求严格，能主动对自己的工作失误承担责任（1分） 2. 能积极提出合理化建议并具可行性（1分） 3. 有较强的成本意识，能有效控制各项经费（1分）	
纪律性（8分）	1. 全勤并自觉遵守和维护公司各项规章制度（8分） 2. 无迟到、早退，有病、事假不超过两天，并能遵守公司规章制度，但需要有人督导（6～7分） 3. 一次以上迟到、早退，有病、事假2～5天，但上班后工作兢兢业业（4～5分） 4. 一次以上迟到、早退，有病、事假2～5天，未刷卡1次，纪律观念不强，偶尔违反公司规章制度（2～3分） 5. 两次以上迟到、早退，有病、事假超过5天，未刷卡3次，经常违反公司制度，被指正时态度傲慢（1分）	

4.4.2 采购专员绩效指标设计

采购专员主要负责执行采购计划，确保生产经营所需物资的供应，其主要岗位职责如下所示。

- ◆ 按照采购计划采购物料，保证所需物料的供应，确保生产的正常运行。
- ◆ 全面跟进采购流程，把控采购质量，对异常物料进行退换货处理。
- ◆ 开发供应商，维护与供应商的良好合作关系。
- ◆ 了解市场行情，把控采购时机和渠道，进行择优采购。
- ◆ 掌握采购合同及订单进度，确保采购物资及时到位。

根据采购专员的主要岗位职责，其常用的绩效指标有采购物品的质量、采购及时性等，表 4-14 所示为某企业采购专员绩效指标量化表。

表 4-14　某企业采购专员绩效指标量化表

考核项目	绩效指标	分值	评价要点	得分
工作业绩	采购计划完成率	20	目标值为___%，达到目标值得满分；每低___%，减___分；低于___%，本项不得分	
	采购及时率	15	目标值为___%，达到目标值得满分；每低___%，减___分；低于___%，本项不得分	
	采购物资质量合格率	15	目标值为___%，达到目标值得满分；每低___%，减___分；低于___%，本项不得分	
	采购交期准时率	15	目标值为___%，达到目标值得满分；每低___%，减___分；低于___%，本项不得分	
	采购费用核算出错次数	10	出错次数 0 次，得满分；出错次数每增加 1 次，扣___分；出错___次，本项不得分	
工作能力	沟通能力	5	具有良好的沟通与谈判能力，能够维护供应商关系	
	执行能力	5	能根据采购计划定期完成工作要求	
	组织协调能力	5	能够及时协调解决采购过程中产生的供货及质量问题	
工作态度	工作责任心	5	热爱采购工作，做事认真负责	
	工作积极性	5	工作积极主动，能从容面对各种挑战和困难	
考核总计				

4.5 售后服务部绩效考核指标设计

在企业中，售后服务部具有维护消费者关系，树立企业良好形象的作用。良好的售后服务不仅能提高企业竞争力，还有助于打造口碑效应，对售后服务部岗位进行绩效考核，要注意选取能反映其工作效果的指标。

4.5.1 售后服务部主管绩效指标设计

售后服务部主管是售后服务部的主要负责人，其要全面负责售后服务部的管理工作，主要岗位职责如下所示。

- ◆ 全面负责售后服务部的日常管理工作，确保售后工作顺利进行。
- ◆ 协调和处理售后服务中遇到的重大、特殊问题，处理顾客投诉，确保客户满意。
- ◆ 制订售后服务标准化体系，改进售后服务部管理制度，完善售后服务流程。
- ◆ 负责客服人员的培训工作，带领售后服务部提高服务质量及客户满意度。

根据售后服务部主管的主要岗位职责，其常用绩效指标有售后问题处理及时率、客户投诉次数等，表 4-15 所示为某企业售后服务部主管绩效指标量化表。

表 4-15 某企业售后服务部主管绩效指标量化表

绩效指标	分值	评价要点	得分
售后问题处理及时率	30	目标值为___%，达到目标值得满分；每低___%，减___分；低于___%，本项不得分	
售后回访覆盖率	20	目标值为___%，达到目标值得满分；每低___%，减___分；低于___%，本项不得分	

续上表

绩效指标	分值	评价要点	得分
部门遭客户投诉次数	10	投诉次数为0次，得满分；投诉次数每增加1次，扣___分；投诉次数为___次，本项不得分	
投诉处理满意度	10	投诉处理满意度评分____分以上，得满分；每降低分，减___分；低于___分，本项不得分	
客户意见反馈及时率	10	目标值为___%，达到目标值得满分；每低___%，减___分；低于___%，本项不得分	
部门费用预算	10	售后服务费用在预算之内，得满分；每超出预算___%，减___分；超出预算___%，本项不得分	
培训计划完成率	5	目标值为___%，达到目标值得满分；每低___%，减___分；低于___%，本项不得分	
部门员工流失率	5	指标值低于___%，得满分；每增加___%，扣___分；超过___%，本项不得分	
考核总计			

4.5.2　客服专员绩效指标设计

客服专员是售后服务部承担客服工作的人员，其会与客户直接沟通交流，主要岗位职责如下所示。

- ◆ 接听客户来电，完成客户售后服务解答，记录并处理客户投诉或建议。
- ◆ 定期电话回访客户，了解客户满意度评价，并将客户需求及时反馈给相关部门。
- ◆ 负责公司客户的日常维护，做好顾客分类标签，建立客户资料管理档案，维护客户关系。

根据客服专员的主要岗位职责，其常用的绩效指标有客户回访计划完成率、售后服务记录及时率等，表4-16所示为某企业客服专员绩效指标量化表。

表 4-16　某企业客服专员绩效指标量化表

绩效指标	分值	评价要点	得分
客户意见反馈及时率	20	目标值为___%，达到目标值得满分；每低___%，减___分；低于___%，本项不得分	
客户投诉解决满意率	20	目标值为___%，达到目标值得满分；每低___%，减___分；低于___%，本项不得分	
投诉回访率	10	目标值为___%，达到目标值得满分；每低___%，减___分；低于___%，本项不得分	
客户回访覆盖率	10	目标值为___%，达到目标值得满分；每低___%，减___分；低于___%，本项不得分	
客户服务信息传递及时率	10	目标值为___%，达到目标值得满分；每低___%，减___分；低于___%，本项不得分	
电话响应及时率	10	目标值为___%，达到目标值得满分；每低___%，减___分；低于___%，本项不得分	
客户服务档案更新及时率	10	目标值为___%，达到目标值得满分；每低___%，减___分；低于___%，本项不得分	
客户满意度	10	客户满意度评分___分以上，得满分；每降低___分；减___分；低于___分，本项不得分	
考核总计			

第五章

追踪控制：指导落实绩效计划

有效落实绩效计划是企业取得高绩效的关键，而绩效计划的落实离不开企业全体员工的积极配合，企业需要向员工传达绩效考核的价值，对绩效计划实施过程进行追踪，才能确保绩效计划有效实施。

5.1 绩效考核准备工作

企业在正式开始绩效考核前，还需要做好考核前的准备工作，在考核准备阶段，将会对绩效考核的细节进行全面把控，包括绩效考评表的完善、绩效考核者的确立等。

5.1.1 填制绩效考核评价表

绩效考核评价表是用于对员工做出考核评价的衡量工具，一张完整的绩效考核评价表，应包含以下几方面的信息。

- **员工基本信息：**绩效考核评价表的表头应包含员工基本信息，包括被考核者姓名、考核者姓名及职位等信息。
- **绩效指标及标准：**绩效指标及标准是绩效考核评价表的重点内容，该部分明确了被考核者的考核内容项。
- **绩效评分：**该部分通常由考核者填写，考核者要根据绩效标准及被考核者的绩效表现做出评价。
- **考核总计：**该部分用于对绩效考核的结果做出评分计算。
- **目标结果说明：**该部分主要用于对关键绩效结果或者因特殊原因导致绩效目标未实现的内容做出说明。
- **签字部分：**该部分是被考核者和考核者对考核结果做出确认并签字的区域。

在制作绩效考核评价表时，企业可以根据评估的需要增加或删减考核评价表的内容，表 5-1 所示为绩效考核评价表模板，企业可根据自身实际来填写绩效指标和标准。

表 5-1　某企业绩效考核评价表

被考核人：		职位：		部门：		
考核人：		职位：		部门：		
考核时间：						
考核项	绩效指标	绩效目标值	权重	考评标准	完成值	得分
工作业绩（80%）						
工作态度（10%）						
工作能力（10%）						
总计得分：						
未完成目标说明：						
被考核人		考核人		复核人		
签字： 日期：		签字： 日期：		签字： 日期：		

知识延伸 | 编制绩效考核评价表的注意事项

在编制绩效考核评价表时，要注意考核表的内容不能过于复杂，太过复杂的表格会影响考核者的评估打分。对于量化的指标，要明确达标值及权重，对于非量化的指标要写明指标解释。另外，绩效指标的排列应该有先后顺序，重要的指标要排在前面，同一类型的指标应排列在一起，要让考核者明白表格的逻辑顺序。

5.1.2 绩效考核评估者的选择

根据360度绩效考核法，绩效考核的评估者一般有上级、下级、同级、自我及客户。在选择考核的评估者时，并不一定要选择所有的主体作为评估者，企业可根据自身实际情况采用单一或多元评估者，具体可根据以下原则来选择。

（1）是否有一定的评估能力

绩效考核的评估者首先应具备一定的评估能力，这样才能做好绩效评估工作。这一能力包括是否对绩效管理有足够的认识、是否了解绩效评估的程序及是否有一定的识别观察能力等，拥有一定的评估能力是选择绩效评估者的基本标准。

（2）是否了解被考核者的工作内容

在选择评估者时，要考虑评估者对被考核者工作内容的了解程度，只有在评估者对被考核者的工作内容有足够认识的情况下，才能对其工作业绩及工作能力等做出准确的评价。一般情况下，被考核者的直接上级、同级都是比较了解被考核者工作内容的。

（3）是否对被考核者熟悉

评估者是否熟悉被考核者也是选择评估者时要考虑的一个因素，对于一些行为指标，只有熟悉被考核者的评估者才能做出中肯的评价，因此要选择熟悉且能对被考核者日常工作行为进行观察的主体作为评估者。

（4）是否能做出客观评价

评估者是否能做出客观评价会直接影响绩效考核结果的准确性，因此，在选择评估者时要考虑评估者是否对被考核者存在偏见，或者存在利益冲突。当然为了避免这种偏见，也可以采用多主体评估的方法。

5.1.3　绩效考核周期的确立

对企业来说，较短的绩效考核周期会增加企业的管理成本，较长的绩效考核周期又不利于绩效改进的实施，那么要如何选择绩效考核周期呢？一般情况下，绩效考核周期可分为月度、月度、半年度和年度。

（1）月度考核

月度考核是以月为周期进行绩效考核，其可以在短期内了解员工的工作成绩，以便对员工及时进行绩效改进。月度考核比较适合对企业基层员工进行绩效评估，这可以激励员工为月度绩效目标而努力，比如销售部员工、生产部员工等。由于考核周期较短，月度考核在一定程度上会增加绩效管理相关人员的工作量，增加企业的管理成本。

（2）季度考核

季度考核的考核周期为 3 个月，通常用于对基层员工及基层管理者进行考核。相比月度考核，季度考核的工作量较小，同时又可以在较短的时间内了解岗位员工的工作成绩。对于市场变化较快、短期业绩要求较高的岗位来说，季度考核不能起到很好的激励和反馈作用，如网络推广岗位。如果员工岗位工作任务的完成周期是以季度为单位，那么以季度为考核周期就比较合适，如一些工程项目岗位，通常以季度为项目生命周期。

（3）半年度考核

半年度考核的周期为 6 个月，一般用于对中层管理者进行绩效考核。这主要是因为中层管理者的很多绩效成果常常需要经过较长的一段时间才能体现出来。另外，相比基层员工，中层管理者的工作绩效不易考核，因此考核周期要相对长一些。半年度考核的周期较长，因此可能会存在对员工日常行为考察不到位的情况。

（4）年度考核

年度考核以年为考核周期，该考核周期适合企业大多数员工。一般情况下，企业会以年为单位来确立经营计划和目标，因此以一年为周期对员工实施绩效考核，可以对员工的绩效结果及行为过程进行比较全面的评估。

年度考核通常会在年末的最后一个月对员工绩效进行评估，因此也容易导致年末工作量增大。

了解了绩效考核的常用周期后，在具体选择时，企业可以根据员工的岗位性质、绩效指标类型及绩效标准性质来选择考核周期。

- 如果员工岗位的工作成绩是比较容易考核的，或者追求短期工作成果，那么可以选择较短的考核周期。反之，如果员工的岗位工作成绩考核难度较大，追求中长期目标，那么可以选择较长的考核周期。
- 如果员工的绩效指标多为比较稳定的指标，如行为指标、能力指标等，那么可以选择相对较长的考核周期。反之，如果员工的绩效指标多为量化的结果指标，那么可以选择较短的考核周期。
- 如果绩效考评标准多以指标值来确定，那么可以选择较短的考核周期。反之，如果考评标准多以等级评分来确定，那么可以选择较长的考核周期。

5.1.4 因岗制宜选择考核方法

通过前面的内容可以知道，绩效考核的方法具有多样性，企业在确定绩效考核方法时要根据岗位的工作性质来选择，下面来看看不同岗位常用的考核方法。

（1）360 度绩效考核

根据 360 度考核法的特点，对企业中高层管理者及即将晋升中层职级的员工进行考核时，常采用 360 度考核法。这主要是因为 360 度考核实施起来比较烦琐，涉及的考核主体较多，一般适合于比较稳定岗位。另外，中层管理者的考核周期通常是中长期，这与 360 度考核法常用的考核周期相匹配。

（2）KPI 绩效考核

对企业的非业务类岗位员工来说，可以采用 KPI 考核法。KPI 考核法是以关键绩效指标为评估标准的，而对非业务类岗位员工进行绩效考核，其考核难点在于无法简单地用业绩来衡量其工作成绩。因此通过 KPI 考核法，可以找到与岗位工作职责有关的关键绩效指标，这可以让员工的工作成绩变得更易评估，比如研发岗位、行政岗位的员工就可以采用 KPI 考核法。

（3）目标管理法

对于业务类岗位员工而言，目标管理法是比较适合的考核方法，如销售岗位、生产岗位等。目标管理法是通过目标分解、赋值来进行绩效考核的，而业务类岗位员工，其目标比较明确，且指标容易量化，这都为实施目标管理法提供了有利条件，因此大多数企业都会使用目标管理法来考核员工绩效。

（4）平衡计分卡

平衡计分卡是按照 4 个维度来对员工进行考核，基于平衡计分卡的特点，其比较适合对成熟期企业的中高层管理者进行考核。这主要是因为平衡计分卡实施的工作量较大，且对考核的专业度要求较高。使用平衡计分卡对企业中高层管理者进行考核，可以充分发挥平衡计分卡培养员工学习成长能力，提高组织整体管理水平的优势。

（5）其他考核方法

除了以上 4 种考核方法外，绩效考核的方法还有关键事件考核法、目标与关键成果法等，企业在选择时，可根据自身发展现状、组织管理水平及员工工作性质来选择适合的考核方法。

在实践中，企业也可以将多种考核方法综合起来使用，比如平衡计分卡 + KPI、目标管理法 +KPI 等。

5.2 绩效考核启动预热

在正式实施绩效考核前，企业还需要进行绩效考核的预热。预热的目的是让员工了解并认识绩效管理，为绩效考核的实施“松土”，避免员工因不了解绩效管理而对考核产生不满或者阻碍考核的开展。

5.2.1 人力资源部的考核职责

人力资源部是绩效考核的组织者和执行者，为了让人力资源部扮演好自己的角色，企业应明确人力资源部的考核职责，根据工作内容来划分其主要职责，如表 5-2 所示。

表 5-2　人力资源部绩效考核职责

工作内容	职　　责
绩效考核体系建设	明确企业战略目标，形成不同岗位的绩效指标体系
	绩效考核方案的起草、修改和制定
考核实施岗位培训	组织绩效管理培训，对绩效考核的参与人员进行绩效考核标准、原则、流程及方法等的培训
	对员工提出的考核问题进行讲解和释疑
	对基层绩效考核者进行考核实施培训
	宣传绩效管理的意义及作用
绩效考核过程监督	了解考核进度，对考核实施过程进行监督、检查
	指导各部门管理者开展绩效考核工作
	对绩效考核过程中存在的问题或冲突进行协调和处理
	收集与绩效考核有关的信息资料，并对绩效考核的结果进行汇总统计
	对员工提出的考核申诉问题进行处理
	根据实际情况修正绩效考核结果
绩效考核反馈	对绩效考核实施情况进行总结反馈
	组织实施绩效评价面谈
	对绩效考核体系存在的问题提出改进意见
	将绩效考核的结果运用于人力资源管理中

5.2.2　各层级管理者的考核职责

各部门管理者作为绩效考核的直接实施者，在考核中扮演着重要的角色，其主要职责如下所示。

（1）绩效考核体系确立

当人力资源部根据岗位职责确立初步的绩效考核指标体系后，各部门管理者要负责与员工沟通，根据各岗位的实际情况来对该指标体系提出建议，最后确立最终的绩效指标体系。

在该过程中，管理者要让员工了解企业的战略目标、岗位工作重点、完成这些工作的时限等，同时，还要让员工明确绩效管理的重要意义，消除员工对考核的抵触情绪，增强绩效考核实施的有效性。

（2）考核实施过程记录

在绩效考核实施过程中，对员工的绩效表现进行跟踪记录是部门管理者的重要职责，这也是部门管理者在绩效目标实现过程中需要做的常规化工作，该工作职责会贯穿整个考核指标执行阶段。在该阶段，管理者还需对员工在绩效目标实现过程中存在的问题及困难提供帮助。

为了确保考核结果有理有据，管理者要遵守如实记录的原则，针对员工的绩效表现进行信息的公正采集，最终形成绩效考核文档。

（3）考核反馈面谈

在绩效考核中，部门管理者还要扮演诊断者的角色，在该角色中，反馈面谈就是管理者的重要职责之一。部门管理者要根据掌握的员工绩效表现，与员工进行沟通面谈，让员工了解自己优缺点及需要提高的地方，从而为下阶段的绩效考核提供改进依据。

（4）提出改进建议

在新一轮绩效考核开展前，部门管理者还要扮演好建议者的角色。管理者要针对本考核周期内存在的问题提出改进建议，为绩效考核流程、指标等的优化提供反馈与协助，以促进绩效管理制度的完成。

5.2.3 组织评价人员进行培训

对绩效评估人员进行培训，是绩效考核开展前的重要工作。在考核中，影响绩效评估科学性与准确性的主要因素有两个，一是绩效考核体系是否科学有效，二是评估者是否具备绩效评估的能力。

从评估者这一影响因素来看，评估者对绩效评价系统、绩效指标及标准准确度有很大影响，对绩效考核结果的准确性，绩效考核的有效性也有很大影响，因此对评估者进行培训是很有必要的。通过对评估者实施考核培训，企业要实现以下目的。

- 使评估者认识到绩效评估对被考核者的重要意义，同时，认识到自身在绩效评估中扮演的角色。
- 使评估者对绩效指标及标准有清晰的认识，掌握绩效评估的程序及方法。
- 使评估者认识到绩效评估中可能存在的误差与偏见，学会如何客观地进行绩效考评。
- 使评估者掌握绩效反馈面谈的方法，该培训内容主要针对评估者为被考核者上级管理者的情况。

根据评估者培训所要实现的目的，企业在开展培训时，应包含表 5-3 所示的培训内容。

表 5-3 评估者培训内容

培训类型	主要内容
绩效考评中常见的问题	对影响绩效考评误差的因素进行培训，包括系统因素和人为因素，重点培训人为因素所导致的考评误差问题，如晕轮效应、个人偏见等，让评估者了解到哪些主观错误会影响绩效考评结果

续上表

培训类型	主要内容
绩效考评问题的避免方法	针对常见的主观性错误，进行避免技巧的培训，让评估者可以在评价过程中尽量避免这类错误的发生，从而做出更客观的评价
绩效指标和标准的培训	对绩效指标和标准的具体含义、计算方法等进行培训，让评估者正确理解指标所考核的方向及内容
绩效考核工具的培训	针对企业所采用的考核工具进行培训，包括考核工具的优缺点、考核表的使用方法、考核工具使用的注意事项等，让评估者掌握评估工具的使用方法
绩效信息收集的培训	对绩效信息收集的目的及作用、绩效考评过程中可以使用的信息收集方法、信息收集过程中应注意的问题进行培训，以让评估者学会如何进行绩效信息记录
绩效反馈面谈的培训	对绩效沟通的方法、绩效反馈中可能存在的误区、如何改善绩效沟通进行培训，以让评估者掌握反馈面谈的技巧

在确定评估者的培训内容后，还需要明确培训的时间和时长，即什么时候开展培训及培训期限有多长。

一般情况下，可在绩效考评开始前的一两周或一两个月前进行评价主体的培训。如果企业进行了人事调整，有员工新晋为管理者，这时也可以开展培训，以提高新晋管理者的考核能力。另外，也可以在绩效考核体系出现变动时组织培训，以让评价主体了解变动内容。根据企业的具体情况，在具体实施培训时，可采用与日常培训同步进行或集中式培训两种方式。

（1）与日常培训同步进行

如果企业无法组织集中式的培训，那么可以利用日常培训时间来进行评估者的考评培训，比如利用经验交流会议、举行日常内部管理培训时进行绩效考评培训。这类培训的频次可每周或每月安排 1 ～ 2 次，每次的培训时长通常在 1 ～ 2 小时，有时也可能是半天。

（2）集中式培训

集中式培训是指以独立的专题培训形式来组织绩效考评培训，这类培训的期限通常在 1 ～ 5 天，主要根据培训内容的多少来确定培训时长。

5.2.4　发布绩效考核启动通知

为了让员工明确绩效考核的实施时间，提前做好考核准备，企业有必要在考核正式实施前发布绩效考核启动通知，一份绩效考核通知通常要包含以下内容。

（1）绩效考核范围及时间

是指绩效考核被考核者的范围，及绩效考核开始与结束的时间，如以下内容。

一、绩效考核范围

2020年1月1日起转正的员工。

二、绩效考核时间

2020年1月1日～2020年12月31日

（2）绩效考核的原则

是指绩效考核实施的总体准则，一般包括公正公开原则、客观考评原则、全面考核原则等，如以下内容。

公正公开原则：根据本考核周期的指标体系、标准及程序实施考核，确保考核公正公开。

客观考评原则：坚持定性指标与定量指标、自我评价与上级评价的有机结合，确保考核客观真实。

全面考核原则：将结果考核与过程考核相结合，结果考核重在考核工作绩效，过程考核重在考核工作行为，确保考核全面有效。

（3）绩效考核工作流程及节点安排

是指绩效考核的实施流程，一般以表格或流程图来体现，表 5-4 所示为某企业发布在绩效考核启动通知书中的考核工作流程安排表。

表 5-4　考核工作流程及节点安排表

序号	项目内容	实施流程	实施主体	时间节点
1	召开绩效考核启动会	组织相关部门开展绩效考核启动一会	绩效考核工作小组	2020.12.14 ~ 2020.12.15
2	部门自评	各部门完成自我诊断报告，填写部门年度绩效考核完成情况自评表	各部门	2020.12.16 ~ 2020.12.22
3	上级评价	各部门根据工作业绩指标数据完成上级评分	各部门	2020.12.16 ~ 2020.12.22
4	评分汇总	对被考核部门的工作业绩指标数据进行评分汇总	人力资源部	2020.12.23 ~ 2020.12.28

（4）附件

在绩效考核启动通知书的结尾，通常还会提供与考核有关的文件资料，如绩效考核办法、目标任务绩效考核表汇总等，如下所示。

附件：

1.××公司员工年度考核登记表.docx

2.××公司员工年度业绩表.docx

3.各职能部门2020年度绩效考核表（汇总）

4. 2020年度单项目标考核情况表（汇总）

除以上内容外，企业还可以根据需要在绩效考核启动通知中加入考核方式与实施、考核等级确定、考核结果应用、部分材料提交说明等内容。

5.3 绩效考核数据的收集

考核数据收集是绩效考核实施过程中的重要工作，为确保绩效考核公正有效，各部门需保证绩效指标统计数据的真实性。

5.3.1 明确各部门数据收集责任

针对绩效指标考核数据，不同的部门有着各自的责任，具体职责如下所示。

- **人力资源部：**人力资源部要负责对绩效指标的标准、计算方式、权重及分值进行确立和解释，并对各部门提交的绩效考核评价表进行汇总统计。
- **各被考核部门：**被考核部门要根据评定标准对绩效考核指标打分，并将考核数据提报给人力资源部汇总。
- **绩效考核领导小组：**绩效考核领导小组要负责对绩效指标的评分进行监督和检查，确保数据真实公正。
- **财务部：**针对人力资源部汇总的绩效考核数据，财务部要进行复核，确保数据统计正确无误。

5.3.2 被考评员工绩效行为的记录

评估者在对被考评员工进行绩效行为记录时，主要可从以下两方面进行收集。

（1）与绩效考核指标有关的信息

评估者可根据绩效考核表列出的绩效指标，来记录与该绩效指标有关的信息，总体来看，针对绩效指标要收集的信息包括以下 3 类。

◆ **工作业绩记录**：是指与工作业绩有关的目标和行为，比如生产部员工的工作绩效考核指标有生产计划达成率、产品抽检合格率等，针对这些定量指标，评估者需要记录其目标和标准的达成情况。

◆ **工作行为记录**：对于一些工作行为考核指标，需要评估者通过观察的方式来记录，如按时参加各种活动和会议，并遵守会议和活动纪律这一考评指标，评估者可采用到会议现场观察的方式来记录员工的会议表现。

◆ **第三方评价记录**：对于一些无法从内容获取的绩效指标数据，评估者需要通过第三方反馈来获取，如被考核者客户的评价、同事的反馈等。以客户满意度这一绩效指标为例，评估者可以向被考核者服务的客户了解该员工的服务态度、服务质量等信息。

除以上 3 类信息外，对于未达成要求的绩效指标，评估者要记录其绩效低下的具体行为表现及原因，以为绩效评分和绩效改进提供依据。针对绩效优异的员工，评估者要记录其工作绩效优异的突出表现及产生原因，如优秀员工的工作方法、工作积极性等，以为绩效奖励提供依据。

（2）关键事件或行为

在对员工进行绩效信息记录时，评估者要记录下与该员工有关的关键事件或行为，包括积极的关键事件与消极的关键事件，下面来看一个案例。

| 范例解析 |　记录被考核员工是否积极的关键事件

李先生是某互联网公司销售部的被考核员工，一天，部门王经理在销售部的工作区域了解员工的日常工作表现。王经理发现李先生正在与客户沟通产品使用满意度的问题，询问客户对整体产品稳定性是否满意、日常功能模块是否满意，一边沟通，李先生还一边记录下了客户的反馈信息。

两天后，李先生将一份产品使用调查报告提交给了王经理，在报告中，李先生详细总结了客户对产品使用的满意度，同时提出了产品优化的建议，王经理仔细阅读了报告内容，发现该报告对产品升级优化很有帮助。

根据王经理对其他销售部员工的工作行为观察，王经理发现其他员工并没有积极反馈产品的使用情况建议。于是，王经理将该工作行为作为积极的关键绩效事件填写在了李先生的绩效考评表中。

上述案例中，李先生的工作表现就是典型的积极关键事件，评估者可以将其书面记录下来。与积极的关键事件相反的是消极的关键事件，当被考核员工因某一关键行为导致工作绩效特别差，或者对企业造成了重大损失时，就可以将该事件作为消极的关键事件进行记录，如员工没有保管好资料，导致公司重要资料遗漏。

在对关键事件进行记录时，评估者要以事实为依据，准确记录该事件发生的背景、原因及结果。

5.3.3　有效收集绩效考核数据信息

评估者在进行绩效信息收集时，主要可以运用 4 种方法，包括观察法、工作记录法、相关人员反馈法和定期抽查法。

（1）观察法

观察法是指评估者以日常观察的方式来进行绩效信息收集。评估者要运用好观察法，在日常工作中就要养成观察的习惯，同时要学会适时做记录。在开展观察前，评估者可以制作员工绩效观察表，用于对观察结果进行记录，如表 5-5 所示。

表 5-5　员工绩效观察表

观察对象	
观察日期	
观察地点	
观察内容	1. 2. 3.
观察结果	1. 2. 3.

在观察的过程中，一般用眼睛、耳朵去捕捉，必要时可使用照相机、录音机等工具来辅助观察和记录。使用观察法时要注意，评估者应尽可能不引起被考核者的注意，同时不能干扰被考核者的日常工作。

（2）工作记录法

工作记录法是指通过员工的工作记录来对员工绩效进行评估，如对销售专员岗位的客户拜访绩效指标进行评估，可通过查看客户拜访记录表来了解员工的绩效完成情况。

在实践中，评估者使用的工作记录可能是由被考核员工提供的，也可能是其他部门提供的，如财务部、行政部等。

（3）相关人员反馈法

当被考核者工作绩效的完成情况无法通过直接观察或工作记录来获取时，就可以采取相关人员反馈法来收集绩效信息。使用相关人员反馈法时，要找到熟悉被考核者的相关对象，然后通过电话沟通、问卷调查等方式了解被考核者员工的绩效表现。

（4）定期抽查法

定期抽查法是指对被考评者的某些绩效表现，采用抽查的方式来记录，比如针对生产部员工的产品质量指标，可采用一月两次进行产品质量抽查的方式来检测其产品合格情况。

5.3.4　提高绩效信息数据收集效率

在绩效信息数据的收集上花费很多精力，是很多企业在绩效考评过程中常遇到的问题，那么企业要如何提高绩效信息收集的效率呢？具体可采用以下方法。

（1）统一采集绩效信息数据

在确立绩效考核指标体系时，就可以对各绩效指标数据的来源渠道进行统一，明确各部门的数据收集职责，将绩效数据信息的收集责任落实到人。

人力资源部可编制“绩效考核数据一览表”，将各部门的考核数据罗列清楚，规范绩效指标的提供部门、统计人等。各部门完成绩效数据收集工作后，人力资源部再统一收集整理考核数据，这样可避免各部门交叉提供数据导致数据信息混乱的情况出现，表 5-6 所示为绩效考核数据一览表。

表 5-6　绩效考核数据一览表

部门	被考核人	绩效指标	统计人	审核人	采集方法	来源渠道

（2）规范绩效信息数据采集流程

企业可以制订绩效数据信息管理办法，在管理办法中明确绩效信息数据的采集流程、统计周期及审核方式等，图 5–1 所示为某企业《绩效指标数据管理办法》，可以看出该企业规定了由各部门收集本部门所有被考核者的绩效数据，每周至少采集、汇总一次绩效信息数据，每月 5 日前提交上月“绩效指标数据采集清单”。

绩效指标数据管理办法

1.0 目的

为了规范绩效考核数据收集管理，保证公司绩效考核数据的及时性、准确性，确保考核结果的公正性和公司绩效考核体系有效推行，特制定本办法。

2.0 适用范围

适用于公司各部门绩效管理涉及的所有数据的管理工作。

3.0 绩效数据采集部门在采集过程中，需遵循绩效管理的客观性原则，具体流程包括：

3.1 数据采集部门、被考核部门与绩效管理执行小组共同明确各绩效指标的定义、内容、公式等，包括绩效指标中相关名词的解释和定义；建立衡量绩效指标的有关标准，确立合理、科学的指标计算方法，达成一致意见后上报备案。

3.2 数据采集部门应提交绩效指标数据形成的过程供被考核部门及绩效考核执行小组确认，包括绩效指标数据的采集方式、采集频率、原始数据来源及精确程度等均应明确化，经数据采集部门、被考核部门与绩效管理执行小组共同认同后上报备案。

3.3 以上内容经数据采集部门、被考核部门与绩效管理执行小组共同认可，不可随意更改，由数据采集部门以工作流程形式将采集过程标准化。

3.4 严格根据被考核部门的原始数据进行采集、汇总，不可违背客观性原则。

3.5 各部门收集本部门所有被考核的绩效数据，与采集部门采集到的绩效数据相互验证，确保数据的真实性、准确性。

3.6 数据采集部门、绩效管理执行小组审核采集到的绩效数据，对有疑义的数据可要求数据小组提供部门解释，获得数据采集部门、数据提供部门认同后更改数据并签名确认。

3.7 若被考核部门或被考核人员对绩效考核数据有疑义，可提出绩效申诉，与数据采集部门、绩效管理执行小组进行绩效沟通，达成一致。

3.8 被考核部门负责人或被考核员工就考核结果达成一致，认同考核结果，在《考核表》中签字，最终由考核者的上级领导审批，认同考核结果，在考核表中签字生效。

4.0 数据的采集及检查

4.1 公司各部门设立绩效数据采集员（统计员或部门文员）岗位，负责在规定时间内客观、公正、如实地将采集的绩效数据汇总，采集到的数据要求由被考核部门负责人认可、签名并报本部门负责人审核签名。兼职数据采集员主要职责如下：

4.1.1 每周至少采集、汇总一次绩效考核数据，确保采集到的绩效数据真实、客观，能反映真实情况。

4.1.2 在数据采集、汇总过程中，发现数据异常情况及时上报部门负责人及绩效管理执行小组。

4.1.3 检查采集、汇总的数据是否有被考核部门负责人的签名。

4.1.4 按照公司《绩效考核管理制度》的要求，每月 5 日前提交上月《绩效指标数据采集清单》。

4.2 数据异常奖罚办法

4.2.1 各数据采集员提交的绩效指标数据必须按照规定的时间上交，对于未及时提交的部门，每次扣部门负责人 5 分。

4.2.2 数据采集过程，相关部门负责人必须予以配合和支持，包括对数据的签字确认（含会签）。对于绩效数据采集不予以支持和配合的部门，每次扣部门负责人 5 分。

4.2.3 对未收集到数据的绩效指标按 60 分计算（不作为、故意不收集或不统筹管理的数据除外）。

4.2.4 连续两个月未收集到绩效考核指标数据需追究相关部门负责人的责任，并扣除部门负责人当月绩效考核分数 10 分。

4.2.5 各部门负责人必须对提交绩效指标数据真实性和有效性负责，并对提交的绩效指标数据进行确认和核查，有错误及时纠正。如不进行确认和核查，导致指标数据和考核成绩虚假的，每次扣当月绩效分数的 10 分；若数据采集员未能够及时提交绩效指标数据或未核定数据的准确性，责任部门负责人扣 5 分；若发现数据故意作假或未做记录，部门负责人扣 10 分，即记警告一次，并予以通报。

4.2.6 数据采集员收集数据的工作情况，将纳入考核业绩进行考评，根据考评业绩，给予一定的奖罚处理，以上扣分执行工作由绩效管理执行小组根据绩效指标数据采集情况进行评定。

5.0 绩效指标数据的分析、呈报

5.1 各部门每月 10 日前负责对本部门的绩效指标数据及时进行统计分析，并查核异常原因，形成分析图表，报绩效考核执行小组审阅，进行绩效检讨。

5.2 人力资源部绩效负责人每月 20 日前负责对各部门提交的绩效指标数据及时进行统计分析，并查核异常原因，形成分析图表，报绩效考核领导小组审阅，并召集绩效研讨会，进行绩效检讨。

6.0 绩效数据的存档管理

人力资源部负责绩效数据的整理、存档、调阅和销毁工作。

7.0 附则

7.1 本办法由绩效管理执行小组负责制定、修改和解释，绩效考核领导小组负责监督实施。
7.2 本办法经公司总经理签发之日起生效。

图 5–1

5.3.5 如何保证绩效数据的真实性

在绩效数据信息收集的过程中，为了确保数据信息的真实性，企业要注意以下几点。

（1）建立绩效数据审查机制

企业可以建立绩效数据审查机制，来检查收集到的数据是否与员工的真实情况相符合。在进行绩效数据审查时，可以采用抽样法、其他部门确认的方法来检验数据的真实性。如针对销售部提供的销售收入指标数据，可由财务部来确认或审查；针对仓库环境良好率这一指标，可通过随机抽样调查的方式来了解其提供的信息是否存在虚假。

（2）把握数据信息的时效

对于部分绩效信息，评估者应及时记录的原则来进行数据收集，如出货差错率指标数据，每出现一次出货差错情况，评估者就应如实记录下来。如果没有及时记录，就可能出现月末统计时只凭个人印象汇总，导致出货差错率数据统计不准确的情况。

（3）避免推测性判断

在对绩效信息进行记录时，评估者应以记录事实为原则，而不是记录对事实的推测，如某销售部员工经常未按时打卡，于是评估者主观地认为该员工的销售业绩肯定不好，在对该员工工作业绩进行评价时打了差评。推测性信息往往缺乏真实性，评估者应避免将推测的信息作为绩效评估的依据。

5.4 绩效考核的过程监控

过程监控是指对绩效计划的实施过程进行监督和控制，其目的在于确保员工、部门及企业的绩效顺利实现，同时及时发现绩效问题，进行绩效纠偏和辅导。

5.4.1 管理者进行绩效监控的主要任务

在绩效监控过程，管理者主要承担3项任务，一是和员工进行持续的绩效沟通；二是收集绩效信息；三是提供绩效辅导。

- **持续的绩效沟通**：没有有效的沟通，绩效考核只会成为纸面上的考评，通过绩效沟通，管理者可以了解和发现员工在执行绩效计划过程中存在的问题，并及时进行调整，绩效沟通会贯穿绩效监控的整个环节。
- **收集绩效信息**：准确地收集绩效信息是有效评价的关键，因此收集绩效信息是绩效监控环节的重要事项之一。
- **绩效辅导**：进行绩效辅导要以绩效沟通及收集的绩效数据信息为依据，其作用在于对员工进行持续指导，提高员工绩效水平。

上述3项任务也是绩效监控是否有效的关键点，在实践中，绩效监控的具体内容会根据企业类型、部门、岗位特点的不同而有所不同。

5.4.2 绩效考核过程监控的方法

绩效考核过程监控的方法主要有3种，包括书面报告、绩效会议及走动式检查。

（1）书面报告

书面报告是指通过书面报告形式来了解员工的绩效计划执行情况，从而实现绩效过程监控。书面报告通常由下级填写完成后提交给上级，根据书面报告的提交时间是否有限制，可分为定期书面报告和不定期书面报告，如月度绩效监控报告和专项绩效监控报告。

在绩效监控报告中，下级要对指标的达成情况、主要工作内容做简短说明，以让上级能够判断绩效目标完成的进度及质量，对于工作中做得好的地方，可以举例说明。做得不好的地方可以阐述原因，明确可以从哪些方面进行改进。

通过书面报告，管理者可以在无法及时进行绩效沟通和检查的情况下对员工进行绩效监控，了解员工的绩效信息，表 5-7 所示为某企业绩效监控情况表。

表 5-7　某企业绩效监控情况表

<table>
<tr><td colspan="2">被考核人：</td><td colspan="2">部门：</td><td colspan="2">岗位名称：</td></tr>
<tr><td colspan="2">监控人：</td><td colspan="2">部门：</td><td colspan="2">岗位名称：</td></tr>
<tr><td>主要绩效目标</td><td>具体完成工作内容</td><td>目标值</td><td>完成率</td><td>未完成情况说明</td><td>备注</td></tr>
<tr><td></td><td></td><td></td><td></td><td></td><td></td></tr>
<tr><td></td><td></td><td></td><td></td><td></td><td></td></tr>
<tr><td></td><td></td><td></td><td></td><td></td><td></td></tr>
<tr><td></td><td></td><td></td><td></td><td></td><td></td></tr>
<tr><td></td><td></td><td></td><td></td><td></td><td></td></tr>
<tr><td colspan="6">监控报告</td></tr>
<tr><td colspan="6">存在的主要问题：</td></tr>
<tr><td colspan="6">改进建议或意见：</td></tr>
</table>

在使用书面报告时要注意，报告内容要突出重点，不要有太多的文字说明，能够用数据来体现的尽量数据化，以让报告内容更直观。

（2）绩效会议

绩效会议是指通过会议的方式来就员工的绩效完成情况及问题进行沟通交流。绩效会议可一对一进行，也可以一对多进行，在会议开始前，管理者要了解部门的重点工作，准备员工绩效计划（考核）表。然后在会议中了解员工的绩效完成情况及存在的问题，同时进行记录，在该过程中会使用绩效会议记录表，如表 5-8 所示。

表 5-8　绩效会议记录表

时间			地点	
参与人员				
会议主题				
会议内容				
会议记录				
被考核员工	绩效指标	目标值	完成情况	偏差原因分析
存在的问题				

（3）走动式检查

走动式检查是指管理者通过到员工工作岗位实地考察的方式，来了解员工的绩效目标执行情况和问题。通过实地观察，管理者可以核查员工汇报的绩效信息是否真实，同时，可以发现员工工作中存在的问题。

在使用走动式检查进行绩效监控时要注意，走动并不是指到员工工作岗位逛一圈，而是要通过观察来搜集与员工绩效目标执行有关的信息。走动过程中，可以带着问题与员工沟通交流，这样能提高办事效率。

第六章

考核评价：考察绩效指标完成情况

考核评价是针对员工的工作绩效进行评估的过程，在绩效考核评价过程中，如何公正、合理地对员工进行评价是企业考虑的重点。根据绩效指标类型的不同，企业可采用不同的考评方法对绩效结果进行评估，从而科学地对员工绩效结果进行考评。

6.1 绩效考评的主要内容

总的来看，绩效考评的主要内容包括业绩考评、能力考评、素质考评等。在实际考评过程中，通常要对员工择优评差，这时就需要使用一定的方法来对员工进行评价。

6.1.1 绩效考评的两种方式

对于员工绩效进行考评的方式主要有相对评估法和绝对评估法两种，两种考核方式的具体内容如下所示。

（1）相对评估法

相对评估法是指根据员工的绩效结果进行相互比较并排序，然后根据排序结果来对员工进行评价，相对评估法具体又可分为强制分布法、简单排序法、交替排序法和成对比较法。

- **强制分布法：**是指按优良差对员工绩效结果进行等级比例设置，然后按照比例和员工的绩效成绩来确定不同员工的绩效等级。
- **简单排序法：**是指将员工的工作绩效按照好差进行排序，其中业绩最好的排在最前边，最差的排在最后面。
- **交替排序法：**是指将员工绩效按好与差分别进行交替排序，具体方法是先将所有被考评员工罗列出来，然后按照1、2、3……划好表格，先将表现最好的员工姓名写在第一格内，再将表现最差的员工姓名写在最后一格内，依次交替排序绩效次好、绩效次差的员工，直到完成所有员工的绩效名次排序。
- **成对比较法：**是指将所有被考评员工的工作绩效进行一对一的比较，好一点的员工以“优”来表示，差一点的员工以“差”来表示，然后统计每位员工得“优”的总数，再排列员工的绩效名次。

（2）绝对评估法

绝对评估法是指根据每个员工个人的绩效成果来进行考核评价，常用的方法有自我评价法、绩效评定表法等，绝对评估法是被广泛采用的绩效考评方法。

- **自我评价法**：是指让员工对个人的绩效成果进行自我评价，在评价过程中会使用员工绩效自我评价表。
- **绩效评定表法**：是指根据设置的绩效等级及评价标准对员工的绩效结果进行评估，大多数常见的绩效考核评价表都采用这种方法。

6.1.2　如何对工作业绩进行评价

对员工的工作业绩进行评价是绩效考评的主要内容，其主要考评的是员工的工作成果，因此通常会使用绝对评估法，通过具体绩效标准及指标来对员工的业绩进行评价。

在使用绝对评估法时，如果要让员工对个人的工作业绩进行自我评价则会使用到员工绩效自我评价表，如表 6-1 所示。

表 6-1　员工绩效自我评价表

姓名		职务		部门	
（自我评价阐述）					
本绩效周期工作完成情况					

业绩不佳的原因说明	
本绩效周期取得的主要进步	
本绩效周期自身的主要不足	
上级主管对员工的业绩评价	□很好　□良好　□有待改进
考核档次确定	

在使用绩效评定表法时，则根据绩效考核评价表的内容来对员工工作业绩进行评价。

6.1.3　如何对员工能力进行评价

对员工能力进行评价既可以采用绝对评估法，也可以使用相对评估法，使用绝对评估法，则要对工作能力的评价标准有明确的解释，具体可按以下步骤来进行标准设计。

第一步：确定影响该工作能力指标的关键要素，并进行简要描述。

第二步：设计评价等级，如优良差、12345 等。

第三步：将关键要素分配到合适的评价等级中。

第四步：建立能力指标考评标准。

通过上述流程对能力指标进行考评时，同一指标可能会由不同的等级来衡量，每一个等级都会有相应的分值来量化，这样可以使考评结果更有效、公正，表 6–2 所示为某企业绩效考核能力指标评定表。

表 6-2　某企业绩效考核能力指标评定表

指标	权重	评价指标	评定等级	评定	
基本能力	40%	知识能力	A. 具备完成项目的丰富的基础理论知识和实际业务知识	A	18
			B. 具备丰富的基础理论知识和薄弱的实际业务知识	B	13
			C. 具备丰富的实际业务知识和薄弱的基础理论知识	C	6
			D. 基础理论知识和实际业务知识都很薄弱	D	3
业务能力	60%	理解能力	A. 充分理解完成项目和工作任务的具体要求	A	6
			B. 理解项目任务完成要求但不太清楚完成个人工作任务的要求	B	4
			C. 清楚完成个人任务的要求但不太理解完成项目任务要求	C	2
			D. 不太清楚也不太理解完成项目和工作任务的具体要求	D	0
		分析判断能力	A. 能够把握现状，进行正确的逻辑分析，做出正确的判断和选择	A	6
			B. 能够把握现状，进行一般的逻辑分析，但对做出判断和选择犹豫不决	B	4
			C. 不针对事实进行逻辑分析就武断进行判断和选择	C	2
			D. 不能进行逻辑分析，也不能果断做出判断和选择	D	0
		表达能力	A. 在完成项目和工作任务的过程中，具备良好的口头沟通和文字表达能力	A	6
			B. 口头沟通较强，文字表达相对较弱	B	4
			C. 文字表达较强，口头沟通相对较弱	C	2
			D. 口头沟通和文字表达能力都很弱	D	0
		交涉能力	A. 在完成项目任务的过程中，能够使对方心悦诚服接受自己的看法和意见	A	6
			B. 对方内心接受同意，但表面不接受	B	4
			C. 对方表面上接受同意，但内心不接受	C	2

续上表

指标	权重	评价指标	评定等级	评定	
业务能力	60%	交涉能力	D. 无法使对方接受同意	D	0
		协调能力	A. 在完成项目任务的过程中，兼顾考虑个人任务与其他团队成员任务在各方面的协调性	A	6
			B. 只顾自己的工作任务，不太考虑个人与其他团队成员工作任务在进程及内容等方面的协调	B	4
			C. 只顾自己的工作任务，从不注意协调问题	C	2
			D. 对自己的工作任务也不注重协调	D	0

6.1.4 如何对员工态度进行评价

工作态度是不容易进行衡量的绩效指标，因此对员工工作态度进行考评，可采用相对评估法，将不同员工的纪律性、责任感等工作态度指标进行综合比较，然后进行等级评估。以简单排序法为例，按照纪律性、责任感、积极性、协作性对员工绩效进行排序，获得“优秀”越多的员工，其绩效考评结果就越好，如表 6-3 所示。

表 6-3　员工工作绩效排序表

绩效指标	优秀	良好	中等	一般	较差	极差
纪律性	员工 A	员工 B	员工 D	员工 C	员工 E	员工 F
责任感	员工 B	员工 A	员工 D	员工 C	员工 E	员工 F
积极性	员工 A	员工 B	员工 C	员工 E	员工 D	员工 F
协作性	员工 A	员工 C	员工 B	员工 E	员工 D	员工 F

当然，企业也可以采用绝对评估法来对员工的工作态度进行评估，表 6-4 所示为某企业工作态度指标评定表。

表 6-4　某企业工作态度指标评定表

评价指标	权重	定义	评定等级	评定	
纪律性	40%	是否在团体讨论中严格自律，积极参与决策，及是否严格按照团队共同制定的计划按时完成个人的工作任务	A. 在团队讨论中严格自律，积极参与决策且按时完成个人的分配任务	A	18
			B. 不能严格自律和积极参与决策，但却能按时完成自己的工作任务	B	13
			C. 严格自律也积极参与决策，但却不能按时完成个人的工作任务	C	6
			D. 既不能严格自律和积极参与决策，也不能按时完成自己的工作任务	D	3
协作性	30%	在工作中是否充分考虑别人的处境，是否主动协助团队负责人及其他团队成员做好工作	A. 充分考虑别人的处境，主动协助团队负责人及其他团队成员做好工作	A	16
			B. 只有在团队成员寻求帮助时才会协助	B	9
			C. 即使团队成员寻求帮助也会找理由拒绝	C	5
积极性	30%	对分配的任务是否不讲条件，主动积极，尽量多做工作，主动进行改进，向困难挑战	A. 对分配的任务不讲条件，主动积极工作，按高质量标准完成	A	13
			B. 对分配的任务讲条件，但最后也能积极主动，高质量地完成工作	B	8
			C. 对分配的任务不讲条件，但却不能主动积极工作，并高质量地完成任务	C	6
			D. 对分配的任务既讲条件也不主动积极，不能高质量地完成任务	D	3

6.2 科学地进行员工绩效评估

绩效评估的方法有多种，在对员工绩效进行评估时，企业可灵活选择合适的评估方法。一般情况下，如果企业希望员工能做好本职工作，那么可采用绝对评估法；如果企业希望创造内部竞争环境，那么可采用相对评估法。下面来看看如何使用不同的绩效评估方法对员工绩效进行评估。

6.2.1 从绩效好坏进行排序评估

在绩效评估方法中，简单排序法和交替排序法都是按照绩效的好坏来对员工的绩效结果进行排序评估。其中，简单排序法比较适合被考评者人数不多的情况，这种方法可以直观地看出不同绩效指标下哪些员工表现好，哪些员工表现差，如表 6–5 所示。

表 6–5 运用简单排序法对员工进行绩效评估示例

指标 1：领导能力		指标 2：组织能力		指标 3：决策能力	
名次	姓名	名次	姓名	名次	姓名
1		1		1	
2		2		2	
3		3		3	
4		4		4	
5		5		5	
6		6		6	

交替排序法与简单排序法相似，不同之处在于交替排序法是按照一好一坏的方式来进行排序，如表 6–6 所示。

表 6-6　运用交替排序法对员工进行绩效评估示例

第 1 格 – 员工 A	第 2 格 – 员工 ×	……	
	……	第 19 格 – 员工 ×	第 20 格 – 员工 C

6.2.2　以强制性比例进行分布评估

在对员工进行绩效评估时，可能会因为评估者过分严厉或过分宽容导致绩效评估结果全部趋于优秀或较差，为了避免这种情况发生，可以采用强制分布法来对绩效等级进行强制性比例分布设置，如表 6-7 所示。

表 6-7　员工工作绩效等级分布比例表

绩效等级	比例
杰出	10%
优秀	20%
良好	40%
一般	20%
不合格	10%

根据表 6-7 所示的比例分布，一个部门中只有 10% 的员工可以被评定为杰出，只有 40% 的员工可以被评定为良好，这确保了各个等级都有人数比例的限制。

强制分布法的优势在于具有强制激励作用，对于想要通过绩效考核结果来对员工进行末位淘汰的部门来说，这一方法可以明确筛选出淘汰对象。但强制分布法也存在一定的缺陷，那就是当员工普遍优秀时，可能会导致部分优秀员工获得较差的绩效评分。

6.2.3 一比一进行绩效对比评估

当要比较不同员工在哪方面更优秀，哪方面存在不足时，可以采用成对比较法来对员工进行绩效评估，以 5 位员工为例，对其绩效进行两两比较，具体如表 6-8 所示。

表 6-8 运用成对比较法对员工进行绩效评估示例

员工名称	员工 A	员工 B	员工 C	员工 D	员工 E
员工 A	-	优	差	优	优
员工 B	差	-	优	差	差
员工 C	……		-		
员工 D	……			-	
员工 E	……				-
统计					

如果一个部门的被考核员工数量不是很多，就可以采用成对比较法来评估员工绩效。这种评估方法的优势在于并不是笼统地对员工绩效进行排序，可以使评估结果更可靠。其缺点是操作起来比较麻烦，不能反映员工在工作能力、态度等绩效表现上的特点。

6.2.4 按照绩效评定表法进行评估

在使用绩效评定表法对员工绩效进行评估时，一般要先对不同的绩效指标进行等级定义和描述，然后再对员工绩效进行评分总计。该方法的优势在于简单易操作，但也容易出现评估者习惯于对被考核者打高分或低分，导致绩效评估不准确的情况出现。另外，由于评估者对绩效标准理解的偏差，也可能导致不同的评估者在对同一绩效指标进行评估时打分不统一。

针对以上存在的问题，在使用绩效评定表法时，可以要求评估者对自己的评估做一个简单的阐述，比如评估者对某员工的领导能力评了“优秀”，那么可以要求该评估者列举出一些证明该员工领导能力优秀的关键事件或行为表现。

根据绩效考核评价表对员工绩效进行评估后，还需要对员工的考评结果进行评分汇总，以确定员工整体的绩效评估结果，表 6–9 所示为绩效考评汇总表。

表 6–9　绩效考评汇总表

序号	姓名	职位	员工自评得分	员工互评得分	上级主管评价得分	考评综合总得分	考评名次
1							
2							
3							
4							
5							
6							
7							
8							
9							
结论	根据对员工工作表现、能力、业绩等绩效指标进行自评、互评、上评，确定末位淘汰员工__名，分别是：						
备注	考评综合得分 = 自评分 ×0.2+ 互评分 ×0.5+ 上级主管评分 ×0.3						

6.3 做好对被考评者的评价

评估者如何评价被考核者会直接影响员工的绩效考核结果，而绩效考核结果又会对员工的薪酬、晋升等产生影响，因此评估者应树立公正、客观评估被考核者的正确态度和责任心。

6.3.1 部门主管以客观评价为原则

部门主管通常会作为评估者参与到员工的绩效考评中，在对下级员工进行绩效打分时，主管应遵守客观性原则来对员工进行评估，在具体操作时，可以采用以下方法来保障评估的客观性。

（1）比较被考核者的目标

在根据绩效考核评价表对员工进行评估时，很多主管常常会进行员工之间的比较，比如将员工 A 与员工 B 进行比较，最后得出员工 A 绩效表现差的评估结论。

在基于绩效考评表对员工进行评价时，这种评估方式是不合理的。正确的做法是，将员工 A 与考评表中的绩效目标做比较，即与员工自身作对比，再根据员工的绩效目标完成度来评估员工。如评价员工的成本控制能力是优秀还是差，要看该员工是否造成了成本、费用、利息等额外损失，如果没有则为优秀；如果有，则根据设定的损失标准来对员工进行评价，如造成 100 ～ 1 000 元损失为良、造成 1 000 ～ 10 000 元损失为差。

（2）根据行为事实来打分

受心理因素的影响，部门主管在对员工进行绩效评估时，常常倾向于给和自己风格相似或合得来的人打高分，而对其他与自己不同的人打低分。为避免这种情况的出现，企业可以要求主管以事实行为来打分，即根据确实发生的事件或员工的行为来打分，并对具体的行为进行举例说明。

（3）树立区分绩效的观念

不同的主管由于性格、经验等的不同，其打分的偏好也会有所不同。比如高亲和力的主管，可能会对员工普遍打高分；而严格的主管，可能会对员工普遍打低分，不管是哪种评分偏好都可能导致绩效结果没有区分。

针对上述现象，评估主管首先要树立区分员工绩效是考核的目的之一的观念，在评估时应避免让绩效考核的结果陷入平均主义的问题上。在具体进行考核评估时，评估主管可以采用强制分布法来实现绩效区分。

（4）评论内容客观具体

以文字描述形式对员工绩效进行评价时，不管是正面的评价，还是负面的评价，都应客观具体的阐述员工的工作行为及需要改进的地方，描述时切忌模糊不清，这样才能让被考核员工明确自己在本周期绩效考核中，哪些地方做得好，哪些地方有待改进。

6.3.2 提高自我评价的准确性

让被考核者进行自我评价是绩效评估的一种方法，其优点在于能提高员工在绩效考核中的参与度，让被考核者对自身的工作绩效完成度有明确的认识。绩效自评有优点，也存在缺点，其缺点在于自我考评过程中被考核者容易出现自评陈述语描述不当或高估自己的绩效结果的情况。为了提高绩效自评的准确性，在设计绩效考核自评表时，可以将描述与考评表结合起来进行自我评估，使员工在自评时有一定的评价标准，如表 6-10 所示。

表 6-10　绩效考核自我评估表

姓名		岗位		部门			
年度主要完成工作业绩	1. 2. 3.						
考核标准及分数							
（一）综合素质							
评价因素	对考核期间工作成绩的评价要点	评价尺度					
		优	良	中	可	差	
工作态度	A. 严格遵守工作制度，有效利用工作时间	5	4	3	2	1	
	B. 对工作持积极态度，主动学习，能主动承担额外任务	5	4	3	2	1	
	C. 无任何违纪现象，并能主动要求他人遵守纪律，出勤率 100%	5	4	3	2	1	
	D. 以协作精神工作，协助上级，配合同事，责任感强，能圆满完成任务，可放心交付工作	5	4	3	2	1	
工作能力	A. 正确理解工作内容，能制定适当的工作计划	5	4	3	2	1	
	B. 不需要上级详细的指示和指导；有丰富的专业知识，并能圆满完成任务	5	4	3	2	1	
	C. 及时与同事及协作者取得联系，使工作顺利进行，极具合作精神，能虚心接受他人的意见	5	4	3	2	1	
	D. 迅速、适当地处理工作中的失败及临时追加任务	5	4	3	2	1	
工作效率 学习能力	A. 工作速度快，不误工期，工作处置得当，经常保持良好成绩	5	4	3	2	1	
	B. 工作方法合理，时间的使用十分有效	5	4	3	2	1	

工作效率学习能力	C. 工作中没有半途而废、不了了之及造成后遗症的现象	5	4	3	2	1
	D. 学习能力强，能主动学习并不断提高专业技能	5	4	3	2	1
工作面貌及创造力	A. 以主人公精神与同事同心协力努力工作	5	4	3	2	1
	B. 正确认识工作目的，能采取正确地工作方式	5	4	3	2	1
	C. 积极努力改善工作方法，不断创新，想象力极丰富	5	4	3	2	1
	D. 不打乱工作秩序，不妨碍他人工作	5	4	3	2	1
工作成果	A. 工作成果达到预期目的或计划要求	5	4	3	2	1
	B. 工作能高质量地完成，优良率非常高，有强烈成本意识	5	4	3	2	1
	C. 工作总结和汇报准确真实	5	4	3	2	1
	D. 工作中熟练程度和技能提高较快	5	4	3	2	1
综合自评总分（以上分数综合）：						

（二）工作表现	
岗位工作匹配性	□表现优异　□工作表现良好，胜任本职工作 □适合现职　□不可能有大的发展 □不适合现职位　□工作表现退步
自述突出的优点或不足及改进计划	
职业目标及规划	
你现在面临的问题和困惑有哪些	
综合自评结果 □优秀　□良好　□合格　□尚可　□不合格	
自评人签名：	

6.3.3 如何撰写绩效评估报告

绩效评估报告是以文本形式反映公司或部门绩效完成状况的书面报告，一般由管理者来撰写。在绩效评估工作中，撰写评估报告是重要的收尾工作，主要用于评价部门的工作绩效成果，那么管理者要如何撰写绩效评估报告呢？一般情况下，一份绩效评估报告要包含以下内容。

（1）绩效考核综述

该部分主要用于阐述绩效考核的整体状况，具体包括绩效考核的内容重点、本周期内绩效考核的落地执行情况、绩效考核过程中出现的问题及员工在绩效考核中的整体表现等。

（2）绩效考核结果

主要阐述本考核周期内绩效目标的完成情况及考核成绩，包括重点工作完成情况、日常工作完成情况，如果整体绩效成绩比较优秀，那么要分析好在哪里，及好的原因。反之，如果整体绩效成绩表现不佳，则要分析导致绩效成绩较差的原因，对于一些典型岗位或事件，管理者可以进行重点阐述和分析。

（3）绩效考核改进建议

针对绩效考核中存在的问题，管理者可在绩效评估报告中进行反馈，如尚未树立良好的绩效理念、绩效考核的激励约束性不强等，针对这些问题，管理者可以提出绩效改进建议。

知识延伸 | 在绩效评估报告中运用数据分析

在绩效评估报告中，为了保证报告内容直观易读，通常要运用数据并结合柱状图、扇形图等来体现绩效考核结果。

第七章

反馈面谈：讨论和回顾考核结果

员工的绩效考核结果怎么样，哪方面的成绩值得肯定，有哪些地方需要改进。这些问题都需要管理者通过绩效面谈的方式反馈给被考核者。在绩效管理实践中，很多企业都存在绩效反馈面谈成效不佳的问题，那么企业该如何有效开展绩效反馈面谈呢？

7.1 考核结果的反馈运用

填完绩效考核评价表后，并不代表绩效评估结束了，考核者还需要向被考核者反馈考核结果。在绩效管理中，对考核结果进行反馈具有提升员工绩效，激励员工的作用。

7.1.1 绩效反馈要沟通哪些内容

绩效反馈的主要目的是让被考核者了解业绩考核结果，促进绩效改进的有效实施，在该过程中，考核者要与被考核者沟通以下内容。

（1）工作业绩完成情况

沟通本考核周期内被考核者的工作业绩完成情况是绩效反馈的重要内容，一般要根据绩效计划表和绩效考核评价表来展开沟通。在反馈过程中，考核者要和员工一起回顾本考核周期内该员工的绩效目标、考核评价标准及评估结果，与员工对工作任务完成情况及考核结果达成共识。

（2）优秀的行为表现

对于员工在本考核周期内优秀的行为表现，考核者应给予肯定和鼓励，包括工作能力、工作业绩等方面的优秀表现。在该过程中，要让员工认识到自身的工作成绩和优点，提高员工的自信心。同时，这也有助于帮助员工进行职业目标规划。

（3）待改进的方面

除了优秀的行为表现外，对于员工待改进的方面也需要在绩效反馈中进行沟通。在提出尚需努力的方面的同时，考核者还应与员工一起分析绩效表现不佳的原因，沟通解决方案。在沟通员工的不足之处时，要重视改进措施的探讨，因为如果不能在反馈中针对员工的不足给出解决方案，那么此次反馈将无法发挥作用。

（4）下一考核周期的工作目标

绩效反馈还应为下一周期的考核实施做准备，因此，考核者还应与员工沟通下一考核周期的工作目标、绩效指标及考核标准。在确定下一周期的工作目标时，要结合上一周期的绩效计划完成情况来确定，同时还要考虑当前企业所处的内外部环境是否发生变化。若有变化，那么下一周期的工作目标和内容也要相应的进行调整。

（5）需要的配合和资源支持

在明确下一周期工作目标的同时，还应与员工就下一考核周期需要的配合和资源进行沟通，该过程对考核者和被考核者来说都具有重要意义。对考核者来说，可以了解历史资源消耗情况及现有资源数据，并通过有效的成本控制和开源节流来提高资源利用的效率；对被考核员工来说，可以得到有效完成工作目标的助力。

7.1.2　绩效反馈有五种方式

绩效反馈应该及时，不要等到下一周期的绩效考核都开始了才进行反馈。一般来说，绩效结果一旦确立，企业就可以组织开展绩效反馈，按照反馈的内容和形式，绩效反馈的方式主要有以下 5 种。

（1）面谈式反馈

面谈式反馈是指通过面对面沟通的方式来与被考核者进行交流反馈，这也是大多数企业广泛采用的绩效反馈方式。在进行面谈式反馈前，通常会运用“5W1H”分析法来抓住绩效反馈的几个关键点。5W1H是指Why、Who、Where、When、What和How，各自的含义如下所示。

- Why：是指为什么，即绩效反馈的目的和意义。
- Who：是指谁，即面谈的对象是谁。
- Where：是指地点，即在什么地方进行绩效反馈。
- When：是指时间，即什么时候进行绩效反馈。
- What：是指什么，即绩效反馈的内容是什么
- How：是指怎么样，即采用怎样的绩效反馈方式和技巧。

根据5W1H分析法来准备以上内容时，要根据被考核者的考核结果及性格特征等来选择合适的地方、时间及方法等。

（2）书面式反馈

书面式绩效反馈是指管理者以报告、信函、邮件等形式向被考核员工一对一的反馈绩效评估结果，并让员工以回复的方式来表达自己的观点和意见，书面报告式反馈有电子和纸质两种形式。这种反馈方式的优点在于不受时间及空间的限制，能够及时反馈，但也存在因缺乏直接的沟通互动导致反馈双方对文字内容产生误解的情况出现。

（3）集体式反馈

集体式反馈是指通过群体讨论或会议的方式来对绩效结果进行反馈，这里的群体一般是一个部门（团队）的员工或不同部门但属于同一职位层级的员工。

集体式反馈可以提高反馈的效率，可以集思广益来纠正一些主观错误，但并不是所有的内容都适合通过集体讨论的方式进行反馈，在进行集体式反馈时可以利用会议纪要来记录反馈的内容和结果。

（4）电话式反馈

电话式反馈是指以电话沟通的形式来反馈绩效结果，这种反馈方式主要用于考核者与被考核员工不在同一办公场所，及其他无法通过面对面沟通进行绩效反馈的情况。一般来说，在做简要的绩效结果沟通时，可以采用电话的形式进行绩效反馈，如果沟通的内容较多或者非常重要，这种反馈方式就不太适用。

（5）公示式反馈

公示式反馈是指以发布集体公告的形式来进行绩效结果反馈，这种反馈方式所公示的内容通常是有范围限制的，如以下内容。

关于20××年度销售岗位员工考核情况的报告

根据《××岗位员工绩效考核办法》，本着公平、公正、公开的原则，严格对销售部员工进行了考核，现将考核情况报告如下：

张××、李××、罗××、赵××、王××在本考核周期的评估结果均为优秀。

特此报告

××人力资源部

20××年×月×日

一般来说，一些较为私密的内容不会进行公示，以避免引起员工的反感。公示式反馈适合树立员工绩效标杆，在激励的同时也给予员工一定的压力。

7.1.3　确保绩效反馈的效果

绩效反馈的效果会影响绩效结果的运用及绩效改进计划的实施，为了确保绩效反馈的有效性，企业在组织绩效反馈时要掌握以下基本原则。

（1）及时性原则

及时性原则是指绩效反馈应快速及时，切勿等到员工所存在的绩效问题已经恶化了，或者已经记不清了再进行反馈。绩效反馈应抓住时机，如果等到事情已经过去很久后再进行反馈，会导致员工不重视反馈内容，对于批评性的内容，则可能使员工产生“你怎么不早说”的心理。

根据及时性原则，绩效反馈应经常进行，不仅在绩效评估结束后，在绩效考核进行过程中也可以进行反馈。只要管理者发现员工在绩效实现过程中存在不足，都可及时进行纠正，以避免绩效问题堆积，总结下来就是即时跟踪、随时反馈、及时纠偏。

（2）对事不对人原则

绩效反馈所沟通的内容应是员工的工作业绩和事实行为，而不应针对员工的个性、喜好等进行讨论，因为个性特征并不是绩效考核的内容。如果员工的某些个性特征影响了工作结果，那么管理者应从促进员工成长的角度来指出，而不应把这些个性特征作为绩效批评的焦点。

考核者要明确，在进行绩效反馈时，应重点讨论员工在本考核周期内实现绩效目标采取的行动和措施及一些关键绩效事件。

（3）正反面结合的原则

绩效反馈既要沟通被考核员工的优点，也要沟通其缺点，通过正面反馈员工的优点可以鼓励员工成长，通过反面反馈员工的缺点可以让员工找到绩效改进的方向。当员工绩效评估结果不理想时，管理者不要只针对员工比较明显的不足之处进行讨论，而忽视了员工的优点。当员工绩效表现优秀时，也不能忽视员工存在的缺点。

（4）平等沟通的原则

绩效反馈应以平等沟通为原则，考核者不能因为自身职位高于被考核员工就高高在上，采用命令式的口吻与员工进行交流。平等与员工进行沟通不仅能提高绩效反馈的效率，还能增强员工的信任感，使绩效反馈顺利进行，有效避免对立和冲突。

根据平等沟通的原则，考核者要将自己定位为朋友、引导者，让员工在面对绩效反馈时能够敢于说出自己的想法，而不是将自己定位为对立者，用自身的权威来压制员工。

（5）着眼未来的原则

对绩效考核结果进行回顾和分析是绩效反馈的内容之一，但这并不意味着绩效反馈只着眼于过去。实际上，对工作绩效进行回顾是为了找到对未来绩效改进有益的方向和措施。所以，在谈论过去的绩效结果时，应着眼于未来，从帮助员工提升工作能力和绩效的角度出发来制订下一考核周期的绩效计划。

7.1.4 如何开展绩效结果反馈

企业在实施绩效反馈时，应将其制度化、流程化，这样才能保证绩效反馈持久发挥其效用，绩效反馈的实施要经历以下流程。

- **第一步，说明反馈的目的和意义：**在绩效反馈正式开始前，管理者应让被考核员工有一个心理准备，告知其进行绩效反馈的目的和意义。使员工明确进行反馈并不是要找员工的错误，而是根据考评结果来探讨绩效改进计划，帮助员工发展成长。
- **第二步，反馈评估结果：**根据员工的考核结果，管理者要让员工知道自己在此次考核中取得了怎样的成绩，如考核评分为98分、评估结果为优秀等。同时，指出员工做得好和做得差的绩效行为表现，如生产车间没有出现安全事故；生产安全费用控制率由过去的4%降为了2%。

- **第三步，进行双向沟通与对话**：当员工了解了自身的绩效结果后，此时需要管理者和员工进行双向沟通，让员工也发表自己的意见，包括绩效问题产生的原因、阻碍绩效实现的障碍及解决方法等，在该阶段要让员工知道接下来要做什么及应该如何做。
- **第四步，绩效反馈确认**：对于在绩效反馈中已达成共识的部分，双方要再次进行确认并在绩效反馈确认表中签字，以表示双方都认可此次绩效反馈的结果。
- **第五步，适时结束绩效反馈面谈**：当已实现绩效反馈的目的后，管理者就要适时结束此次反馈沟通。需要注意，在某些特殊情况下，绩效反馈可能会提前结束，如双方在沟通中产生了冲突、出现了意外紧急事件，在这种情况下就需要另找时间再次进行反馈。

7.1.5 制作绩效考核结果反馈表

在绩效反馈过程中，可使用绩效考核结果反馈表来让员工确认是否认可考核评估的结果，表7-1所示为绩效考核结果反馈表模板。

表7-1 绩效考核结果反馈表

被考核员工		所在部门	
职位		考核期间	
一、直接主管对员工工作绩效的评估意见			
根据绩效计划，在本考核周期内取得的绩效成绩和值得肯定的方面			

<table>
<tr><td>根据绩效计划，在本考核周期内有待改进的方面</td><td></td></tr>
<tr><td>未能有效完成绩效的原因及具体的改进措施</td><td></td></tr>
<tr><td colspan="2">直接主管签字：</td></tr>
<tr><td colspan="2">二、单位审核意见</td></tr>
<tr><td colspan="2">考核等级：____________
部门盖章：　　　　　　日期：</td></tr>
<tr><td colspan="2">三、被考核人意见</td></tr>
<tr><td colspan="2">☐ 我已阅知并接受上述绩效考核结果。
☐ 我已阅知但不接受上述绩效考核结果。
其他意见：
本人签字：　　　　　　日期：</td></tr>
<tr><td colspan="2">备注：</td></tr>
</table>

7.2 绩效结果的总结面谈

面谈是绩效反馈的主要方式，不懂得如何面谈的考核者会在该环节感到很大的压力，考核者要做好绩效面谈离不开4个关键点的把握，包括面谈前的充分准备、面谈规划、面谈技巧的运用及面谈的有效记录。

7.2.1 做好绩效面谈前的准备工作

在绩效面谈开始前，考核者和被考核员工都应该做好相关准备工作，具体需要做的准备工作如下所示。

（1）考核者需要做的准备工作

考核者要准备绩效面谈所需的各种资料并拟定面谈计划，然后通知员工做好面谈准备。

- **面谈所需资料**：绩效面谈时所需的资料包括绩效计划、岗位说明书、员工绩效自评表、员工绩效评估表、员工绩效观察表、绩效行为记录表、员工职业发展计划书、员工绩效面谈记录表等。在开始面谈前，管理者要提前熟悉这些资料，以充分了解员工的考核成绩及行为表现。
- **拟定面谈计划**：绩效面谈计划用于规划面谈的工作内容，具体包括面谈所涉及的内容、面谈的对象、面谈的方式、面谈的时间、面谈的地点等。对于一些在面谈中可能会沟通的问题，管理者可以在面谈计划中提前罗列出来。
- **通知员工做好面谈准备**：主要告知员工面谈的目的、主要内容、地点及时间等。管理者可选择口头或书面通知两种方式，如下所示为书面通知书。

绩效反馈面谈通知书

为促进绩效沟通，总结经验，找出不足，明确绩效改进计划，本部门将于本月开始逐一进行绩效反馈面谈，请各被通知人准时参加，具体绩效面谈安排如下。

绩效面谈参与人：

绩效反馈面谈时间安排：

××岗位员工绩效面谈时间：____月____日____点

××岗位员工绩效面谈时间：____月____日____点

××岗位员工绩效面谈时间：____月____日____点

绩效面谈内容：

绩效面谈地点：

绩效面谈准备事项：

____年____月____日

（2）被考核员工需要做的准备工作

对被考核员工来说，在接到绩效面谈通知后，需要准备自我评价表、绩效计划书、业绩报告等与绩效考核有关的资料。同时要回顾岗位说明书、绩效行为表现，拟好需要管理者解答的问题和疑惑。提前做好工作安排，以保证绩效面谈时有充足的时间。

7.2.2 拟定绩效面谈计划

通过前面的内容可以知道，拟定面谈计划是绩效面谈前需要做的准备工作之一，表 7-2 所示为绩效面谈计划表模板，管理者可以参考该模板梳理员工绩效考核成绩，规划面谈内容。

表 7-2　绩效面谈计划表

员工姓名		职位		部门	
一、被考核员工绩效考核基本情况					
员工自我评价部分	业绩成功之处		成功的原因		
	业绩不足之处		不足的原因		
绩效考评表评价部分	工作目标达成情况整体性评价： 1. 2.				
	需继续保持和发扬的部分： 1. 2.				
	需重点改进的部分： 1. 2.				
二、绩效面谈时间、地点					
面谈时间	___年___月___日___时___分～___时___分				
面谈地点					
三、绩效面谈内容规划					
面谈目的	目的 1： 目的 2： 目的 3：				
面谈内容	内容 1： 内容 2： 内容 3：				
问题概要	问题 1： 问题 2： 问题 3：				

7.2.3　在开场时营造良好氛围

进行绩效反馈面谈时，良好的面谈氛围能提高面谈的有效性。因此，在开始面谈时，考核者要注意创造融洽的面谈气氛，避免被考核者因紧张而过于拘谨。要使面谈在融洽的气氛中开场，需要掌握一定的方法，具体做法如下所示。

（1）选择合适的面谈场所

绩效面谈的场所不同，营造的沟通氛围也会不同。在一对一面谈中，不宜选择太过空旷的场所，这会无形增加面谈的孤独感和紧张感。通常情况下，在熟悉的环境沟通交谈，人们更能获得安全感，会更加放松，因此考核者可以选择双方都比较熟悉的小型会议室进行面谈。

如果公司没有公用的会议室，也可以选择在管理者的办公室或者公司员工的办公场所进行面谈。若选择公司员工办公场所进行绩效面谈，最好选择角落且不易被打扰的位置，这样可以保障面谈能在比较安静的环境中进行。

（2）利用位置拉近与员工的距离

在进行绩效面谈的过程中，不同的座次给被考核员工带来的心理压力是不同的，一般情况下，一对一绩效面谈的位置安排有图 7–1 所示的几种方式。

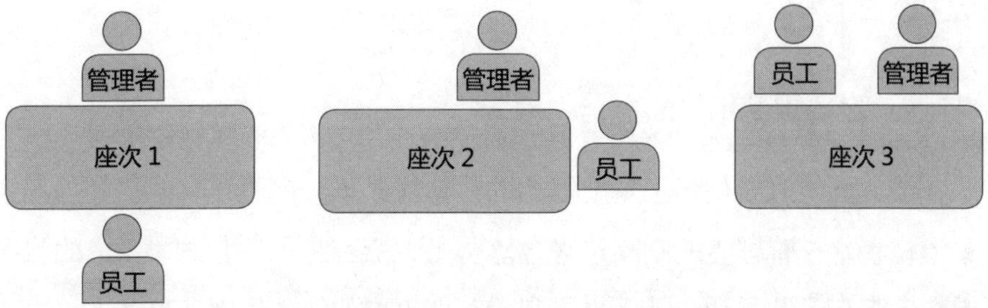

图 7–1

图 7–1 所示的 3 种座次方式，其中座次 1 容易营造一种对立的情绪，使得面谈氛围紧张压抑，座次 2 和座次 3 由于拉近了面谈双方的距离，因此容易营造融洽、友好的交流环境。而座次 3 更适用于面谈双方比较熟悉的情况，

因此如果考核者与员工并不是很熟悉，那么选择座次 2 会更好。

另外，在面谈时还要注意双方的距离，一般在面谈时，考核者可与员工保持 0.5 ~ 1.5 米的距离，这是相对安全的距离。

（3）合理设计绩效面谈开场白

在绩效面谈正式开始时，考核者应设计一个相对正式的开场，而不应太过随意，如“这次面谈就是随便聊聊”，这类过于随意的开场会导致员工无法对面谈引起重视。绩效面谈的开场内容应是面谈的目的和意义，如以下内容。

根据公司的绩效管理办法，公司组织开展了绩效反馈面谈，通过此次面谈希望实现3个目的：一是了解本考核周期你的考核评估结果；二是针对此次绩效考核中你的工作行为表现，共同制订绩效改进计划；三是协商下一个考核周期的目标和标准。现在就正式开始，可以吗？

除了以上开场方式外，考核者还可以根据员工的状态和表现采用其他开场方式。当员工比较紧张时，可以适当谈点其他轻松的话题，以缓解员工的紧张心理，如上次做的客户简报很不错、你最近学习的设计课程学得怎么样了。总的来说，可通过谈论员工优秀的工作表现、兴趣爱好、业余生活等来使员工放松下来。

（4）保持真诚平等的谈话态度

在绩效面谈时要使员工对反馈的内容达成共识，离不开真诚平等的沟通。如果考核者站在管理者的制高点来数落员工，就会使员工处于“失语”的状态，不愿意发表自己的看法，从而也不利于获取真实的绩效反馈意见。

在沟通过程中，考核者应始终保持真诚平等的谈话态度，让员工感受到此次面谈是平等的，这样才能让员工愿意与你交流。当双方都在平和的氛围中进行沟通时，才能有效获取双方想要的信息，找到解决绩效问题的方法，使绩效面谈真正发挥作用。

7.2.4　绩效面谈内容的详细记录

对绩效面谈内容进行记录有两个目的，一是，使双方能够对面谈内容进行确认，形成共识；二是，形成绩效契约，便于存档和后期使用，表 7–3 所示为绩效面谈记录表。

表 7-3　绩效面谈记录表

部门		面谈时间	
被考核者	姓名：	岗位：	
考核者	姓名：	岗位：	
1. 本人在本考核期内所完成工作的回顾及客观评价（含工作内容、进展与成效、不足与改进、工作成果评价、未完成的工作内容及原因分析等）			
2. 员工在下一个考核期的工作目标、工作计划、工作内容或上级期望			
3. 为更好地完成本职工作和团队目标，员工在下一阶段需要努力和改善的绩效，直接主管的期望、建议、措施等			
4. 员工对部门（公司）工作的意见 / 建议、不满 / 抱怨、工作 / 生活 / 学习中的烦恼和困难及希望得到的帮助 / 支持 / 指导			
5. 以上面谈提纲中未涉及的其他面谈内容			
被考核者签字：		考核者签字：	

知识延伸｜一般由被考核者的直接上级担任反馈者

一般来说，绩效反馈面谈的参与者为考核者和被考核者，而在考核过程中，考核者可能是多维度的，如上级、同级、下级和客户等。从现实情况来看，同级反馈常常很难做到客观，而下级和客户又不太可能了解被考核者的工作表现和结果。因此，让被考核者的直接上级作为反馈者是比较合适的，也容易让员工接受反馈的内容。

7.3 绩效反馈面谈的技巧

在绩效管理过程中，不少管理者都存在只重视考核结果而不重视反馈面谈的情况，实际上绩效反馈面谈是绩效管理中不可忽视的重要一环。作为管理者，有必要通过提高面谈技巧来帮助员工实现绩效改进，从而提升企业整体绩效。

7.3.1 绩效面谈中的听与说

管理者在进行绩效面谈时，既要倾听，也要诉说，倾听和诉说都有一定的技巧。

（1）倾听的技巧

有效的倾听应该有回应，在倾听过程中，面谈双方要根据对方的诉说做出相应的反应，如微笑、点头等，这可以表示你在认真倾听，同时也可以让对方感受到肯定，从而对自己的诉说更有信心。

倾听时可以与对方眼神交流，但不要一直盯着对方，这会让对方感到不自在或紧张，可以适时的看一下手中的绩效资料，或者在绩效面谈记录表中记录下关键的内容。

倾听时要集中注意力，若心中另有事情会阻碍倾听效果，容易导致没有听到重点内容。另外，心不在焉地听也容易引起对方的不满，认为你没有给予足够的尊重。

没有特殊情况，通常不要打断对方的叙述，轻易打断对方是一种不礼貌的行为，在没有听懂或没有听清楚等特殊情况下，不得不打断对方时，可以先说对不起或不好意思，向对方表达歉意，然后说明打断的理由，如刚才没有听清楚，可以请你再复述一遍吗。

先入为主是倾听过程中比较容易犯的错误，在倾听时不要急于表达自己的观点或意见，而应客观地听取对方的发言，等到对方叙述完后再表达自己的看法。

（2）诉说的技巧

诉说是管理者表达自己观点的过程，在表达的过程中，也有一些技巧可以运用。在表达过程中，要注意避免废话连篇，一般来说，在开场白结束后，管理者就可以根据绩效面谈计划表的内容直接进入主题。

管理者可以通过提出引导性问题、开放性问题和封闭性问题来引起员工的兴趣，同时让员工有表达自己观点的机会。

- **引导性提问：**引导性提问具有一定的暗示作用，问题中通常带有一定的假设条件，如你认为下一考核周期绩效会提升多少？这类问题就是引导性提问，在提问中已经给出了绩效会提升的假设。当我们确认某一事件是具体事实时，就可以用引导性提问来让员工认可这一观点并做出相应的回答，如针对此次的绩效考核结果，你会通过调整工作态度，还是提高工作能力来进行改进呢。
- **开放性提问：**开放性提问是一种不给予参考，让对方根据自己的想法做出回答的提问方式，如你觉得此次绩效面谈对你来说有什么作用。开放性提问给出的问题通常比较笼统，会给回答者很大的表达空间，这样的提问能表示对对方的尊重，让员工有主动表达的机会，同时能使面谈氛围融洽自然。

◆ **封闭性提问**：是与开放式提问相反的一种提问方式，这种提问方式通常有答案的限制，常用是不是、对不对、会不会等关键词，如你觉得此次绩效考核结果是不是没有达到你的预期。针对该问题，员工只能回答是或者不是，这就是封闭性提问。当对方滔滔不绝时、想要得到确切回答时或者自身对某件事已作出判断的情况下就可以使用封闭性提问。

以上3种提问方式各有优劣，管理者在绩效面谈中可以根据需要灵活运用。但要注意，提问时应避免一句多问，这样容易导致对方记不住问了几个问题。

在绩效面谈中准确表达出自己的看法，让对方接受你的观点是很重要的，要做到这一点，管理者可以运用表7-4所示的一些表达方法。

表7-4　绩效面谈的表达方法

方法	内容	示例
总分总式的表达	是指将想要表达的内容进行总结，并将这句总结的话放在最前面讲，中间部分则是支撑该结论的论证，结尾再次强调结论	总结：如果你将业务重点放在新客户开发上，你的工作业绩不会是现在这个样子。 论证：从销售利润数据来看，新客户比老客户带来的利润更高。 总结：你本考核周期工作业绩差的原因就是没有把握住客户重点
举例式表达	是指以举例的形式将要表达的内容进行说明	财务数据是客观且可信度高的数据，如销售收入数据、合格率数据
讲故事式表达	是指以故事的形式围绕中心观点进行阐述或例证	观点：高效的绩效管理应形成一个闭环。 例证：××公司通过引进闭环式绩效管理模式……（讲述一个公司实施绩效管理的故事）

在运用上表所示的 3 种表达方式时，要注意表达的内容应简单易懂、条例清晰，不要增加员工理解的难度。

7.3.2 如何建立彼此的信任感

绩效面谈的双方如果能够建立信任感，很多沟通难题都可以得到很好的解决，那么管理者要如何建立信任感呢？以下几点内容可以帮助管理者与员工建立信任感。

（1）注意日常工作言行

在日常的工作中，管理者的一言一行都会在员工心里留下一定的印象。管理者要取得员工的充分信任，就要在日常工作中做到言行一致、以身作则，这样才能让员工信服。

在企业管理中，管理者如果能在言行上发挥表率作用，不仅能建立威信，还能得到员工的尊重和服从，举止得体、客观公正就能在员工心中树立良好的形象。

（2）注意沟通时的肢体语言

面谈时管理者可以通过观察被考核员工的一些肢体语言来把握员工的情绪和状态，同时也可以运用肢体语言来建立信任感，常见的肢体语言有以下一些。

- **点头：**表示同意和认可，或者听懂了，明白了。
- **摇头：**表示不同意和不认可，也可以表示不相信。
- **双臂交叉置于胸前：**表示害怕和不安，也是心理紧张的一种表现。
- **紧握双手：**表示焦虑和紧张。
- **抖脚：**表示紧张和忐忑，也是困惑的一种表现。
- **无意识地清嗓子：**表示担心和忧虑。

◆ **搓手**：表示对回答有所期待。
◆ **身体微向前倾**：表示感兴趣。

（3）传递关心与帮助员工成长的信息

在日常工作及面谈中，管理者如果能传递关心与帮助员工成长的信息，无疑能与员工建立良好的情感纽带。在日常工作中，管理者要敢于授权给员工，让员工能独立做一些有挑战性的工作，并及时给予员工一些专业指导；在面谈中，要强调绩效改进的目的是帮助员工成长，同时帮助员工做好职业规划。

7.3.3　给不同类型的员工做反馈

绩效考核评估结束后，管理者会分别给不同绩效水平的员工做反馈面谈，针对不同类型的员工，在做绩效反馈面谈时，应有针对性地进行面谈。

（1）绩效表现优秀的员工

绩效表现优秀的员工，在日常工作中通常尽职尽责，另外，他们身上也有一些值得其他员工学习的优点。因此，面对绩效表现优秀的员工，不要吝啬夸奖，管理者可以针对其某些优异的行为表现进行表扬，对于该员工做得好的一些关键事件，也可以通过举例的方式进行说明。另外，对于该员工存在的绩效问题也应指出。

对于优秀员工，企业通常要重点培养，使其成为核心员工。因此，除了表扬外，管理者还应对优秀员工进行鼓励，并且表达公司对其的期望。在面谈时，可针对员工的未来发展计划进行重点沟通，让优秀员工感受到公司对其成长和发展的重视，使优秀员工能够明确自身努力的方向。

在该过程中，管理者可以使用员工绩效改进和发展计划表来帮助其确立绩效改进和个人发展方向，如表 7-5 所示。

表 7-5 员工绩效改进和发展计划表

部门		时间	
被考核者	姓名：	岗位：	
考核者	姓名：	岗位：	
绩效改进计划			
1. 绩效问题描述（含业绩、行为表现和能力目标，请用数量、质量、时间、成本 / 费用、顾客满意度等标准进行描述）			
2. 原因分析			
3. 绩效改进措施 / 计划			
个人发展计划			
1. 需发展的技能（计划提高何种行为能力或技术能力）			
2. 技能发展活动描述（你将怎样提高，请列出达到每个项目所需采取的行动）			
3. 衡量标准（你如何知道该技能是否已经得到提高）			
4. 计划完成时间			
考核人：		被考核人：	

（2）绩效表现中等的员工

绩效表现中等的员工通常能做好本职工作，突出的绩效表现会比较少，同时，也可能存在部分不足之处。因此，面对绩效中等的员工，应夸奖和改进共同进行，在肯定员工做得好的地方的同时，指出员工的不足之处。

在面谈时，管理者应将重点放在绩效问题分析和改进上，找出影响员工绩效的原因，如工作方法不对、工作不够努力等，找到原因后对症下药，帮助员工进行改进。

（3）绩效表现较差的员工

员工绩效表现差，原因可能有多种，如职位不适合他、知识技能掌握不熟练及其他自身原因等。面对绩效表现较差的员工，要重点分析导致其绩效差的主要原因，帮助员工看到自身的不足，并鼓励其实现进步。

另外，当低绩效员工了解到自身的考核成绩后，可能会产生负面情绪，这时管理者要对员工的负面心理进行疏导。在该阶段，管理者可以多听少说，引导员工说出自己的真实想法，更多地表达对其的关心，而不是以发号施令的态度来给予建议。

7.3.4 应对反馈面谈的突发状况

在绩效面谈过程中，难免会遇到各种突发状况，下面针对一些常见的突发状况来看看如何妥善的处理。

（1）面谈时出现僵局

在面谈时，如果双方因为某一问题没有达成共识，导致出现了僵局，这时管理者可以适当转变话题来打破僵局，如员工对改进绩效的方法不认可导致面谈无法继续，这时管理者可以说“我们先把这个问题放一放，来看看下一个需要改进的地方，好吗？”，从而来打破僵局。

除此之外，管理者还可以通过运用幽默的语言来化解僵局，如开个小玩笑、讲个故事等。但幽默要适度，当面谈气氛严肃紧张时，管理者可以讲一两句俏皮话来分散员工注意力，从而让气氛变得活泼。如果员工正在讲话，这时突然开个玩笑，反而会让员工觉得没有尊重他，使气氛变得更紧张。

（2）在面谈中出现冲突和对抗

冲突和对抗是在面谈中应尽量避免的，管理者要明白绩效面谈并不是要争个“你死我活”，而是达成共识、解决问题。为了避免发生冲突和对抗，管理者要把握好面谈时的情绪，明确自身扮演的角色，不要将绩效面谈转变为一场辩论。

若冲突已经发生，管理者应首先冷静下来，耐心倾听员工的意见，并且不要马上反驳他，首先分析冲突产生的原因，与员工共同解决。若员工情绪很激动，这时可以暂停此次面谈，等到对方冷静下来后再继续进行面谈。

（3）面谈超时，已经到了下班时间

在面谈过程中，可能会出现管理者没有控制好面谈节奏，导致面谈超时的情况。为避免这种情况的发生，管理者在面谈过程中就要掌握好绩效面谈的时间，一般情况下，导致面谈超时的原因有表 7-6 所示的几种，管理者需引起重视。

表 7-6　导致面谈超时的原因

原因	解决方法
员工喋喋不休地倾诉与面谈无关的话题	面谈过程中管理者要掌握主动权，不要被员工牵着鼻子走，若员工一直喋喋不休倾诉无关紧要的话题，可适时打断，将话题引导到重点内容上
面谈过程中频繁被他人打扰	提前做好工作安排，选择安静的地点进行面谈，避免被来访者打扰
希望通过一次面谈解决所有的问题	不要试图通过一次面谈解决所有问题，部分问题可留在面谈之外进行解决
对面谈时间安排不恰当	根据面谈的内容来合理安排时间，不要在接近下班的时候安排面谈

7.3.5 绩效反馈面谈效果跟踪

绩效反馈面谈是否取得了想要的效果，这需要在面谈结束后进行调查分析，调查可分两部分进行，一是让管理者对绩效面谈效果进行自我评估，二是让员工填写调查问卷，了解员工对此次面谈的评价，表 7-7 所示为绩效面谈效果自评表。

表 7-7　绩效面谈效果自评表

姓名		部门		
岗位		面谈时间		
自评内容及分数				
评价内容	评分标准	评分		
绩效反馈面谈目的	1. 绩效反馈面谈达到了预期目的，为 5 分 2. 绩效反馈面谈未完全达到预期目的，为 3 分 3. 绩效反馈面谈完全没有达到预期目的，为 1 分	5	3	1
对被考核者的帮助	1. 对被考核者很有帮助，为 5 分 2. 对被考核者的帮助有限，为 3 分 3. 对被考核者没有帮助，为 1 分	5	3	1
面谈时的气氛	1. 面谈气氛轻松、舒适，为 5 分 2. 面谈气氛紧张、不舒适，为 3 分 3. 面谈气氛敌意、对抗，为 1 分	5	3	1
绩效反馈的内容	1. 围绕员工的绩效表现，全面沟通了绩效反馈面谈的内容，为 5 分 2. 沟通了绩效反馈的重点内容，遗漏了部分内容，为 3 分 3. 没有把握到面谈的重点，只谈论了一些无关紧要的内容，为 3 分	5	3	1
绩效面谈的满意度	1. 对绩效面谈结果很满意，为 5 分 2. 基本满意绩效面谈结果，为 3 分 3. 对绩效面谈结果不满意，为 1 分	5	3	1
面谈技巧的运用	1. 灵活运用面谈技巧，保证了面谈有效实施，为 5 分 2. 面谈技巧运用不太恰当，但未影响面谈效果，为 3 分 3. 面谈技巧运用错误，导致出现面谈纠纷，为 1 分	5	3	1

面谈节奏的把控	1. 面谈节奏把控得当，谈话效果很好，为 5 分 2. 面谈节奏把控基本得当，双方有些许疲劳状态，为 3 分 3. 未有效控制面谈节奏，导出面谈超时，为 1 分	5	3	1
总计				
自我检查				
你认为在面谈中有哪些地方需要改进？				
再次进行面谈，你会如何改进沟通方式？				

针对面谈中的被考核员工，可从绩效面谈的流程、内容等方面来设计问卷内容，如下所示为某企业绩效面谈效果调查问卷。

年度绩效面谈调查问卷

1.您所在的单位对此次绩效面谈进行了大量的宣传？

□A、非常符合　□B、符合　□C、一般　□D、不符合

2.我的上级对此次绩效面谈工作非常重视？

□A、非常符合　□B、符合　□C、一般　□D、不符合

3.您的直接上级在面谈开始前提前与您预约时间并告知您进行总结回顾？

□A、非常符合　□B、符合　□C、一般　□D、不符合

4.我在绩效面谈开始前回顾了自己的绩效行为，对应的绩效标准，进行了自我评估？

□A、非常符合　□B、符合　□C、一般　□D、不符合

5.在本次面谈开始前我准备了需由管理者解答的问题和疑惑？

□A、非常符合　□B、符合　□C、一般　□D、不符合

6.此次绩效面谈中，直接上级告知了我年度绩效等级？

□A、非常符合　□B、符合　□C、一般　□D、不符合

7.此次绩效面谈中，上级能够对我的工作完成情况进行评价，反馈我工作中表现突出的方面及待改进提升的地方？

□A、非常符合　□B、符合　□C、一般　□D、不符合

8.此次绩效面谈中，上级能够针对我工作中的不足及待提升项，与我依次制订下一阶段的改进计划？

□A、非常符合　□B、符合　□C、一般　□D、不符合

9.此次绩效面谈中，上级能够倾听我的想法，双方沟通，增加了对彼此的了解？

□A、非常符合　□B、符合　□C、一般　□D、不符合

10.此次绩效面谈能解决我的主要困惑？

□A、非常符合　□B、符合　□C、一般　□D、不符合

11.此次绩效面谈能够帮助我改善业绩和提升能力？

□A、非常符合　□B、符合　□C、一般　□D、不符合

12.您知道您的考评指标最终得分与自评得分存在差距的原因。

□A、知道，直接上级在面谈中主动告诉我

□B、主动询问直接上级后得知

□C、不知道，直接上级没有反馈，我不好意思问

□D、不知道，我不关注

13.您认为哪些内容在面谈中未涉及或沟通不充分，及此次面谈有哪些不足？（补充说明）

第八章

纠纷解决：应对绩效考核异议

绩效考核不可能完全做到“人人满意”，在绩效考核过程中，难免会听到反对、抱怨、投诉等声音，面对这些异议，不应回避，积极地去妥善处理和解决才是关键。在解决这些异议的过程中，企业的绩效管理能力也会得到进一步提高。

8.1 如何应对绩效考核纠纷

在绩效管理闭环中，绩效考核是比较容易出现纠纷的环节，这主要是因为绩效考核是员工参与度很高的环节，对员工来说，考核的过程及结果都与其息息相关。

8.1.1 员工不认同绩效考核方式

员工对绩效考核的方式或程序不满，是常见的绩效考核纠纷，面对该纠纷，通常可以用解释沟通的方式来解决。

大多数情况下，员工之所以不认同绩效考核方式，主要是因为对考核方式理解不到位，如对关键绩效考核法、360 度考核法不理解，或不知道什么是绝对考核和相对考核，对评价程序不满意等。因此，加强解释沟通就是比较好的解决方法。具体来看，有以下几种解决方式。

- **大范围的理解偏差**：如果大部分员工都表示对绩效考核方式不理解，那么企业可以通过开展培训会、例会等方式来让员工加深对绩效考核方式的理解。
- **小范围的理解偏差**：如果只是个别员工表示对考核方式或程序不认同，那么可让考核主管与员工一对一沟通来消除误解。如果考核主管与员工沟通不畅，可由绩效管理小组介入，了解员工的意见，从第三方角度来与员工进行沟通，从而让员工认可绩效考核方式。
- **考核方式或流程存在问题**：如果企业的绩效考核方式和流程本身存在问题，那么企业应针对制度设计上的问题进行调整，并将调整后的结果进行宣传和沟通，让员工能充分认识绩效考核方式和流程。
- **考核主管的问题**：如果是因为考核主管没有按照绩效考核的流程进行考核，导致员工不认同绩效考核方式，那么企业可以对考核主管的行为进行纠正，同时加强对考核主管的培训。对员工则开诚布公地进行解释和沟通，从而消除误解。

8.1.2　员工不接受绩效评分结果

在绩效考核过程中，还可能存在考核主管与员工对评分看法不同而导致纠纷的事件，具体来看一下范例。

| 范例解析 |　考核主管与员工对评分看法不同

某公司以关键绩效指标考核法对员工实施绩效考核，在对技术研发部门进行绩效考核时，员工A表示不接受绩效考核评分结果。他认为自己平时工作努力，尽职尽责地完成了各项工作任务，而考核主管却只给自己打了及格的分数，主管对自己的评分太低了。

但是考核主管却认为，虽然该员工完成了本职工作，但没有达到上级的期望，还有很大的可提升空间，因此对该员工打了及格的分数。

上述范例是比较常见的关于绩效考核结果的纠纷，面对上述纠纷事件，企业首先要明确为什么员工会计较考核评分。最主要的原因是绩效考核的评分结果往往与员工的薪酬、晋升等关联，由于这涉及员工的个人利益，因此员工会格外在意评分结果。

而在绩效考核评分中，不少绩效指标都带有一定的主观评价因素，就可能造成员工认为自己应该得高分，而考核主管的评分没有达到员工预期的情况出现。

以技术研发部“服务意识”这一绩效指标为例，被考核员工认为自己态度友善，能及时提供技术支持，应该拿到9分。而考核主管却认为该员工虽然能及时提供技术支持，但不能有效解决各种技术问题，因此只能得6分。由于两者对“服务意识”绩效指标的主观评价有所不同，因此主管的评分和员工对自己的自评分会有差距，那么针对此类纠纷，企业应该如何解决呢？

首先，企业要及时受理员工对绩效考核评分结果产生的异议，然后倾听对方的看法，分析员工对考核结果产生异议的动机。在该过程中，应本着对事不对人的原则来找出员工不接受考核评分结果的原因，而不应偏向任何一方。具体来看，导致员工不接受考核评分结果的原因有以下几种。

◆ 管理者对员工的绩效考核结果反馈工作没做到位，没有让被考核员工认识到自己的成绩和不足。

◆ 采用强制比例分布法来对员工进行考核评分，导致小部分被考核员工不满意考核结果。

◆ 没有进行考核结果确认签字环节，导致员工纠结考核结果，或者恶意无理取闹，希望通过这种方式为自己争取利益。

◆ 考核主管能力不足，凭感觉和印象打分，导致对员工的评分不客观、公正，使得员工不接受考核评分结果。

◆ 考核制度存在问题，如考核标准及等级评分不合理、考核目标过高等，导致员工不满意考核结果。

针对不同原因造成的员工对考核评分结果不认同，企业在处理时，也应采取不同的处理方法，具体如表 8-1 所示。

表 8-1　员工不满意考核结果的处理方法

原因	处理方法
绩效考核结果反馈工作没做到位	加强绩效结果反馈沟通，不将绩效考核简单认为是打分，对提出不接受考核结果的员工，再次进行绩效面谈，通过二次面谈让员工了解评分依据，从而认可绩效考核结果
强制比例分布法使得部分员工不满意考核结果	通过解释和沟通让员工了解绩效考核方式，让员工明白绩效评估的客观性，对低绩效的员工进行岗位技能培训，帮助员工提高工作能力
没有进行考核结果确认签字环节	在绩效反馈面谈中明确绩效考核结果确认环节，在面谈过程中拿出具体的评分依据或纪录，如员工工作行为记录表，用实实在在的依据来让员工心服口服

续上表

原因	处理方法
考核主管能力不足	对考核主管进行绩效考核能力培训，对确实存在评分不合理的被考核员工进行正式和坦诚的沟通，告知员工处理结果，并对其评分进行修正
考核制度存在问题	用SMART原则对绩效指标进行检测，对不合理的绩效目标和考核标准进行调整，制度化绩效考核流程，确保绩效考核方案的合理性

8.1.3　员工不认可绩效面谈过程

在实践中，绩效反馈面谈常常会成为考核主管和被考核员工比较头疼的问题，这主要是因为面谈过程中会面对许多令人敏感的话题。特别是考核主管面对低绩效员工时，由于双方要面对面地探讨被考核员工绩效评分，在该过程中，可能会导致双方关系紧张或者人际冲突，使得员工不认可绩效面谈过程和结果。

面对员工不认可绩效面谈过程和结果产生的纠纷，同样要分析产生纠纷的原因，从而找到合适的处理方法，绩效反馈面谈出现争执的常见原因有以下4种。

（1）考核标准模糊

如果绩效考核标准比较模糊，那么员工的考核评分标准也有较大弹性，这容易导致主管与员工对考核结果存在认知偏差，这种偏差反映在绩效面谈中就容易导致双方产生争执。

针对因考核标准模糊导致的面谈纠纷，企业应分解和细化绩效考核指标，具体化绩效考核标准，使绩效考核能够真实反映出员工的工作绩效。同时，加强绩效考核培训，使管理者和员工对绩效考核标准有清晰准确的认识。

（2）考核主管扮演了错误的角色

在绩效反馈面谈中，有的管理者会扮演“审判官”的角色，倾向于对被考核员工存在的不足之处进行批评，对于员工的优点则很少夸奖或者闭口不谈，使得员工认为绩效反馈面谈就是“批评会”，从而导致被考核员工抵制面谈，认为面谈就是挑自己的错，不认可面谈过程和结果。

面对上述纠纷，管理者首先要改变对自身角色的定位认识，明确绩效面谈中“辅导员”“诊断专家”和“帮助者”的角色，面谈时不过多的使用批评话语，中肯地对员工提出绩效改进意见，同时肯定员工在日常工作中好的行为表现。

在管理者认识并纠正自身问题后，可以将解决问题的机会留给考核主管，让其与不认同绩效面谈过程和结果的员工进行再次深入沟通，利用此次沟通机会与被考核员工客观地分析绩效表现，通过有效沟通来消除不必要的误解。

（3）反馈面谈没有注重双向沟通

绩效反馈面谈是一个双向沟通的过程，而在实践中，面谈常常会演变为单向沟通。管理者只是通过面谈将考核的结果、绩效问题、改进措施等信息传达给被考核员工，而被考核员工只需接受这些信息并按要求执行即可。这样的面谈方式使得被考核员工在面谈过程中无法发表自己的想法，等到面谈结束后才对绩效面谈过程表达不满。

针对上述原因导致的面谈纠纷，首先要让管理者明确单向沟通是行不通的，通过改变绩效面谈的沟通方式，在二次沟通过程中强调双向沟通，充分发挥员工的积极性，与员工就绩效反馈的内容进行共同分析，从而使员工重新认可绩效面谈的内容和结果。

（4）面谈没有实际作用

在绩效考核中，还存在有的管理者倾向于做“老好人”，对员工的考核都打高分，使考核结果没有展现出高绩效员工和低绩效员工的区别，绩效面谈也成了走过场的工具，最终导致高绩效员工感觉面谈没有实际作用，不认可面谈的过程和结果。

通过调查求证了解评价结果是否不公平，若情况属实，则对员工的绩效考核结果进行修正，同时加强主管的绩效管理能力培训，借助信息化来对考核数据信息进行采集和提取，提高绩效评估的公平、公正性，避免人为因素过多对考核结果造成影响。

在绩效反馈过程中，有目的地进行绩效面谈，使面谈真正发挥帮助员工解决问题的作用，使高绩效者能够继续保持良好的绩效，低绩效员工能够找到绩效改进的依据。

8.1.4　员工不认可绩效应用结果

将绩效与员工的职业发展、工资等挂钩，是常见的绩效结果应用方式，而在绩效结果应用过程中也可能产生纠纷。

在绩效结果应用纠纷中，首先要考虑的是员工是否认同绩效考核结果，若员工不认同绩效考核结果，这时需先解决考核结果认同的问题。当员工认同考核结果后，再来分析员工不认可绩效结果的原因，常见的原因有以下几种。

（1）员工拿到手的工资比原来少了

当绩效与工资挂钩后，一些员工拿到手的工资可能会比过去少，这时这部分员工就可能不满意绩效应用结果。针对该原因导致的纠纷，企业应了解绩效工资方案是否合理，是否存在扣罚大过激励的情况。

如果合理，则要对员工阐明绩效工资应用的合理性，如告知员工若你的绩效评估等级能达到优等，那么你的工资不仅不会减少，相反还会有很大程度的提升，并且你也认可你的绩效评估结果，那么证明对你的评估是公平客观的。如果绩效工资方案确实存在不合理之处，企业则需要对绩效工资方案进行调整。

（2）不清楚绩效结果与晋升激励的关系

员工不清楚绩效结果与晋升激励之间的关系，也可能导致员工对绩效结果的应用产生异议，针对该异议，企业要做的是加强解释和沟通，让员工了解绩效是如何与晋升、薪酬等挂钩的。

企业可将绩效晋升、薪酬等考核方案发布在企业公告中，让被考核员工了解绩效与企业实施的激励措施之间存在怎样的关系，及绩效评估结果是如何影响晋升和薪酬的。

（3）晋升的岗位不合理

当绩效与晋升相结合后，部分企业可能存在晋升岗位不合理的情况，如工作业绩表现好，但并不懂管理的员工 A 晋升到了管理岗位，这时就可能出现被管理员工不满意员工 A 的管理能力和水平，而员工 A 也无法适应岗位要求的情况。

针对上述情况，企业可对暂不适合晋升岗位要求的员工进行能力培训，经培训后若仍不能胜任岗位，则对该员工进行岗位调整，为避免岗位调整导致该员工出现消极情绪，同时要及时对该员工进行心理疏导。

为避免出现绩效结果与晋升岗位不匹配的情况，在将绩效与晋升相结合时，企业就应该以晋升后的岗位指标去考核待晋升的员工，以保证待晋升员工能满足未来岗位的要求。对于未达到晋升岗位绩效指标考核的员工，企业要谨慎对待，因为员工可能会因为无法得到晋升而离职，导致企业人才流失。面对该员工企业要做好沟通反馈工作，让员工以好的心态面对考核结果。

8.2 提供绩效申诉渠道

在绩效管理实施过程中，由于考核管理涉及的内容较多，员工所产生的绩效异议也可能是多方面的。为了不让绩效管理问题堆积，企业可以设立绩效申诉渠道，来更好的完善绩效管理制度。

8.2.1 绩效申诉对管理的重要意义

绩效申诉给了被考核者一个可以提出异议的正式渠道，对企业管理来说，绩效申诉具有以下重要意义。

（1）保证绩效评估的公平、公正性

企业建立绩效申诉机制后，当被考核员工对绩效评估结果有异议时，就可以按照申诉程序提出申诉。相关部门在调查求证后，可对评估结果进行纠正，消除被考核员工的不满，从而保障绩效评估的公平、公正性。

（2）对管理者起到约束作用

在绩效考核过程中，可能会有管理者借考核趁机打击报复、徇私舞弊的情况出现，这种人为的主观因素很容易导致绩效评估不准确。有了绩效申诉机制后，员工可以对上述问题进行反馈，如果经查实管理者确实存在打击报复、徇私舞弊等行为，那么企业就可以按照规定对管理者进行处理。在这种情况下，可对管理者起到约束作用，使管理者不会因为个人偏见而违背绩效考核的公平公正原则。

（3）加强员工对绩效管理的信任感

绩效申诉还能加强员工对绩效管理的信任感，使绩效管理能平稳顺利地进行。这主要体现在，当员工遭遇不公正待遇时，可以通过申诉渠道发表自己的意见。如果绩效申诉妥善解决了员工的问题，不仅能避免企业内部矛盾的累积，同时还能使员工对企业产生信任感。

8.2.2 搭建完整的绩效申诉体系

绩效申诉应该是一个完整的体系，这个体系应包含申诉的参与方、申诉的流程和申诉的范围。

（1）申诉的参与方

申诉的参与方主要由3方构成，包括申诉方、被投诉方及申诉受理部门，具体内容如下所示。

- ◆ **申诉方：**是指向申诉受理部门提出申诉/投诉的一方，大多数情况下是被考核员工。
- ◆ **被投诉方：**是指被员工提出申诉/投诉的一方，大多数情况下是考核者。
- ◆ **申诉受理部门：**是指受理绩效申诉的部门，一般由人力资源部、绩效考核委员会或绩效管理小组承担。

（2）申诉的流程

为了确保绩效申诉能有序进行，企业应明确绩效申诉的流程，主要包括申诉申请、申诉受理和调查处理三大流程。

- ◆ **申诉申请：**当员工对绩效考核存在异议时，首先要向绩效申诉受理部门提出申请。一般情况下，企业要对申诉的受理日期做出规定，如在绩效反馈面谈结束后 3 个工作日内可提出绩效申诉，逾期不再受理申诉。进行受理日期的规定是为了避免员工滥用申诉机制及时间过久难取证等问题。

◆ **申诉受理**：在申诉受理部门接到员工提出的申诉后，首先要确定员工的申诉内容是否在申诉范围内，若符合申诉要求则要按规定进行受理。不管是否受理员工的申诉，申诉受理部门都应在一定期限内作出答复，以让员工了解申诉处理进度。

◆ **调查处理**：当申诉受理部门受理员工提出的绩效申诉后，就需要对申诉的内容进行调查取证，根据调查得出的申诉分析文件确定处理结果，并将处理结果告知申诉方和被申诉方。同时，在一定的期限内执行申诉处理结果，如修正申诉方的绩效考评结果。

企业可以根据自身实际情况和上述流程来确立绩效申诉的细节，如下所示为某公司关于绩效申诉流程的规定。

××公司绩效申诉流程

一、提出申诉

（1）部门负责人在得知部门绩效结果后，如对考核结果有异议的，可在两个工作日内向绩效考评委员会提出申诉，并向企管部索取员工绩效申诉表（附件3）。

（2）员工在得知个人绩效结果后，如对考核结果有异议的，可在5个工作日内向直接主管提出申诉，填写员工绩效申诉表。

二、申诉受理

（1）部门向考评委员会提出申诉报告，评审委员会可提出相关问题，核实申诉内容是否属实，如能当场确定处理结果，由申诉部门填写员工绩效申诉表，经分管副总、总经理审批签字后方可生效；如不能当时解决，可在两个工作日内向分管副总进行申诉，陈述相关情况，经分管副总核实、审核后，由总经理最终确认。

（2）员工得知考核结果5个工作日内，如有疑义可先向部门兼职绩效管理员寻求解释，如确实存在统计错误的由双方填写员工绩效申诉表交部门负责人审核签字方可生效；如不是统计原因或兼职绩效管理员无法解释的，当事人可直接向部门负责人申诉，要求予以处理，部门负责人会同相关考核责任人进行调查核实、给予解释说明。

（3）超过绩效申诉期限的将不予受理。

三、处理结果

绩效考评委员会、分管副总、各部门负责人必须在申诉处理完成后两日内将处理结果反馈给申诉当事人，并将双方签字确认的员工绩效申诉表提交至企管部备案，由企管部在下期工资核算时进行补扣。

（3）申诉的范围

并不是员工关于绩效管理的所有异议都可以提起申诉，企业应该对绩效申诉的范围进行规定，以确保申诉内容的规范性。通常情况下，会将与绩效考核和结果运用有关的内容纳入申诉范围中。

8.2.3 明确员工绩效申诉的范围

绩效申诉范围明确了员工可提起申诉的情形，主要包括绩效评估结果、绩效考核指标等，具体如表 8-2 所示。

表 8-2 绩效申诉常见范围

范围	内容
绩效评估结果	绩效评估结果通常会作为被考核员工奖惩的依据，当被考核员工对评估结果有异议时，应当允许其进行申诉
绩效考核指标	合理的绩效考核指标才能客观反映员工工作的好坏程度，因此，当被考核员工认为绩效考核指标不合理时，可以进行申诉，包括绩效指标体系、目标值、权重、计分办法等

续上表

范围	内容
绩效考核程序	绩效考核是否有规范的可操作性程序，关系到考评是否科学、有效，当被考核员工认为绩效考核程序不规范时，或者考核者没有按照规定的程序进行考评时，可以提起绩效申诉
绩效考核方法	不同的岗位其适合的绩效考核方法是不同的，当被考核员工认为本岗位采用的绩效考核方法不恰当时，可以进行申诉
考核者缺乏客观公正性	考核者在进行考评时是否客观公正会影响绩效考评的准确性，如果被考核员工认为考核者没有客观公正地对自己进行评价，那么其有权进行绩效申诉，包括认为自己受到了不公平对待、考核者滥用职权、徇私、借机报复等
考核结果运用	绩效考核的结果运用关系到员工的直接利益，因此，当被考核员工认为考核结果运用存在不合理处时，应当允许其进行申诉，包括对职位或职级的调动有异议、对薪资的发放有异议、对合同的签订或解除有异议、对技能培训名额有异议、对福利奖惩有异议等

8.2.4　制作绩效考核申诉表

绩效考核申诉表是被考核员工在提出绩效申诉时需要使用的表格，一般包括申诉事件、申诉理由等内容，表 8-3 所示为某企业绩效考核申诉表。

表 8-3　某企业绩效考核申诉表

申诉人		岗位		直接上级	
部门		所属单位		申诉时间	
绩效考核申诉栏					
绩效考核申诉事件					
绩效考核申诉理由					
申诉受理人			受理日期		

绩效申诉结果处理栏	
主管处理意见： 签名：	日期：
人力资源部处理意见： 签名：	日期：
经理处理意见： 签名：	日期：
申诉人签名：	日期：
备注： 1. 经理处理意见为最终处理意见。 2. 申诉人必须在知道考核结果 3 日内提出申诉，否则无效。 3. 申诉人直接将该表交人力资源部。 4. 本表一式三份，一份由人力资源部存档，一份交申诉人主管，一份交申诉人。	

8.2.5 建立在线绩效申诉平台

企业在具体实施绩效申诉机制的过程中，还应明确绩效申诉的途径，让被考核员知道该去哪里申诉，常见的申诉途径有以下几种。

- 直接向绩效申诉受理部门提交书面绩效申诉表。
- 设置申诉意见箱，让员工能通过电子邮件的方式提交电子档的绩效申诉表。
- 利用绩效管理软件建立在线绩效申诉平台，让员工能通过 PC 端和移动端进行在线申诉。

在以上 3 种途径中，在线绩效申诉平台是比较便捷的申诉途径，因为大多数绩效管理软件中提供的绩效申诉功能，都能很方便地提起绩效申诉并实时查看申诉进展，这可以帮助企业提高绩效申诉处理的效率，图 8-1 所示为某绩效管理软件提供的绩效申诉功能。

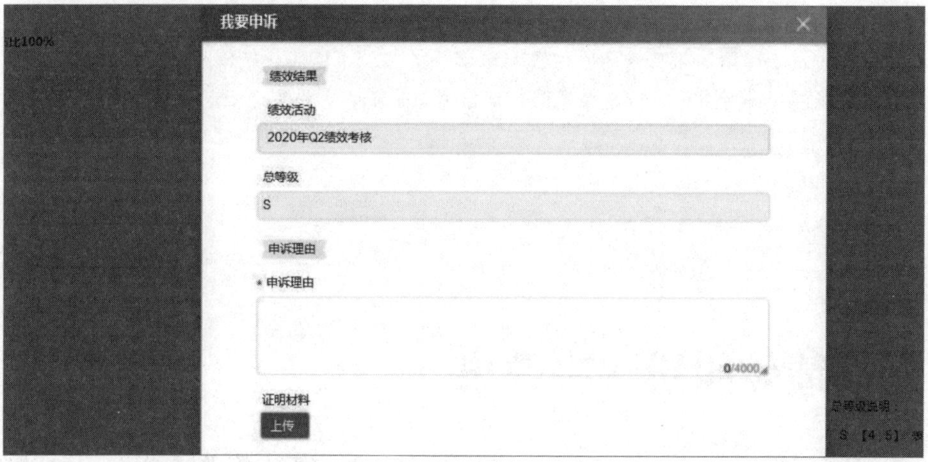

图 8-1

另外，部分软件还提供申诉流程自由配置功能，使得企业可以建立适合自身的申诉流程，图 8-2 所示为某绩效管理软件提供的申诉流程设计器。

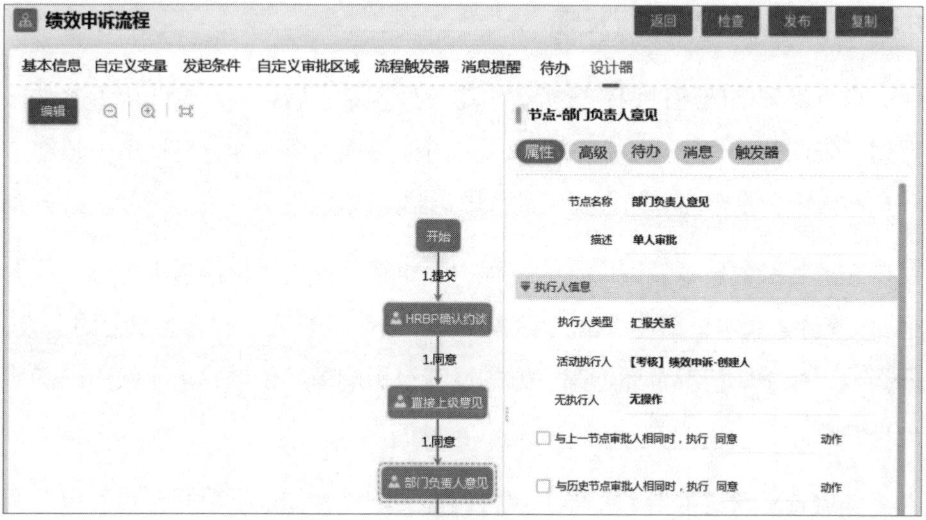

图 8-2

知识延伸｜建立二次申诉处理渠道

根据需要，企业还可以建立二次绩效申诉处理渠道。二次绩效申诉处理渠道主要针对对首次处理结果不认可的员工，该员工可在接到首次绩效申诉处理结果后的一定期限内，再次向绩效申诉受理小组提起申诉。若二次申诉的处理结果与首次相同，则员工不能再次进行申诉，若结果不同，则根据二次申诉的结果进行申诉处理。

8.3 提高绩效纠纷解决效果

有效的解决绩效纠纷，可以帮助企业避免产生更大的管理危机。在纠纷解决的过程中，企业还可以通过优化申诉制度、流程等来提高绩效纠纷的解决效率。

8.3.1 对申诉结果进行反馈

申诉受理部门通过调查分析得出申诉处理结果后，应及时向申诉方进行反馈，告知其处理结果。一般情况下，可通过面对面沟通、发送电子邮件、利用在线申诉平台回复的方式来进行申诉结果的反馈。

在进行绩效申诉调查取证的过程中，申诉受理人应持续与申诉方进行沟通，以充分了解申诉事件缘由。根据申诉的内容，受理人可向当事双方的上级、同级或下级了解情况，通过第三方的反馈来了解事实依据，从而做出正确的处理判断。

在调查运营过程中，受理人要将调查到的资料和证据填写在员工申诉调查记录表中，该表将作为绩效申诉结果反馈的依据，如表 8-4 所示。

表 8-4　员工申诉调查记录表

<table>
<tr><td>申诉人</td><td></td><td>岗位</td><td></td><td>申诉时间</td><td></td></tr>
<tr><td>申诉事项</td><td colspan="5"></td></tr>
<tr><td>申诉内容</td><td colspan="5"></td></tr>
<tr><td>申诉理由</td><td colspan="5"></td></tr>
<tr><td>申诉受理人</td><td colspan="2"></td><td>受理日期</td><td colspan="2"></td></tr>
<tr><td colspan="6">绩效申诉调查处理结果</td></tr>
<tr><td rowspan="4">协调与调查情况</td><td colspan="5">问题简要描述：</td></tr>
<tr><td colspan="5">申诉证据调查纪要：</td></tr>
<tr><td colspan="5">调查情况说明：</td></tr>
<tr><td colspan="5">协调结果或建议解决方案：
协调 / 调查人：
日期：</td></tr>
<tr><td>申诉受理部门审批</td><td colspan="5">人力资源部：　日期</td></tr>
<tr><td>绩效考核小组裁决</td><td colspan="5">组长：　日期：</td></tr>
<tr><td rowspan="2">考核结果反馈情况</td><td colspan="2" rowspan="2"></td><td>沟通人</td><td colspan="2">签名：
日期：</td></tr>
<tr><td>申诉人</td><td colspan="2">签名：
日期：</td></tr>
</table>

绩效申诉的处理结果一般有两种，一是维持结果，二是修正结果。不管是哪种结果，在通知当事双方后，都要将申诉资料存档。

8.3.2 建立BID绩效申诉模型

对企业来说，员工进行绩效申诉无疑会增加相关部门的工作量，而在实践中，并不是所有的绩效申诉都是有必要的。为了确保申诉的有效性，减少不必要的申诉事件，企业可以建立BID绩效申诉模型，让申诉员工有一定的冷静期，充分考虑是否有必要进行绩效申诉。

BID绩效申诉模型由B（Behaviour）、I（Impact）和D（Desired）构成，3个要素的具体含义如下所示。

（1）Behaviour

BID模型中Behaviour的含义是行为，是指向申诉方描述申诉的行为，具体做法是在接到员工的绩效申诉后，受理人并不马上做出受理的决定。而是先以面对面沟通的方式，从第三方客观角度与申诉方沟通申诉事件，如我接到了你的绩效申诉，申诉内容是你对绩效评估的结果有异议，对吗？在该过程中，要注意沟通具体的行为而不是人。

（2）Impact

BID模型中Impact的含义是影响，是指向申诉方描述申诉这个行为会产生哪些影响，这个影响可以是消极的，也可以是积极的。在沟通过程中，受理人应充分向申诉方说明绩效申诉可能带来的影响，如以下影响。

◆ **消极影响：**不管申诉结果如何，都会影响申诉方和被投诉方的关系。如果没有足够的证据证明事实确实如此，申诉处理结果为维持原判的可能性会比较大。在申诉调查过程中，申诉方需要配合进行一定的调查取证工作，这会在一定程度上影响申诉方的日常工作。若申诉失败，会给其带来一定的心理影响。

◆ **积极影响**：若申诉调查表明被投诉方确实存在违规行为，申诉方的绩效评估结果将得到修正，同时，可以帮助企业推动管理的进步。

（3）Desired

BID 模型中 Desired 的含义是期待，是指受理人在向申诉方说明绩效申诉的正面和负面影响后，就申诉这件事本身，向对方表明希望其慎重考虑是否要进行申诉。如受理人可以告诉对方：绩效评估带有一定的主观性，这其中可能会产生理解偏差，我希望你能和你的上级主管再次进行深入的绩效面谈，我会作为协调人参与到这次沟通中，希望大家可以通过开诚布公的沟通来消除误解。如果沟通失败，我们再介入申诉调查。

通过 BID 绩效申诉模型，能够让申诉方冷静下来，慎重思考申诉的必要性，减少无效申诉事件的发生。另外，通过受理人的协调，也能有效避免部分绩效问题恶化，提高绩效纠纷的解决效率。

8.3.3　保证绩效申诉的公正性

在处理绩效申诉事件时，确保申诉的公正性是很重要的，绩效受理部门可从以下几方面来保证绩效申诉的公正性。

（1）多种渠道调查求证

在绩效申诉调查中，受理人除了可以向申诉方和被投诉方的直接上级取证外，还可以向申诉方的下级，及其他有工作合作的部门了解事实依据，必要情况下，还可以将调查渠道扩展到外部客户。

如针对客户满意度指标的评价，市场部某员工认为上级主管恶意报复，给自己打了低分。针对该绩效投诉事件，受理人可从市场部其他员工处调查事实，同时向申诉员工的客户了解对其满意度的评价。

（2）采用多种处理方式

针对被考核员工的绩效投诉，企业要了解投诉要点和动机。除了可以通过申诉调查的方式来处理投诉外，还可以采取当事双方沟通、第三方协调、人力资源部思想开导等方式来处理。

有时，员工进行绩效投诉只是为了表达自己的不满情绪，针对此类投诉动机，沟通、协调就是比较好的处理方式。

（3）受理人应保持中立的态度

作为绩效申诉的受理人，在调查取证过程中应一直保持客观中立的态度，秉着对事不对人的原则去处理纠纷。绩效申诉的调查证据可能来源于被考核人、客户及其他相关部门，对于获取到的申诉证据，受理人应核实其真实性，然后根据收集到的资料和证据，做出最终的决议。

8.3.4 建立员工申诉保护机制

为了避免员工因申诉遭到打击报复或其他不公正待遇，企业可建立员工申诉保护机制，充分维护员工的合法权益。

首先，企业可以制订保护申诉人管理制度，在管理制度中明确任何部门及个人不能以任何借口打击、报复申诉人。若申诉人因投诉遭遇了不公正对待，可以向相关部门（如行政部、人力资源部等）进行举报，一经查实，则对被举报人给予一定的处罚，如纪律处分、降职、撤职等。

其次，企业还可以在申诉流程上采取相关措施，以保证申诉受理人及其他相关人员不会泄露申诉人的身份及申诉内容，如规定受理人要遵守申诉保密制度；与申诉当事双方有亲密关系的人员应回避，不能作为申诉受理人等，如图 8-3 所示为某公司保护申诉人管理制度的内容。

保护申诉人管理制度

1.目的　为保障供应商、合作方和员工依法行使投诉、举报权利，维护其合法权益，根据宪法和有关法律、法规的规定结合本公司实际，制定本制度。

2.范围　本制度适用于对本公司违纪、违法和犯罪的行为，依法进行控告、检举的员工，其投诉、举报权利及其他合法权益受法律保护。

3.职责

3.1 行政部负责受理供方、员工投诉和举报以及具体调查等日常工作。问题严重的投诉和举报案件，由行政部根据情节拿出处理意见，上报总经理。

3.2 公司各级管理人员和具有一定职权的员工，都应接受全体员工的监督。

4.定义

无

5.程序

5.1 本公司各部门和对被投诉、举报单位、被举报人以及举报内容有管辖权的机关或组织（以下简称行政部），应当按照各自职责，互相配合，依法受理投诉、举报，共同做好保护投诉、举报人合法权益的工作。

5.2 公司组织都应当鼓励、支持员工和供应商依法投诉、举报。任何部门和个人不得以任何借口打击报复投诉、举报人。

5.3 应当遵循为投诉人、举报人保密，举报有功受奖和举报人合法权益不受侵犯的原则。

5.4 员工投诉，是指员工在公司的工作和生活中，员工的各项合法权益已经受到或即将受到侵犯而采取的申诉和揭发的行为。本制度所适用的投诉范围包括：

5.4.1 擅自克扣员工工资、奖金，或未按公司规定标准收取费用或巧立名目滥收费用；侵犯员工经济利益的行为。

5.4.2 对员工进行造谣、谩骂、歧视、侮辱甚至殴打，或泄露当事人隐私等侵犯员工名誉以及其他人身权益的行为。

5.4.3 在绩效考核中不公平、不公正对待员工业绩的行为。

5.4.4 在工作中态度恶劣、故意刁难员工的行为。

5.4.5 无故推诿应当受理的事项或不予受理的行为。

5.4.6 对正常申诉进行打击报复的行为。

5.4.7 其他侵犯或妨碍员工合法权益的行为。

5.5 员工举报是指员工对已经或即将侵犯公司的财产和声誉等合法权益、公共利益或违反公司规章制度或国家法律法规的行为，进行揭发和揭露的行为。本制度所适用的举报范围包括：

5.5.1 利用工作或职务之便谋取私利、贪污、受贿、索贿等徇私行为。

5.5.2 滥用职权、恣意挥霍公司财产的行为。

5.5.3 故意毁坏设备、工具等公司财物的行为。

5.5.4 泄露公司秘密或当事人隐私的。

5.5.5 兼任其他公司职务或兼营与本公司同类业务等损害公司权益的行为。

5.5.6 利用公司名义在外进行招摇撞骗、欺诈的行为。

5.5.7 虚报业绩、瞒报事故等舞弊行为。

5.5.8 对能够预防的事故不积极采取措施等玩忽职守行为。

5.5.9 在公司内或宿舍内进行赌博或偷盗、侵占同事或公司财物等违法行为。

5.5.10其他多次或严重违反公司各项规章制度或侵犯公司权益的行为。

5.6 检举人、举报人可以通过面述、电子邮件、网上投诉、信函、电话、来访或其他形式投诉、举报，也可以委托他人投诉、举报。提倡员工或供应商使用真实姓名投诉、举报。投诉、举报人应当如实提供情况，说明被投诉人、举报人的姓名、单位、职务、住址或被举报单位的名称，以及违纪、违法和犯罪的基本事实、线索或证据。投诉、举报人捏造事实，伪造证据，利用投诉、举报诬告陷害他人的，应当承担法律责任。由于事实了解不全面而误告、错告等举报失实的，不适用前款规定。

5.7 行政部应当为投诉、举报人投诉举报提供便利条件，并向供应商和员工公布投诉、举报电话号码。

5.8 行政部接到投诉、举报后，应逐件登记，如实记录，及时决定是否受理。对属于职权范围内的，应当受理，并自收到投诉、举报后一个月内，将调查情况或处理结果告知投诉、举报人；逾期不能告知的，应当向投诉、举报人说明原因。对不属于职权范围内的，应自收到投诉、举报后 10 日内，将不予受理的原因告知投诉、举报人，并告知受理机关；需要代转或移送有关部门办理的，应告知投诉、举报人所转送部门和转办时间。投诉、举报人未署真实姓名、地址，无法告知的，不适用前两款规定。

5.9 投诉举报人对管理部的处理结果有异议或多次投诉、举报不予受理的，可以向其上层主管陈述意见，并由其上级主管在三十日内将办理情况答复投诉、举报人。

5.10 受理投诉、举报的部门及其工作人员办理投诉、举报案件，应当严格依法办事，保护投诉、举报人的合法权益。

5.11 任何单位和个人不得干扰和妨碍行政部及其工作人员依法接受投诉、举报和查处投诉、举报案件。违反本条规定的，视情节轻重，给予纪律处分；构成犯罪的，依法送法定机构追究刑事责任。

5.12 行政部应当实行回避制度。如被投诉人或被投诉、举报人是投诉、举报的受理或参与人员，或是近亲属，或有利害关系，可能影响案件客观、公正处理的，有权向管理部或其上层主管提出回避要求。情况属实的，有关人员必须回避。

5.13 严禁将投诉、举报人的姓名、单位、住址等有关情况和投诉、举报内容透露给被投诉、举报人和被投诉、举报单位；被投诉、举报人是单位负责人的，不得将投诉、举报材料转给该负责人所在单位。违反前款规定的，应给予纪律处分；构成犯罪的，依法追究刑事责任。

5.14 行政部及其工作人员接受投诉、举报和查处投诉、举报案件，应当严格遵守下列保密和保护投诉、举报人隐私规定，以保护投诉、举报人免遭受到报复或其他后果。

5.14.1 受理当面投诉、举报应当在能够保密的场所进行，专人接谈，无关人员不得旁听和询问。

5.14.2 投诉、举报信件的收发、拆阅、登记、转办、保管和面述或者电话投诉、举报的接待、接听、记录、录音等工作，应当建立健全责任制度，严防泄露投诉、举报内容和遗失投诉、举报材料。

5.14.3 投诉、举报材料不准私自摘抄和复制。

5.14.4 调查被投诉、举报人或被投诉、举报单位的情况时，应在做好保密工作，不暴露投诉、举报人身份的情况下进行，不得出示投诉、举报材料。

5.14.5 在宣传报道和奖励投诉、举报有功人员时，除征得投诉、举报人的同意外，不得公开投诉、举报人的姓名和单位。

5.14.6对违反上述规定的工作人员，应当视情节轻重，给予纪律处分；造成严重后果，构成犯罪的，依法追究刑事责任。

5.15 投诉、举报人受到打击报复时，有权向行政部或上层主管控告。本规定所称打击报复，是指被投诉、举报人或被投诉、举报单位实施的侵害投诉、举报人及其亲属或投诉、举报人的人身权利、民主权利以及其他合法权益的行为。

5.16 打击报复投诉、举报人，情节较轻的，应给予纪律处分；触犯《中华人民共和国治安管理处罚法》的，依法送法定机关给予行政处罚；构成犯罪的，依法追究刑事责任。纵容、包庇或收买、指使他人对投诉、举报人打击报复的，适用前款规定。

5.17 投诉、举报人因投诉、举报而受到纪律处分以及其他不公正待遇的，管理部应按照管辖权限予以纠正，或建议做出处理决定的单位及其上级机关予以纠正。投诉、举报人的人身安全受到威胁时，公安机关及有关部门应及时采取保护措施。因投诉、举报造成投诉、举报人及其亲属的名誉、财产受到侵害的，管理部应责令侵权人停止侵害、赔礼道歉、赔偿损失。投诉、举报人也可向人民法院起诉。

5.18 对投诉、举报有功人员，管理部应按有关规定给予表彰、奖励。

5.19 受理投诉、举报的工作人员在办理投诉、举报案件中，有下列行为之一的，行政部或其层主管应给予纪律处分；构成犯罪的，应依法追究刑事责任：

5.19.1 扣压、隐匿或私自销毁投诉、举报材料。

5.19.2 刁难、威胁投诉、举报人。

5.19.3 殴打、污辱投诉、举报人。

5.19.4 无正当理由拒不接受投诉、举报。

5.19.5 其他玩忽职守、滥用职权、徇私舞弊的行为。

图 8-3

从图 8-3 所示的内容可以看出，该公司明确规定了“在绩效考核中不公平、不公正对待员工业绩的行为”属于投诉范围。同时，还采取了申诉回避措施，如“严禁将投诉、举报人的姓名、单位、住址等有关情况和投诉、举报内容透露给被投诉、举报人和被投诉、举报单位”，对于违反《保护申诉人管理制度》的行为也做出了相应的处罚规定。

通常情况下，当员工因申诉受到不公正待遇时，能在企业内部妥善解决的应尽量在企业内部进行解决，常规的程序是逐级反映，即向上级主管反映→向人力资源部反映→向企业高层管理者反映。

知识延伸｜向员工传递不滥用申诉的观念

绩效申诉及保护机制给了员工表达不满和意见的渠道，但并不代表员工可以滥用申诉。企业应明确告知员工，应在有事实依据的前提下提起申诉，不能为了出口气或者发泄情绪而随意进行申诉。企业可通过会议、培训等方式，让员工清楚绩效申诉是一种对话机制，员工有申诉的权利，企业也愿意倾听员工的心声，但员工不能利用这种对话机制来发泄自己的不满。

第九章

结果应用：员工晋升调动与激励

对绩效考评结果的应用，主要可分为两方面：一是应用于物质层面，如薪资、福利；二是应用于精神层面，如晋升、培训发展等。绩效考评结果如果应用得当，将会给企业带来巨大的价值，而员工对薪酬、岗位调动等的关注，也会促使企业重视绩效结果的应用。

9.1 考核结果统计分析

企业被考核员工的整体绩效评分是怎样的？哪些员工可以晋升？哪些员工可以获得绩效加薪？这需要基于考评统计分析的结果来判断，在该过程中，需要运用一些数据分析方法。

9.1.1 岗位员工绩效结果统计

对绩效考评数据进行分析，具体可按岗位、部门、企业整体来进行，其中，对同岗位员工进行差异分析是部门和企业分析的基础。在对同岗位员工进行绩效考核结果系统分析时，首先要制作绩效考核结果统计表，按部门 / 岗位来统计员工的绩效考评结果，如表 9-1 所示。

表 9-1　员工岗位绩效考核结果统计表

指标	权重值	目标值	员工 A	员工 B	员工 C	均值	达标率

在上表中，分析人员要根据同一岗位不同员工的绩效考核表来填写考评基本数据，包括指标、权重值和目标值，员工数量可根据岗位实际情况进行增加。其中，均值和达标率需要根据填写的数据进行计算。

均值=所有员工的实际值 ÷ 员工数量

达标率=（达标人数 ÷ 总人数）×100%

以销售专员岗位为例，其数据填写示例如表 9–2 所示。

表 9–2 销售专员岗位绩效考核结果统计表

指标	权重	目标分值	A	B	C	D	均值	达标率
回款额	20%	20	20	15	20	19	18.5	50%
客户开发	15%	15	15	10	8	15	12	50%
客户维护	10%	10	10	10	10	10	10	100%
配货发货	15%	15	15	13	8	11	11.75	25%
客户培训	10%	10	10	9	6	6	7.75	25%
活动推广	10%	10	10	10	7	5	8	50%
工作素养	5%	5	5	3	2	1	2.75	25%
工作总结	2%	2	2	2	0	1	1.25	50%
主动开展工作	10%	10	10	9	6	4	7.25	25%
日常工作管理	3%	3	3	2	0	1	1.5	25%
合计	100%	100	100	83	67	73	80.75	25%

根据上述绩效考核数据统计的结果，可以按照等级或排名来对员工的绩效结果进行汇总，如表 9–3 所示。

表 9–3 销售专员岗位绩效考核结果排名表

排名	员工 A	员工 B	员工 D	员工 C
等级	优秀	良好	中等	差

通过表 9–2 和 9–3 的统计数据，可以很直观地看出哪些绩效指标员工普遍达标率高，哪些指标员工绩效表现不佳，同时可以很好地区分同岗位员工的绩效评分差异。

当被考核员工数量较多时，可通过员工绩效考核结果汇总表来汇总员工的绩效评分结果，如表 9-4 所示。

表 9-4　员工绩效考核结果汇总表

序号	部门	姓名	岗位	绩效考核成绩	绩效等级	说明
1						
2						
3						
4						
5						
6						
7						

知识延伸 | 将低分指标作为绩效改进的内容

根据员工的绩效考评表统计出均为高分的指标和均为低分的指标后，对于均为低分的指标，需要进行原因分析，而该绩效指标常常会作为绩效改进的重点内容。

9.1.2　员工绩效与目标值的差距分析

通过员工绩效考核结果汇总表，并不能很直观地看出不同员工的绩效达标情况及与绩效目标之间的差距，这时可以利用图表来辅助分析，以直观地了解员工的绩效差距。

对员工的绩效达标情况进行分析，主要是将员工的绩效完成值与目标值相比较，然后通过图表来展示不同员工绩效完成值与目标值之间的差距。

以绩效评分目标分值为 90 分为例，不同员工的绩效评分数据示例如表 9-5 所示。

表 9-5　员工绩效评分数据示例

目标分值	员工 A	员工 B	员工 C	员工 D	员工 E	员工 F
90	100	96	80	72	66	89
与目标值的差距	11%	6.7%	−11%	−20%	−27%	−1.1%
备注：与目标值差距 =（员工分值 − 目标分值）÷ 目标分值 ×100% 正值表示达标，负值表示未达标						

根据表 9-5 所示的数据，可以制作员工绩效达标分析图表，通过图表可以直观地看出与目标值相比，员工绩效的超出比例和相差比例，如图 9-1 所示。

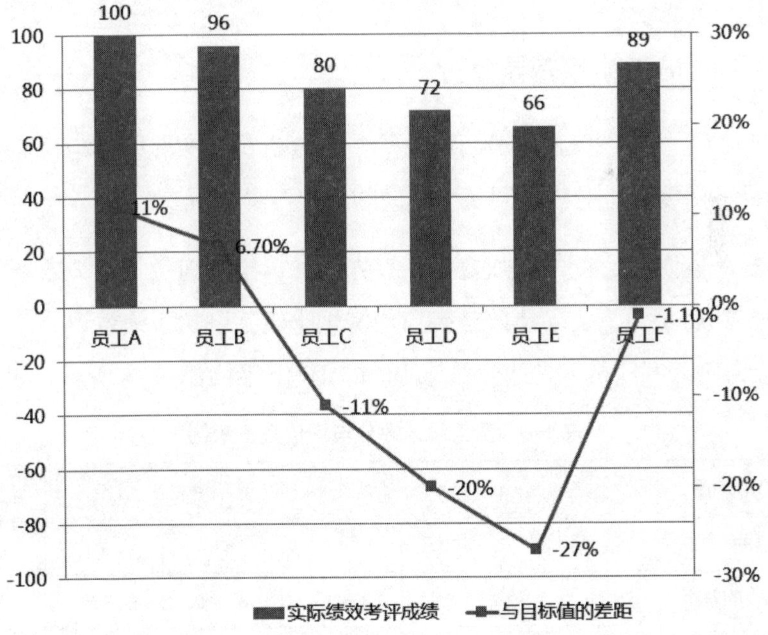

图 9-1

根据图 9-1 所示的数据可以看出，员工总量为 6 人。其中达标人数为 2 人，占比为 33%。未达标人数为 4 人，占比为 67%。通过饼状图可以直观地看出员工绩效总体达标数据，如图 9-2 所示。

总体达标人数	2人
总体未达标人数	4人
达标占比	33%
未达标占比	67%

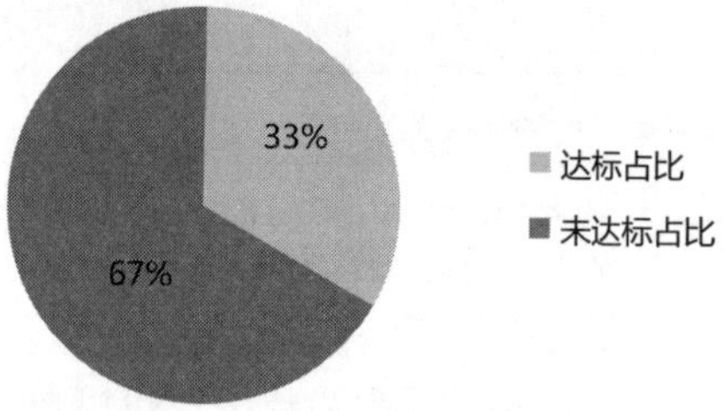

图 9-2

9.1.3 不同员工绩效差异分析

在对员工绩效结果进行分析时，除了要分析员工实际绩效与目标值之间的差距外，还要统计分析不同员工之间的绩效差异情况。

分析不同员工之间的绩效差异，首先要计算出同岗位员工绩效评分的总体均值，然后将员工实际绩效结果与均值相比较，以员工绩效评分总体均值为 80 分为例，每位员工具体分数与均值的相差比例如表 9-6 所示。

表 9-6 员工绩效评分与均值数据示例

总体均值	员工 A	员工 B	员工 C	员工 D	员工 E	员工 F
80	96	65	100	87	70	92
与均值的差距	20%	−19%	25%	8.75%	−12.5%	15%
备注：与均值差距 =（员工分值 − 总体均值）÷ 总体均值 ×100%						

根据表 9-6 所示的数据，可以制作员工绩效评分对比图表，在图表中可以直观地看出与总体均值相比，不同员工绩效成绩的超出比例或相差比例，同时可以查看不同员工绩效评分之间的差距，如图 9-3 所示。

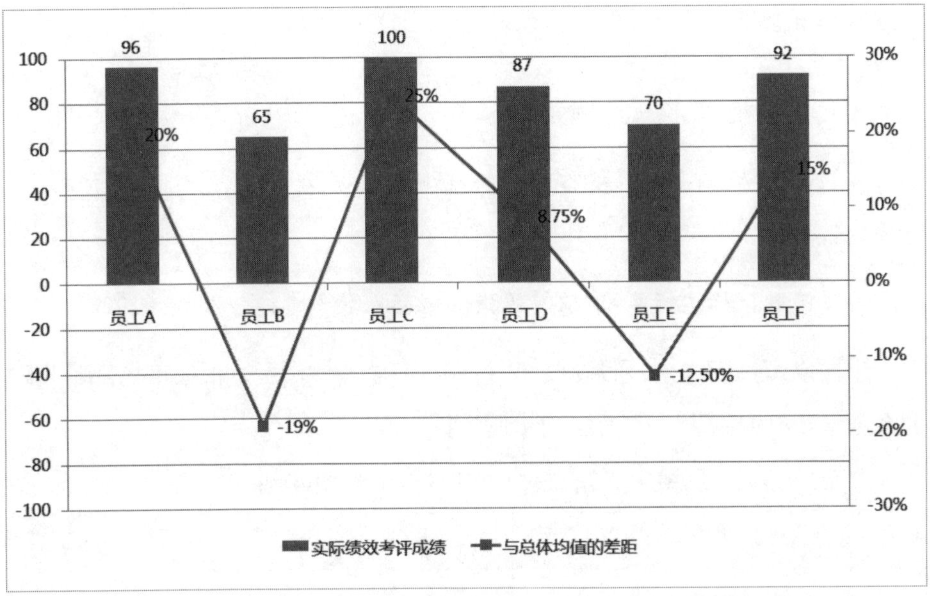

图 9-3

同样的，可以利用饼状图来展示超出均值的人数占比和未超出均值的人数占比，如图 9-4 所示。

超过均值人数	4人
未超过均值人数	2人
超过均值人数占比	67%
未超过均值人数占比	33%

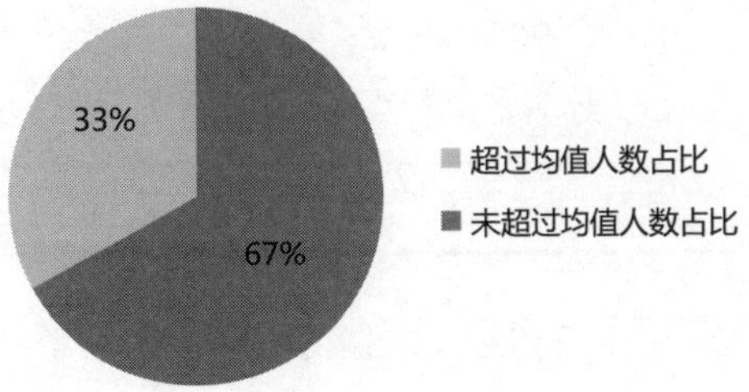

图 9-4

9.1.4　部门绩效结果指标分析

对部门绩效结果进行分析，可以从两方面入手，一是分析各项绩效指标的达标情况，二是分析部门员工绩效评分的分布情况。

（1）部门绩效指标达标分析

在对部门绩效指标达标情况进行分析时，首先要计算不同指标的达标率，计算公式为：

单项绩效指标达标率=单项绩效指标达标人数÷考核总人数×100%

下面以市场部为例，假设该部门有10名被考核员工，根据市场部常用的业绩考核指标得到表9-7所示的示例数据。

表9-7　市场部业绩考核指标达标率数据

绩效指标	达标人数	达标率
市场拓展计划完成率	10	100%
策划方案成功率	6	60%
推广活动销售增长率	3	30%
调研报告质量	9	90%
市场推广费用控制	5	50%
推广活动效果	7	70%
市场调研任务达成率	10	100%
调研报告提交的及时性	10	100%

根据表9-7可以看出，市场部业绩考核指标共有8个，其中达标率为100%的指标有3个，包括市场拓展计划完成率、市场调研任务达成率和调研报告提交的及时性，其他指标的达标率都没有达到100%。

通过表9-7所示的业绩考核指标达标率数据，可以分别用柱状图和饼状图来反映市场部业绩考核指标的达标情况，如图9-5所示。

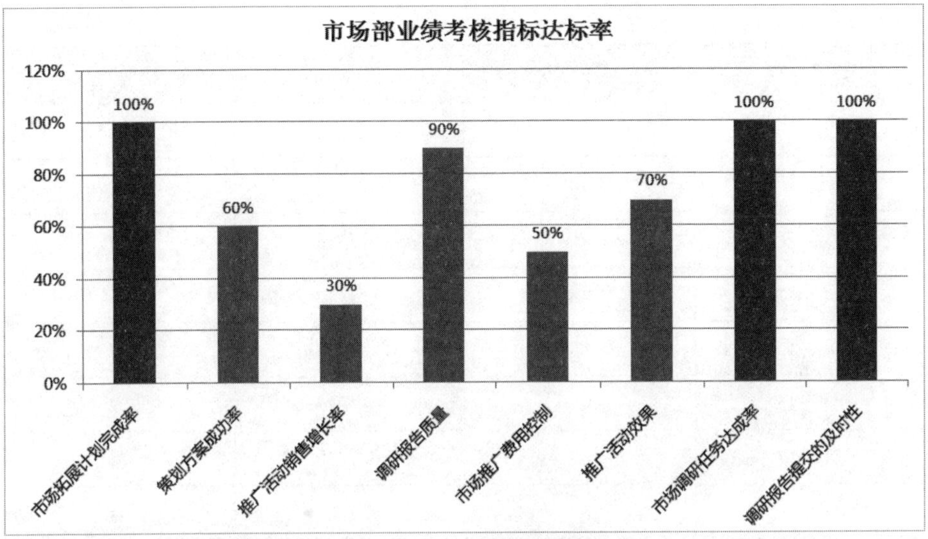

达标率为100%的业绩考核指标个数	3个
达标率未达到100%的业绩考核指标个数	5个
达标率为100%的业绩考核指标占比	37.5%
达标率未达到100%的业绩考核指标占比	62.5%

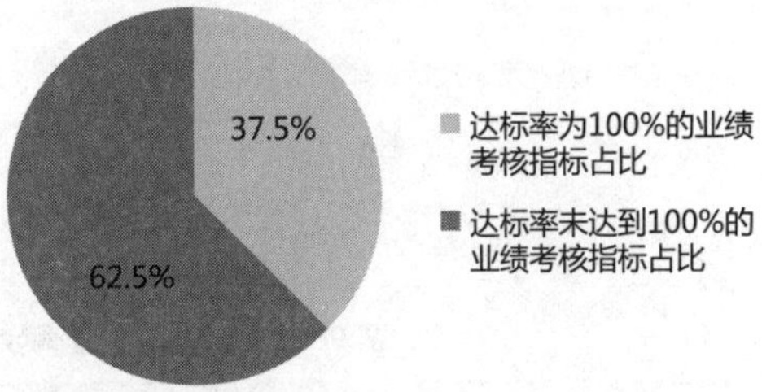

图 9-5

（2）部门绩效评分分布情况

针对部门所有的被考核员工，想要知道 95 分以上的员工占比有多少？80 分以下的员工占比有多少？可将部门员工按照绩效结果分成各个等级，然后通过统计分析得出结论。以销售部为例，假设该部门有 20 名被考核员工，绩效考评的总分为 100 分，各员工的考核评分结果示例如表 9-8 所示。

表 9-8　销售部员工绩效考核评分结果

员工姓名	绩效考核评分	员工姓名	绩效考核评分
员工 1	98	员工 2	65
员工 3	98	员工 4	85

续上表

员工姓名	绩效考核评分	员工姓名	绩效考核评分
员工 5	93	员工 6	86
员工 7	78	员工 8	80
员工 9	79	员工 10	97
员工 11	100	员工 12	96
员工 13	86	员工 14	72
员工 15	100	员工 16	92
员工 17	87	员工 18	74
员工 19	81	员工 20	94

根据表 9–8 所示的数据，将考核评分等级分为 95（含）以上、90（含）～ 95、85（含）～ 90、80（含）～ 85、80 以下 5 个等级，销售部员工各等级的评分人数如表 9–9 所示。

表 9–9　销售部员工绩效考核评分分布数据

标准	95（含）以上	90（含）～ 95	85（含）～ 90	80（含）～ 85	80 以下
人数	6	3	4	2	5

根据表 9–9 所示的数据，可以用饼状图展示销售部员工各评分结果的占比情况，如图 9–6 所示。

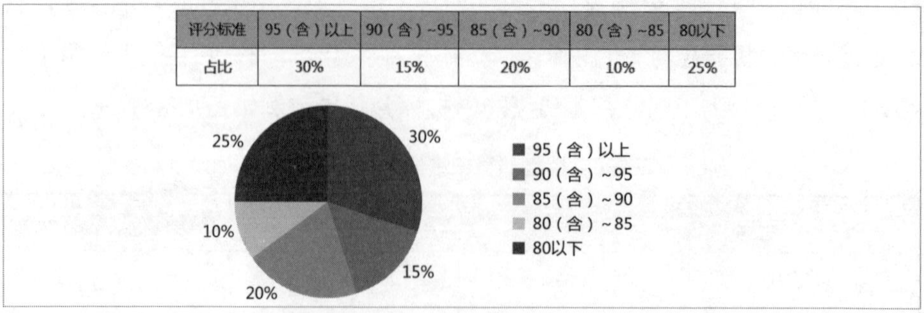

图 9–6

9.1.5　企业总体绩效考评数据分析

绩效考核的目的之一是进行绩效区分，因此对企业全体员工进行绩效考评结果分析，可将员工的考核成绩按优秀、良好、合格等进行区分。这里将绩效考评等级分为优秀（90 分以上）、良好（80 ~ 89 分）、一般（70 ~ 79 分）、及格（60 分 ~ 69 分）、差（59 分以下）。企业员工绩效考评等级分布示例数据如表 9–10 所示。

表 9–10　企业员工绩效考评等级分布数据

标准	优秀	良好	一般	及格	差
人数	10	50	30	7	3
占比	10%	50%	30%	7%	3%

根据表 9–10 所示的数据，企业员工绩效考评成绩总体分布情况如图 9–7 所示。

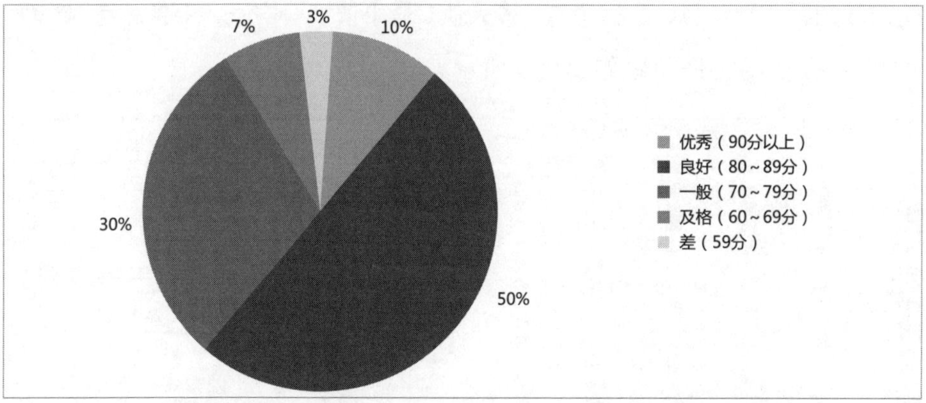

图 9–7

一般情况下，企业员工的考评等级分布呈现出正态分布的规律是比较理想的状态，即绩优员工和绩差员工所占的比例应该最小，大多数员工应集中在良好、一般和及格之间，图 9–8 所示为正态分布示意图。

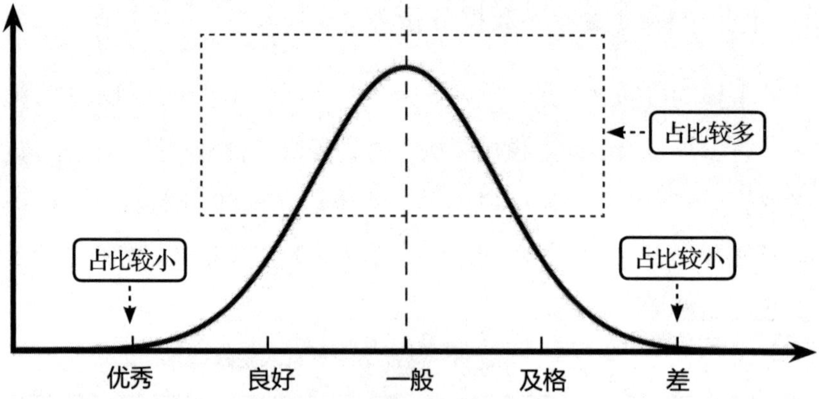

图 9-8

在具体进行分析时，可以将所有员工的绩效考评数据录入到Excel表格中，通过绘制直方图和正态分布图来分析员工考评成绩的分布状况，具体操作如下所示。

在 Excel 表格中录入所有员工的考评数据，这里随机输入 100 组数据，输入数据后分别计算，数据个数、最大值、最小值、平均值、标准偏差、区间、直方图柱数和直方图组距如图 9-9 所示。

	A	B	C	D	E	F	G
7							
8	90	80	89	89	88	84	
9	95	89	88	82	85	89	
10	100	81	84	84	86	80	
11	100	85	85	81	87	80	
12	93	80	82	86	88	85	
13	92	84	83	81	80	88	
14	91	89	82	82	82	87	
15	96	82	80	85	85	83	
16	97	83	81	87	81	82	
17	94	80	88	88	86	81	
18	79	76	74	60	59		
19	78	75	72	69	56		
20	72	75	77	65	58		
21	70	71	78	66			
22	77	78	77	65			
23	72	76	74	61			
24	78	70	75	68			
25	70	79	72				
26	73	74	70				
27	72	74	77				

①录入

	G	H	I	J
19				
20				
21				
22				
23				
24				
25				
26				
32				
33				
34				
35		数据个数	100	
36		最大值	100	
37		最小值	56	
38		平均值	80.17	
39		标准偏差	8.957876	
40		区间	44	
41		直方图柱数	11	
42		直方图组距	4.4	
43				

②计算

图 9-9

其中，平均值可使用 AVERAGE() 函数进行计算，公式为“=AVER

AGE(A8:F27)”；标准偏差可使用 STDEV() 函数进行计算，公式为“=STDEV(A8:F27)”；区间公式为“=I36−I37（最大值 − 最小值）”；直方图柱数可使用 ROUNDUP() 函数进行计算，公式为“=ROUNDUP(SQRT(I35+1),)”；直方图组距公式为“=I40/(I41−1)”。

完成数据统计后，还要分别计算考评分组数据、统计频率、获取正态分布概念密度。其中分组数据一般选择一个比最小值小的数值作为起始值，当然也可以直接选择最小值，然后依次加上“直方图组距”，直到最后一个数值大于“最大值”为止，即设置序号 1 的值为 50，序号 2 的值为“E45+$I$42（即 4.4）”，序号 3 的值为“E46+$I$42”，如图 9−10 所示。

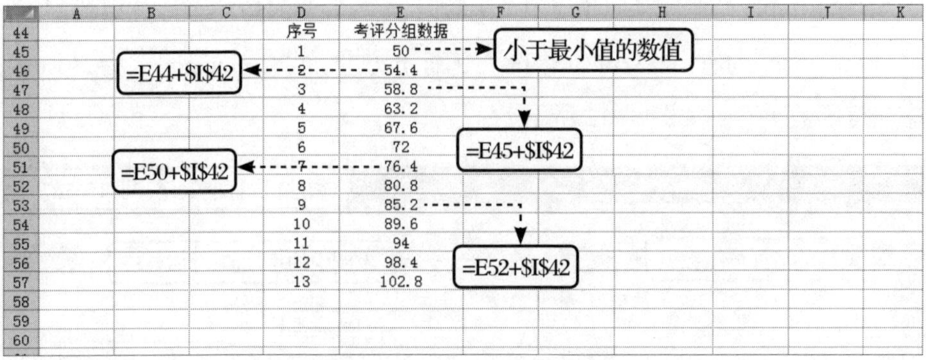

图 9−10

统计频率是指统计原始数据中每个考评分组下所包含的数据个数，可使用 FREQUENCY() 函数进行计算。在使用 FREQUENCY() 函数时，“Date_array”选择原始数据源，“Bins_array”选择考评分组数据源。在本例中，“Date_array”为（A8:F27），“Bins_array”为（E45:E57）。

在具体统计时，先选中要统计频率的数据区域，按 F2 键进入编辑状态，输入“=FREQUENCY(A8:F27,E45:E57)”，再按【Ctrl+Shift+Enter】组合键即可，如图 9−11 所示。

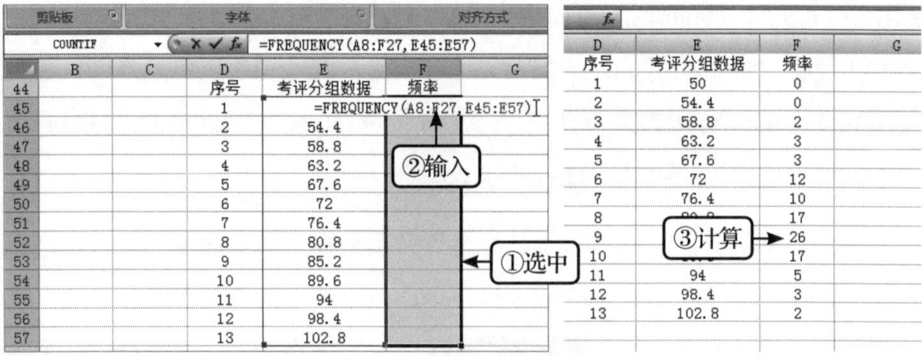

行	序号	考评分组数据	频率
44	序号	考评分组数据	频率
45	1	=FREQUENCY(A8:F27,E45:E57)	
46	2	54.4	
47	3	58.8	
48	4	63.2	
49	5	67.6	
50	6	72	
51	7	76.4	
52	8	80.8	
53	9	85.2	
54	10	89.6	
55	11	94	
56	12	98.4	
57	13	102.8	

序号	考评分组数据	频率
1	50	0
2	54.4	0
3	58.8	2
4	63.2	3
5	67.6	3
6	72	12
7	76.4	10
8		17
9		26
10		17
11	94	5
12	98.4	3
13	102.8	2

图 9-11

正态分布概念密度是用于绘制正态分布图的数据源，要使用正态分布函数 NORMDIST() 来计算，在使用该函数时，“x”为对应的考评分组数据值，“Mean”为平均值，“Standard_dev”为标准方差，“Cumulative”为“0（概率密度函数）”，如图 9-12 所示。

行	序号	考评分组数据	频率	正态分布图
45	1	50	0	0.000153296
46	2	54.4	0	0.000710561
47	3	58.8	2	0.00258756
48	4	63.2	3	0.007402854
49	5	67.6	3	0.016639013
50	6	72	12	0.029381615
51	7	76.4	10	0.040760873
52	8	80.8	17	0.044425363
53	9	85.2	26	0.038039798
54	10	89.6	17	0.025589696
55	11	94	5	0.013524206
56	12	98.4	3	0.005615367
57	13	102.8	2	0.001831741

图 9-12

获取到需要的数据后，利用“频率”数据绘制直方图（为主坐标），利用“正态分布图”数据绘制折线图（为次坐标）。在绘制过程中要将直方图的分类间距设置为“0”，将折线图的线型设置为“平滑线”，完成以上步骤后，就可以得到企业总体绩效考评数据趋势图，如图 9-13 所示。

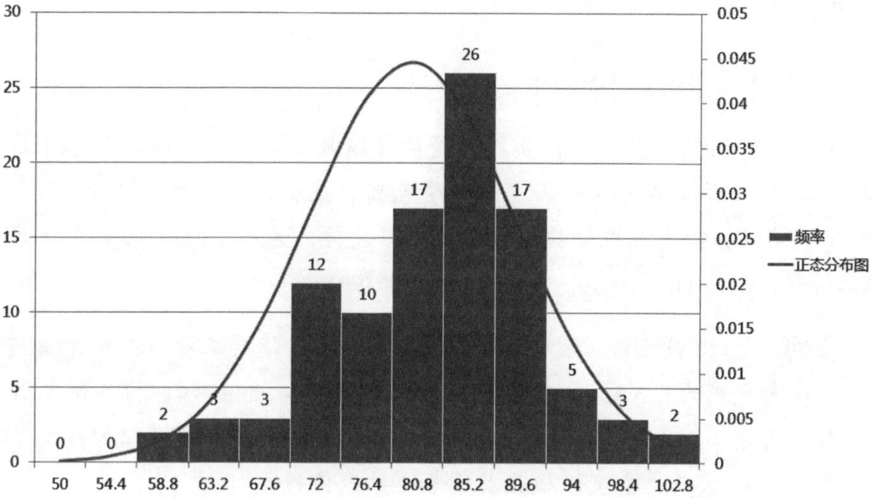

图 9-13

9.2 员工岗位薪酬调整

将绩效与薪酬结合在一起是常见的考评结果应用，在实际操作过程中，由于薪酬关系到被考核员工的切身利益，因此如果绩效薪酬应用不得当，也容易引起员工的不满。

9.2.1　绩效与薪酬如何挂钩

将绩效与薪酬挂钩，比较常见的有两种方式，一是和工资挂钩，二是和奖金挂钩。

（1）将绩效与工资挂钩

将绩效考评结果作为岗位工资支付的依据，在现代企业中运用广泛，如以下案例。

| 范例解析 |　如何决定岗位工资的支付

某企业针对销售部员工，实施的是岗位绩效工资制。该岗位的总体薪酬=基本工资+绩效工资。其中，基本工资为岗位底薪，全额为2 000元/月，基本固定。主要根据有效电话拨打量计算，计发方式为：2 000×当月大于等于10s电话个数÷1 000×100%，高于100%，计为100%。

绩效工资=业绩绩效工资+日常绩效工资，业绩绩效工资与业绩考核指标挂钩，计发方式为：3 500×业绩指标考核系数（初始值为0，按实际工作业绩完成情况计算，上不封顶）。日常绩效工资与工作态度考核指标挂钩，计发方式为：600×工作态度考核指标系数（系数值为0～1）。

上述例子就是典型的将绩效考评结果与岗位工资结合起来的案例，销售人员的岗位工资有一部分是浮动的，这部分浮动的工资就是绩效薪资。

（2）将绩效与奖金挂钩

用绩效考评结果作为奖金的发放依据，也是绩效考核与薪酬挂钩的一种方式，下面来看一个案例。

| 范例解析 |　如何决定奖金的发放

某贸易公司为激励库房仓库管理部门员工规范仓储管理，提高库存管理的质量，决定对该部门员工实施绩效奖金制激励。人力资源部将仓库管理人员的工资方案由过去的固定工资调整为了“基本工资+绩效奖金”的方式，奖金发放方式如下所示。

每月按照绩效考核评分高低评选“仓库优秀管理员”和“仓库优秀员工”各一名。其中，仓库优秀管理员奖励奖金800元，仓库优秀员工奖励奖金500元。

通过上述范例可以看出，并不是库房仓库管理部门的所有员工都可以得到奖金，奖金是根据绩效考核评分择优发放的，这就可以激励员工为获得奖金而提升仓库管理绩效。

9.2.2 岗位工资的比例配置

不同的企业和岗位，在采用绩效工资制时，其工资的比例分配方式会有所不同，常用的工资比例分配方式有以下两种。

（1）切分法

切分法是指先确定岗位的总体薪酬水平，然后根据岗位的总体薪酬，将工资分为基本工资和绩效工资两部分，基本工资和绩效工资的比例根据岗位的工作特性来分配，具体公式为：

岗位总体薪酬=基本工资+绩效工资

如针对销售岗位员工，业绩工资所占的比例可以高些，可按基本工资40%，绩效工资60%来分配；针对行政岗位员工，绩效工资所占的比例就要低些，可按基本工资80%，绩效工资20%来分配。

（2）配比法

配比法是指先确定岗位的基本工资水平，然后以基本工资为标准来确定绩效工资，一般是按基本工资的百分比来确定绩效工资金额，公式为：

岗位总体薪酬=基本工资+绩效工资（基本工资×n%）

如针对销售岗位员工，可以将业绩工资确定为基本工资的60%，即岗位总体薪酬 = 基本工资 + 基本工资 ×60%；针对行政岗位员工，可将绩效工资确定为基本工资的20%，即岗位总薪酬 = 基本工资 + 基本工资 ×20%。

在使用上述两种方法分配工资比例时，要考虑不同岗位在市场中的平均薪酬水平，如生产部经理的市场平均薪酬约为15 000元，那么在使用切分法时，假设绩效工资占比为40%，那么该岗位的绩效工资会以6 000元为标准。在使用配比法时，假设绩效工资为基本工资的40%，那么该岗位的绩效工资会以4 286元为标准。使用不同的比例分配方式，其绩效工资的标准也会不同。

9.2.3 绩效工资的分配方法

绩效工资是根据绩效考评结果来确定的工资，具有浮动性特征。在具体设计绩效工资的分配方法时，可采用的方法有多种。

（1）根据岗位绩效工资标准来确定

如果针对不同岗位的员工，企业有明确的绩效工资额度标准，那么就可根据该标准来分配员工的实得绩效工资，具体公式如下所示。

员工月实得绩效工资=月绩效工资额度标准×员工考核系数

假如生产岗位的绩效工资额度标准为5 000元，在本月的考核中，一员工获得的考核系数为0.9，那么该月该员工实得的绩效工资为5 000×0.9=4 500（元）。

在根据绩效工资标准来确定员工的实得绩效工资时，要注意确保额度标准的有效合理性。该分配方案中，员工的实得绩效工资主要与个人考核系数有关，不与部门、企业的业绩挂钩。

（2）将绩效工资与企业经营效益联系

如果企业对整体经营效益水平有一定的要求，那么可以将员工的实得绩效工资与企业经营效益挂钩，具体公式如下所示。

员工月实得绩效工资=月绩效工资额度标准×员工考核系数×企业经营效益系数

在上述公式中，要根据企业整体可分配的绩效工资总额来确定企业经营效益系数，具体公式如下所示。

企业经营效益系数=企业可分配绩效工资总额÷企业既定绩效工资总额

企业既定绩效工资总额=Σ（员工绩效工资额度标准）

假设当月企业可分配的绩效工资总额为12万元，企业既定绩效工资总额为10万元，那么企业经营效益系数为12÷10=1.2。同样以生产岗位绩效工资额度标准为5 000元为例，当一员工获得的考核系数为0.9时，该员工的月实得工资为5 000×0.9×1.2=5 400（元）。

在上述分配方式中，企业经营效益系数常常会与企业的财务指标挂钩，如销售收入、净利润等。比如企业的月销售收入目标为100万元，实际完成了150万元，可分配的绩效工资为销售收入的10%，那么企业的经营效益系数=（150×10%）÷（100×10%）=1.5。

（3）将绩效工资与部门业绩联系

员工绩效工资也可以与部门业绩相联系，在这种分配方式下，要根据部门考核总体成绩来确定部门绩效工资总额，然后以部门绩效工资总额为标准，再根据员工的个人业绩来分配员工实得的绩效工资，即绩效工资要进行两次分配，具体公式如下所示。

部门月度绩效工资总额=公司可分配月度绩效工资总额÷[Σ（部门加权价值×部门月度考核系数）]×某部门加权价值×该部门月度考核系数+某部门月度奖罚金额

员工月度实得绩效工资=部门可分配月度绩效工资总额÷[Σ（员工岗位价值系数×该岗位员工人数×员工月度考核系数）]×某岗位价值系数×该岗位员工月度考核系数+某员工月度奖罚金额

在上述公式中，岗位价值系数一般根据岗位工作难度、任职要求等来确定。不同的公司，岗位系数会有所不同，一般职位越高，岗位系数值也会越高。与前面两种分配方式相比，将绩效工资与部门业绩挂钩的分配方式，在实践中涉及面较广，工作量较大，相对而言操作难度也较大。

9.2.4 形成绩效工资及考核方案

在确定了绩效工资的分配方式后，企业可根据不同部门的岗位特征来设计工资标准，并形成绩效工资及考核方案，如图 9–14 所示为某企业绩效工资与考核管理办法。

绩效工资及考核管理办法

为了调动公司员工的工作积极性，激发员工工作热情，提升工作业绩，增强公司竞争力，保证公司目标的顺利达成，特制定本绩效工资及考核管理办法。

一、考核对象

公司所有部门及员工（总经理除外）。

二、考核内容和方式

（一）考核时间：每月 1 日至 31 日。

（二）考核工资标准：将员工每月应发工资总额的 10%作为绩效考核工资，根据当月工作绩效考核结果，确定绩效工资发放比例和具体金额。

（三）考核内容：员工本人当月工作完成情况及综合表现。

（四）考核方式：实行分级考核，由直接上级考核直接下级，并由分管领导最终评定。即：

1. 公司总经理考核副总经理、总工程师（其中，总工程师的考核结合分管副总意见）。
2. 公司副总经理考核部门负责人及分管部门。
3. 部门负责人考核部门所属员工，并由分管领导最终评定。
4. 财务部门人员由集团公司财务审计部负责考核，公司提供相关参考依据。

三、考核流程

由制订工作计划、执行工作计划及工作考核 3 部分组成，详见下表。

制订工作计划	1. 员工制定月度工作计划，交部门负责人审定 2. 部门负责人制订部门月度工作计划，交分管领导审定 3. 分管领导→部门负责人→员工进行有效的沟通
执行工作任务	……
工作考核	1. 员工考核：员工自评、部门考核，最终由分管领导审定 2. 部门考核：部门自评、互评，分管领导考评 3. 高管考核：由公司总经理执行 4. 分管领导→部门负责人→员工进行有效的沟通

四、考核结果及奖惩

（一）对员工的考核

1. 考核结果：考核结果以分数确定，最终转换为 A、B、C、D4 个等级，以分管领导最终评定为准。各个等级对应分数及基本标准如下。

等级	标准	最终考核分数
A 级	超额完成当月工作任务，综合表现突出，工作成绩优异	98 分以上
B 级	全面完成当月工作任务，综合表现良好，工作成绩良好	86~97 分
C 级	基本完成当月工作任务，综合表现合格，工作成绩一般，偶有工作失误	60~85 分
D 级	未完成当月工作任务，综合表现一般，工作成绩较差或有重大工作失误	60 分以下

2. 奖惩办法：当月考核结果直接与员工当月绩效工资的发放挂钩，具体标准如下。

（1）考核结果为 A 级：绩效工资按 100%发放，并按本人当月考核工资标准的 10%另行发放奖励工资。当月绩效考核为 A 级的员工比例不超过公司员工总数的 10%，各部门原则上不超过 1 人。

（2）考核结果为 B 级：绩效工资按 100%发放。

（3）考核结果为 C 级：绩效工资按 60%发放。

（4）考核结果为 D 级：不予发放绩效工资。

考核中过程中，当月考核等级为 D 的，留任原职查看；累计达到两次的，转为试用员工；累计达到三次的，给予解聘或辞退。年度 C 级考核结果累计达到或超过三次的，根据其实际工作情况，给予适当惩处。此外，员工月度工作绩效考核结果，将作为年度优秀员工评选、年终考核和奖惩的重要参考依据。

（二）对部门的考核

1. 考核标准：对部门的考核标准主要由以下几个方面组成。

部门工作完成情况（70%）、执行力（10%）、下属督导力（5%）、工作失误和安全事故（5%）、自律力（5%）、团队精神（5%）。

2. 考核办法：对部门的考核采用部门自评和分管领导考评的方式，以分管领导最终评定为准。

3. 考核结果和奖惩：年终，公司将根据各部门全年总体表现情况，评选优秀部门，并根据公司当年效益情况，给予部门适当奖励。对于年终考评较差的部门，公司将根据实际情况，给予部门负责人降职、降薪或解聘处理。

五、考核执行程序

（一）计划制定和返回

1. 员工月度工作计划：由员工制定《员工月度工作计划表》，交部门负责人审核后返回员工。
2. 部门月度工作计划：每月 28 日，部门负责人制定下月《部门月度工作计划表》，交分管领导审定后返回部门。
3. 计划制定各阶段，应进行必要的沟通。

（二）考核、汇总

1. 员工考核：员工考核由员工自评、部门考核、分管领导评定三个部分组成。

（1）员工填写《员工月度工作考核表》，交部门负责人考核。

（2）部门负责人考核完毕后，交分管领导评定。

（3）考核各阶段，应进行必要的沟通。

2. 部门考评：部门考核由部门互评、部门自评和分管领导评定三部分组成。

（1）部门互评：由部门负责人填写《部门月度互评表》，对其他部门月度表现进行评议，并交公司领导，作为对其他部门考评的参考依据。

（2）部门自评：由部门负责人填写《部门月度自评表》，交分管领导评定。

（3）考核各阶段，应进行必要的沟通。

3. 高管考核：高管人员填写《高管月度考核表》，交公司总经理评定。

4. 汇总：每月 5 日前，各部门将员工考核和部门考核汇总后，交分管领导评定。

（三）结果反馈

1. 每月 8 日前，分管领导将部门及所属员工的考核下发综合部。
2. 综合部根据考核结果填报《员工月度考核汇总表》，并于每月 10 日前交公司领导审批。
3. 综合部将经公司领导审批后的考核结果反馈至各部门，并函告财务部。
4. 考核人根据实际情况和需要，与被考核人进行沟通，以改进和提高工作绩效。
5. 年终，综合部将填报《员工年度考核汇总表》和《部门年度考核汇总表》，经公司领导审批后，反馈至各部门。

六、其他事项

（一）考核人员应坚持实事求是，客观公正的原则进行考核。被考核人认为考核结果严重不符合事实的，可以向综合部或有关领导提出申诉。经调查属实的，报公司领导同意后，可给予纠正，并对相关责任人进行处理。

（二）本办法经公司总经理批准后，于××年××月起执行。

（三）本《办法》由综合部负责解释。

图 9–14

从图 9–14 所示的内容可以看出，该企业确定了每月应发工资总额的 10% 为绩效工资，绩效考核结果与员工当月的绩效工资挂钩，只有考核结果为A级的员工才能获得100%的绩效工资，而考核结果为D级的员工将无法获得绩效工资。

9.3 确立奖金的分配数额

奖金是企业给予员工的一种奖励，将绩效考评结果与奖金的分配结合起来，可以激励员工为企业创作更多效益。那么企业要如何给被考核员工分配绩效奖金呢？下面具体来看看相关内容。

9.3.1　员工绩效奖金池的来源

在企业薪酬体系中，奖金可分为多种，如一次性奖金、年终奖等，这里我们将与绩效挂钩的奖金统称为绩效奖金。在设计绩效奖金方案时，企业首先要确定员工绩效奖金的来源，一般情况下，有以下来源途径。

（1）来源于员工所创造的利润

对于销售部、市场部这样能直接为企业创造利润的部门来说，其绩效奖金常常来源于员工所带来的利润，最典型的就是奖金提成制，即按照员工所创作的利润来设计奖金池，如表9-11所示。

表9-11　绩效奖金提成制示例

类别	利润	奖金提成比例
A类盈利	10万元以内	2%
B类盈利	10 ~ 20万元	3%
C类盈利	20万元以上	5%

除了可以根据利润来设计奖金池外，还可以根据销售额、销售量来确定绩效奖金池的多少。

（2）来源于薪酬工资

在这种情况下，绩效奖金的金额通常是固定的，会按年薪所占的比例来设计奖金池，如年度目标绩效奖金池 = 年薪 ×20%，月度绩效奖金则在年度绩效奖金池的基础上除以 12 来分配。

不少企业在设计年终奖的发放金额时，就是采用的这种设计方式，如主管年终奖为年薪的 30%，基层员工年终奖为年底双薪。

（3）来源于部门奖金的分配

部分企业在设计绩效奖金池时，不会以员工为单位，而是以部门为单位来设计。将绩效奖金发放给部门，由部门进行奖金的分配，如以下案例。

| 范例解析 |　按部门设计绩效奖金池

某销售公司共有销售部和行政部两个部门，其中销售部分为销售一部、销售二部和销售三部。该公司规定，每月考核期内实际回款率第一的部门可以获得2 000元绩效奖金奖励，该绩效奖金可由部门经理合理分配。

在有多个部门都需要发放绩效奖金的情况下，那么，某部门绩效奖金总额 = 企业绩效奖金总额 − 其他部门绩效奖金额度。企业绩效奖金总额一般会根据企业利润来计提，若企业实际经营利润高，那么可适当提高奖金金额；若企业实际经营利润低，那么绩效奖金金额也会较低。

9.3.2　绩效奖金的分配方式

绩效奖金的常用分配方式有两种，一种是定额制，另一种是打包制，具体内容如下所示。

（1）定额制

定额制是指根据岗位基本工资乘以一个固定比例来分配绩效奖金，当这个比例为 30% 时，目标绩效奖金池 = 岗位基本工资 ×30%。在这种分配方式下，员工会很清楚自己能得到多少绩效奖金，如某岗位员工的月基本工资为 15 000 元，该岗位的目标绩效奖金池为 10%，那么该员工可以很清楚，当自己达到考核要求时，将可以拿到 1 500 元的绩效奖金。

目标绩效奖金池只是明确了员工可能获得的奖金金额，员工实际拿到的奖金金额，还要根据个人绩效表现来确定，常用公式为：

员工实际绩效奖金=目标绩效奖金池 × 个人绩效奖金系数

个人绩效奖金系数常常根据绩效考核等级来划分，具体换算时，也可按照考核得分除以绩效标准分来计算，如考核得分为 60 分，绩效标准分为 100，则个人绩效奖金系数 =60 ÷ 100=0.6，表 9-12 所示为个人绩效奖金系数示例。

表 9-12　个人绩效奖金系数示例

绩效等级	考核得分	个人绩效奖金系数
差	＜ 60 分	0
及格	60 分（含）~ 70 分	0.6
一般	70 分（含）~ 80 分	0.8
良好	80 分（含）~ 90 分	1.0
优秀	90 分（含）以上	1.2

如果企业想要将员工绩效奖金与企业绩效挂钩，那么可在公式中添加公司绩效奖金系数，即：

员工实际绩效奖金=目标绩效奖金池 × 企业绩效奖金系数 × 个人绩效奖金系数

在使用上述公式计算绩效奖金时，可以体现高绩效和低绩效员工的奖金差异。这里以品管部岗位为例，假设该部门员工月基本工资为10 000元，绩效奖金比例为20%，公司绩效奖金系数为1.2，则可以得到表9-13所示的绩效奖金差异。

表9-13 员工绩效奖金差异

绩效等级	目标奖金（元）	公司绩效奖金系数	个人绩效奖金系数	最终奖金（元）
差	2 000	1.2	0	0
及格	2 000	1.2	0.6	1 440
一般	2 000	1.2	0.8	1 920
良好	2 000	1.2	1.0	2 400
优秀	2 000	1.2	1.2	2 880

如果企业想要体现不同部门的绩效奖金差异，可以在公式中增加部门绩效奖金系数，即：

员工实际绩效奖金=目标绩效奖金池×企业绩效奖金系数×部门绩效奖金系数×个人绩效奖金系数

（2）打包制

打包制是指按照企业利润金额或者销售额的一定比例来计提奖金池，然后将该奖金池分配到不同的部门，各部门再根据员工绩效成绩来确立奖金金额。这种分配方式下，员工并不清楚目标奖金池的大小，主要取决于企业整体经营效益。

假设某企业当年实现的净利润为100万元，该企业决定按实际利润的10%来计提年度绩效奖金池，并将该奖金池分配给5个部门。根据不同部门的绩效达成情况，确定了这5个部门的绩效奖金系数，据此计算不同部门可分配的奖金金额，如表 9-14 所示。

表 9-14　部门绩效奖金金额

部门	部门绩效奖金系数	部门可分配奖金金额
A	0.4	10 × [0.4 ÷ (0.4+0.6+0.8+1.0+1.2)]=1（万元）
B	0.6	10 × [0.6 ÷ (0.4+0.6+0.8+1.0+1.2)]=1.5（万元）
C	0.8	10 × [0.8 ÷ (0.4+0.6+0.8+1.0+1.2)]=2（万元）
D	1.0	10 × [1.0 ÷ (0.4+0.6+0.8+1.0+1.2)]=2.5（万元）
E	1.2	10 × [1.2 ÷ (0.4+0.6+0.8+1.0+1.2)]=3（万元）

在确定各个部门的绩效奖金额度后，再按一定的比例来分配部门奖金池，以 D 部门为例，假设该部门有 5 个员工，奖金池的分配示例如表 9-15 所示。

表 9-15　部门绩效奖金池分配示例

员工姓名	绩效等级	奖金分配比例	最终奖金（元）
李 ××	差	0%	0
张 ××	及格	5%	500
罗 ××	一般	15%	1 500
梁 ××	良好	30%	3 000
王 ××	优秀	50%	5 000

9.3.3　避免无效的绩效奖金方案

每年都发奖金但是无法起到激励的作用，是企业在应用绩效奖金方案过程中常遇到的问题，为避免无效的绩效奖金方案，企业要注意以下几点。

（1）只给销售部门发绩效奖金

只给销售部门发绩效奖金，忽视其他部门是企业在设计绩效奖金方案时常犯的错误。实际上，企业要取得良好的经营效益，离不开各个部门的协调和配合，如果只给销售部门发绩效奖金，容易导致其他部门缺乏工作动力，最终影响企业整体绩效的实现和提升。

正确的做法是将企业绩效奖金池合理分配给予企业绩效目标实现有关联的部门，如研发部、生产部，而不仅仅是销售部门。

（2）绩效奖金拉不开差距

绩效奖金占薪酬的比例较低，个人绩效奖金系数趋近，导致绩优员工与绩差员工之间的奖金拉不开差距。在这种情形下，常常无法通过奖金来调动员工的积极性，如表 9-16 所示的示例。

表 9-16　个人绩效奖金示例

绩效等级	目标奖金（元）	个人绩效奖金系数	最终奖金（元）
较差	500	0.90	450
及格	500	0.92	460
一般	500	0.94	470
良好	500	0.96	480
优秀	500	1	500

从上表所示的数据可以看出，不同绩效等级员工的最终奖金差距很小，优秀员工和较差员工的奖金金额只相差 50 元，这很容易导致优秀员工得不到足够的激励。

企业在设计绩效奖金方案时，应避免设置无差距的绩效奖金系数，可适当增加绩效奖金的弹性，以让高绩效员工能获得高奖金。

（3）没有控制绩效奖金预算

绩效奖金应作为薪酬成本的一部分，纳入薪酬预算体系。企业如果没有对绩效奖金进行合理控制，很容易让人力成本上升过快，导致企业利润被压缩。

比较合理的做法是，采用预算制方式对绩效奖金池进行设计，在年初进行绩效考核前就预算好奖金池大小。奖金池一旦确定，就不要轻易更改，企业可根据历史经验或营业利润来预算奖金池额度，同时，考虑外部环境变化对企业利润、人力成本等的影响，适当对预算进行调整。通常情况下，会由人力资源部和财务部一起来预算绩效奖金池，这样可以让预算更科学准确。

9.3.4 部门奖金与个人奖金的平衡

将绩效奖金与个人业绩相挂钩，是很多企业常用的奖金分配方式，不过有时，这种分配方式也会存在一些问题，下面来看一个案例。

| 范例解析 | 只对单个员工进行奖金激励所带来的问题

A企业是一家贸易公司，该公司拥有5个销售部门，这5个销售部门分别负责5个销售区域。公司的绩效奖金按“个人销售收入×5%×个人绩效系数”来发放。在这种发放规则下，绩效奖金直接与个人销售收入挂钩，只要个人销售任务完成得好，奖金收入就会很高。

一段时间后，企业发现这样的奖金提成分配方案带来了问题：各部门每月都有销售人员拿到很高的奖金，但整个区域的销售目标却未能实现。

经过人力资源部的分析，企业发现在只对单个员工进行奖金激励的情况下，使得销售人员只注重个人销售任务的达成，而不注重团队目标的实现。在这种情况下，短期内员工个人业绩提升会很快，但从长远来看，并不利于部门的整体发展和市场拓展，因为很多重要客户都需要团队协作才能顺利拿下，个人单打独斗很难搞定。

通过上述范例可以看出，当绩效奖金只与每个人的销售任务挂钩时，很容易导致员工单打独斗，而忽视团队利益。

针对上述范例所遇到的问题，该公司可对绩效奖金提成方案进行更改，将个人绩效奖金与部门任务指标挂钩。具体方案是：部门绩效奖金池按部门销售目标完成率来计提，个人绩效奖金根据部门绩效奖金池来分配，部门奖金池计提方式如表 9–17 所示。

表 9–17　部门绩效奖金池计提方式

部门销售目标完成率	部门绩效奖金池
60% 以下	0
61% ～ 80%	部门总销售收入 ×3%
81% ～ 100%	部门总销售收入 ×4%
101% ～ 150%	部门总销售收入 ×5%
151% 以上	部门总销售收入 ×6%

个人绩效奖金按本部门绩效奖金池 × 个人奖金分配比例 × 个人绩效系数来发放，在这种绩效奖金分配方式下，销售人员想要获得高绩效奖金，不仅要关注个人销售目标，还要注重部门销售目标的实现。

知识延伸 | 灵活调整绩效奖金方案

在实践中对绩效奖金方案进行设计时，企业还要结合战略目标、考核体系、公司文化等来对奖金进行科学设计。同时，还可以根据绩效奖金的实际应用情况来对分配方案进行灵活调整。

9.4 员工职位调整与晋升

通过分析绩效考核结果，企业可以了解到员工是否适合岗位工作，从而对员工进行职位调整，使其从事更合适的岗位。对绩效考核持续较优的员工，则可以予以晋升，为企业留住人才。

9.4.1　决定试用期员工的去留

对试用期员工来说，绩效考核结果常常决定了该员工的去留。一般情况下，针对试用期员工，其考核结果的应用方式有 3 种，一是转正，二是延迟转正，三是终止试用。如下所示为某企业关于试用期员工考核结果的应用。

考核结果在95分以上，按期转正，享受正常岗位工资，另奖励一个月试用期基本工资。

考核结果75～94分，按期转正，享受正常岗位工资。

考核结果60～74分，延长一个月试用期，不予晋升工资；延长一个月试用期满之后再考核一次，若低于75分，按试用期不合格处理。考核结果低于60分，试用期不合格，予以辞退。

企业可根据不同岗位对试用期员工的要求来编制试用期员工考核评估表，然后根据考评结果来决定员工的去留，如表 9–18 所示。

表 9–18　某企业试用期员工考核评估表

<table>
<tr><td>姓名</td><td></td><td>工号</td><td></td><td>部门</td><td></td><td>岗位</td><td></td></tr>
<tr><td colspan="4">入职时间：____年____月____日</td><td colspan="4">试用到期时间：____年____月____日</td></tr>
<tr><td>出勤状况</td><td>病假</td><td>事假</td><td>旷工</td><td>迟到</td><td>早退</td><td>处罚</td><td>奖励</td></tr>
<tr><td>（天、次）</td><td></td><td></td><td></td><td></td><td></td><td></td><td></td></tr>
<tr><td>员工自评意见</td><td colspan="7">新员工对公司的建议及意见：（含公司各项规章制度、工作流程、工作环境、薪资福利、管理方法等）
员工签名：</td></tr>
<tr><td colspan="8">综合能力评价考核表</td></tr>
<tr><td rowspan="2">考核项目</td><td rowspan="2">考核内容</td><td rowspan="2">指标说明</td><td rowspan="2">分值</td><td colspan="3">评价标准</td><td rowspan="2">评分结果</td></tr>
<tr><td>良好</td><td>一般</td><td>较差</td></tr>
</table>

工作业绩	工作目标	（略）	10	8 ~ 10	6 ~ 7	1 ~ 5	
	工作效率	（略）	10	8 ~ 10	6 ~ 7	1 ~ 5	
	工作质量	（略）	10	8 ~ 10	6 ~ 7	1 ~ 5	
工作态度	积极性	（略）	10	8 ~ 10	6 ~ 7	1 ~ 5	
	纪律性	（略）	10	8 ~ 10	6 ~ 7	1 ~ 5	
	团队意识	（略）	10	8 ~ 10	6 ~ 7	1 ~ 5	
	责任感	（略）	10	8 ~ 10	6 ~ 7	1 ~ 5	
工作能力	基础知识	（略）	12	8 ~ 12	5 ~ 7	1 ~ 4	
	执行能力	（略）	6	5 ~ 6	3 ~ 4	1 ~ 3	
	学习能力	（略）	6	5 ~ 6	3 ~ 4	1 ~ 3	
	表达沟通	（略）	6	5 ~ 6	3 ~ 4	1 ~ 3	
注：考核结果平均综合得分低于 60 分为不合格，不予录用。不同意请提出意见，最后交于人事部审核批准，方正式录用。 综合平均得分：							
主管评审意见	试用期考核情况与意见： 负责人签名：						
	□试用期不合格：　注：试用期不合格者，解雇并结清全部工资 □按期转正：　从：____年____月____日 □提前转正：　从：____年____月____日						

9.4.2 岗位晋升与考核结果的联动

将绩效考核结果与岗位晋升相结合，首先要确定不同岗位晋升的通道，以销售部为例，企业可规定晋升通道为：销售助理→销售专员→高级销售→区域负责人→销售总监。

除此之外，还要明确晋升考核的内容及晋升条件，一般情况下，企业可针对拟晋升的员工单独编制晋升考核评估表。晋升岗位的考核指标应包含员工晋升后所需展现的能力，若拟晋升员工的考评结果符合岗位要求，则对该员工予以晋升，表 9-19 所示为某企业员工晋升考核表。

表 9-19 某企业员工晋升考核表

<table>
<tr><td colspan="2">姓名：</td><td>性别：</td><td colspan="2">年龄：</td><td colspan="2">部门：</td></tr>
<tr><td colspan="2">直接上级：</td><td>原岗位：</td><td colspan="2">拟晋升岗位：</td><td colspan="2">评估时间：</td></tr>
<tr><td colspan="7">拟晋升岗位职责描述：（直接上级填写）</td></tr>
<tr><td colspan="7">岗位晋升考核表
（选择最能符合该员工在工作岗位考核内容的分值，在对应的“优、良、中、差”分值上打“√”）</td></tr>
<tr><td rowspan="2">考核项目</td><td rowspan="2">考核内容</td><td rowspan="2">评价因素描述</td><td colspan="4">评价标准</td></tr>
<tr><td>优</td><td>良</td><td>中</td><td>差</td></tr>
<tr><td rowspan="4">工作态度</td><td>遵守规章制度</td><td>优：在工作期间无任何不良记录并可以为他人做出榜样
良：在试用期内无任何不良记录
中：有轻微不良记录但能知错就改
差：有过处罚记录不能改正</td><td>7</td><td>5</td><td>3</td><td>1</td></tr>
<tr><td>接受任务的态度</td><td>优：主动接受任务并按任务要求开展工作。
良：被动接受任务，但一旦接受任务后会主动按任务要求进行工作
中：被动接受任务，在领导督促下工作
差：对待任务有抵触情绪，不能主动工作</td><td>7</td><td>5</td><td>3</td><td>1</td></tr>
<tr><td>团队协作精神</td><td>优：可以很好地融入团队中，参与团队工作，能为团队利益做出个人牺牲
良：可以融入团队中，支持团队工作，与同事、协作部门保持较好的合作关系
中：能够适应团队工作
差：不能很好与同事合作完成项目</td><td>7</td><td>5</td><td>3</td><td>1</td></tr>
<tr><td>出勤情况</td><td>优：全勤，并能主动加班</td><td>7</td><td>5</td><td>3</td><td>1</td></tr>
</table>

工作态度	出勤情况	良：偶有病事假，无迟到早退现象，能够接受加班 中：偶有病事假，偶有迟到早退现象 差：经常有病事假及迟到早退现象	7	5	3	1
工作业绩	岗位职责执行情况	优：①一线业务部门：工作积极主动，能够按量或超额完成业绩指标。②二线业务部门：工作积极主动，可高效高质地完成自己的本职工作，并协助支持其他部门完成各项工作 良：按时完成自己的工作，可以协助其他部门工作 中：按时完成自己的工作 差：不能按时完成自己的工作	30	20	10	5
工作能力	正确理解工作内容的能力	优：对待任务可以轻松看到表象和深层次含义，不需要上级多加指点便可以完成 良：会分析任务，但是不能分析到很深的层次，仅仅看到表象 中：在上级的指点下，才能得到结论 差：不对任务进行任何分析	7	5	3	1
	发现和解决问题的能力	优：善于积极主动发现不足，勇于打破陈规，并进行创造性的改进；发生问题时，可以马上做出判断，做出反应，并及时解决 良：能发现问题，但不能分析出问题的根源，因此在解决问题时有不彻底的现象发生 中：从不主动发现问题，但在问题发生时可以自行及时处理 差：难以自行解决问题	7	5	3	1
	从事工作的复杂难易程度	优：任务整体比较复杂，有许多细致的问题需要考虑，任务完成需要投入很多时间和精力 良：项目比较复杂，技术实现上不需要太多的创新 中：任务和技术实现上比日常任务稍有难度，一般人员均可完成的项目 差：初级人员可以完成的任务	7	5	3	1

工作能力	业务水平及独立完成工作的能力	优：精通本职工作，有丰富经验、适应能力，办事能力强，能独立实施工作，并能指导、帮助他人开展工作 良：对本职工作较熟悉，及时圆满完成任务 中：业务水平一般，可以完成任务 差：不能胜任工作	7	5	3	1
	新工作适应能力及学习能力	优：能迅速地投入到新工作中，不需要适应期，学习能力强 良：2 ~ 3 周内能够适应新工作，学习能力较强 中：一月内可以适应工作，学习能力一般 差：自身不能适应工作，学习能力差	30	20	10	5
工作效率	完成工作的效率	优：在工作时间内可以全心全意投入到工作中，并善于分配自己的时间，可以保质保量的按时完成工作 良：在工作中基本很投入，会分配时间，并按时完成工作 中：正常情况下能完成工作，偶尔拖延 差：工作时间经常心不在焉	7	5	3	1
月度考核	6 个月内岗位月度考核平均成绩	优：91 ~ 100 分 良：81 ~ 90 分 中：70 ~ 80 分 差：70 分以下	10	8	5	2.5
民主评议	团队认可度	优：为人谦逊，工作务实，热情主动，素质修养好 良：工作踏实，礼节礼貌到位，与团队相处融洽 中：工作较为踏实，能够基本融入团队 差：工作本位思想较重，无法融入团队	10	8	5	2.5
（各等级线性区间）合计分值						
等级划分区间：优：100 ~ 120 分 良：86 ~ 100 分 中：51 ~ 85 分 差：20 ~ 50 分 （凡被评为中或差等级者不予晋升调整）						

考核结果： 1. 通过以上各项的评分，综合得分______分 2. 直接上级主管考核意见综述：   用人建议：□建议晋升___岗位（职务），并试用___个月，工资定级____元 / 月 □不能晋升 直接上级（部门负责人）签字：　　　　　　　日期：___年___月___日
人力资源部与员工沟通的情况：
人力资源部意见：　　　　　　　　　　总经理意见：
绩效领导小组评审委员会意见：（不少于 5 名评审委员签署意见）

9.4.3　员工晋升管理制度

为了确保员工晋升流程规范化，同时在企业内部形成良好的竞争环境，企业可以制订员工晋升管理制度。员工晋升管理制度一般要包含晋升的形式、晋升流程、晋升条件及晋升考核的内容等。

在晋升条件的规定上，不同企业可以有不同的要求，但大体包括两种情形，一是完全以业绩考核为依据，二是业绩考核 + 其他能力。第一种情形下，一般会将员工的历年考核成绩作为晋升依据；第二种情形下，在考察员工历史绩效考核成绩的同时，还会考核该员工是否具备拟晋升岗位应具备的能力。

图 9-15 所示为某企业员工晋升管理机制的内容，从中可以看出，员工需满足历年来的年度考核成绩平均在 80 分以上，具备拟任岗位任职条件、所需能力等条件才能获得晋升资格。

员工晋升管理机制

为加强公司人才梯队建设，建立规范的“能者上，平着让，庸者下”的用人机制，充分调动员工的主动性和积极性，达到发现人才、培养人才、留住人才的目的，并在公司内部营造公平、公正、公开的竞争机制，制定本机制。

一、员工职业发展通道

我们了解员工的满足感不仅仅来自职级的上升和工资的上调，还来自于技术水平、专业水平、管理技能的提高等多个方面，因此公司建立多阶梯的晋升机制。多阶梯晋升办法将公司岗位分为三大类、五个职系。

1.三大类是指：管理岗位、专业技术岗位和操作技能岗位。

2.五个职系分别为：

（1）管理职系，适用于担负领导职责或管理任务的工作岗位。

（2）技术职系，适用于从事技术工作，具有相应专业技术水平和能力要求的工作岗位。

（3）营销职系，适用于从事直接客户开发、业务销售的工作岗位。

（4）专业职系，适用于以专业知识从事业务管理、支撑的工作岗位。

（5）操作技能职系，主要为承担具体操作职责的工作岗位。

3.因此员工职业晋升通道可按照以下三条通道晋升，实现自己的职业发展目标。

（1）操作人员通道：可以是职级上的晋升，初级→中级→高级；也可以是职位上的晋升，员工→领班→副主任→主任→副经理→经理→副总监→总监→副总经理→总经理。

（2）专业、技术人员通道：可以是职级上的晋升，维修员→技师→工程师等；也可以是职位上的晋升，员工→领班→副主任→主任→副经理→经理→副总监→总监→副总经理→总经理。

（3）管理人员通道：指职位上的晋升，员工→领班→副主任→主任→副经理→经理→副总监→总监→副总经理→总经理。

二、分级评审权限

1.集团公司人员晋升

序号	岗位职级	提名人	评审人	备注
1	副经理以下	部门经理	中心负责人	报人事部门备案
2	副经理、经理	中心负责人	人力资源中心、各中心分管副总裁	报人事部门备案
3	总监、副总	总经理	董事会	报人事部门备案
4	总经理、副总裁	董事长	董事会	报人事部门备案

2.子公司人员晋升

序号	岗位职级	提名人	评审人	备注
1	副经理以下	部门经理	子公司总经理办公会	报人事部门备案
2	副经理、经理	子公司总经理	子公司总经理办公会	报人事部门备案
3	总监、副总	子公司总经理	集团各专业分管副总裁	报人事部门备案
4	总经理、副总裁	董事长	董事会	报人事部门备案

三、员工晋升条件

序号	职等类别	职务名称	学历要求	职称	工作经验
1	主管人员	职能部门主管或助理	专科以上	初级	1 年以上工作经验
2		技术部门主管或助理		中级	2 年以上工作经验
3	管理人员	职能部门经理或副经理	本科以上	中级	3 年以上工作经验
4		技术部门经理或副经理		高级	4 年以上工作经验
5		公司经理或副经理		高级	5 年以上工作经验
6		高层		高级	8 年以上工作经验

1.员工晋升时，同时满足以下条件的具备职务/职级晋升资格。

（1）在部门内担任低一级职务满一年，或在公司内不同部门担任低一级职务满两年。

（2）历年来的年度考核成绩：平均 80 分以上，且无任何违规、受罚记录。

（3）具备拟任岗位任职条件：自身基本条件符合岗位说明书列明的任职资格条件。

（4）具备拟任岗位所需能力：经考核，符合拟任岗位所需要的综合素质与能力要求，考核成绩要求在 80 分以上。

2.晋升考核内容（业绩+其他能力）。

（1）员工背景：年龄、学历、专业特长、工作经验、稳定性和上进心等。

（2）工作表现：是否掌握有关工作的专业知识和技能；是否具有较强接受能力、适应能力、执行力；是否有扎实的岗位基础；是否对工作热情，有责任感，有务实态度等。

（3）工作业绩：即历年来绩效考核平均成绩在 80 分以上。

（4）工作能力：是否具有较广泛的知识面；是否具有调动和影响他人积极性的能力；是否具有解决问题的能力；是否能使本部门的工作运转正常；且使本部门积极配合其他部门的工作；是否具有团队精神和全局观念。

根据公司五大职系的不同，订立不同的晋升审查基准，因为不同体系及职务，有不同能力项目。因此，依照管理职系、专业职系、技术职系、营销职系和操作技能职系，或是设计、工程管理、销售、人事总务、经营企划和财务会计等几大类，依各个职等制订不同的审查基准。具体内容详见各职系的《岗位说明书》。

3.高层管理人员的晋升（总监级、总经理级）需考核一定的资历、能力及年终目标达成率之外，还需依据其年终 360 度考核，全方位对其工作态度、团队协作、人际沟通能力等方面进行考核评分。

4.有下列行为者不能参与晋升。

（1）一年内违反公司各类规章制度被记过处罚者。

（2）一年内有重大工作失误者。

（3）一年内已通过特殊途径或方式得到晋升者。

四、特殊晋升条件

1.所在团队建设与维持公司秩序的需要。

2.业绩突出，屡创历史新高者。

3.对公司发展提出重大建议为公司采纳，并产生重大经济效益的。

4.有其他重大突出贡献，经公司讨论认定应当给予晋级嘉奖的。

5.因公司或部门团队建设需要或其他情形的晋升。

五、晋升的形式

1.定期：公司每年根据公司的营业情况，在年底进行统一晋升。

2.不定期：在年度工作中，对公司有特殊贡献，表现优异的员工，随时予以晋升。

3.试用期员工：在试用期间，工作表现优秀者，由试用部门推荐，提前进行晋升。

六、晋升的办理

1.晋升时机

（1）根据公司经营需要及发展规划，为保证高效运作，同时充实内部人才储备，人力资源部每两年组织一次员工晋升。

（2）职务出现空缺时，若已有具备晋升条件的适当人选，可随时依程序办理晋升。

2.晋升办理程序

（1）确定拟提升职位：人力资源部根据公司战略规划及人员需求，定期发布拟新任领导者的职务类别、数量及具体要求。

（2）推荐合适人选：由员工任职部门推荐的，填写《管理职务晋升推荐表》（附件 1）并初步审查后交人事部门。

（3）晋升考核：人事部门根据职位要求，对所有人选的任职资格进行审查，对于审查符合条件的，组织用人部门及其他相关人员对其按照拟任职岗位要求进行考核。填写《员工晋升综合素质与能力考核表格》。

（4）决定人选：人事部门汇总考核结果，经会议讨论后决定最后人选，由最高核定人签发任命通知。

附件 1

管理职务晋升推荐表

（主管及以上人员适用）

<table>
<tr><td>姓名</td><td></td><td>性别</td><td></td><td>年龄</td><td></td><td>户口所在地</td><td></td><td>籍贯</td><td></td></tr>
<tr><td>最高学历</td><td></td><td>所学专业</td><td colspan="2"></td><td>政治面貌</td><td></td><td>毕业学校</td><td colspan="2"></td></tr>
<tr><td colspan="2">个人爱好及特长</td><td colspan="3"></td><td colspan="2">计算机水平</td><td colspan="3"></td></tr>
<tr><td colspan="2">参加工作时间</td><td colspan="2"></td><td>工作年限</td><td></td><td colspan="2">在本公司工作年限</td><td colspan="2"></td></tr>
<tr><td colspan="10">现任职</td></tr>
<tr><td>部门</td><td></td><td>职务</td><td></td><td>聘任日期</td><td>年 月 日</td><td colspan="2">累计聘任年限</td><td colspan="2">年 个月</td></tr>
<tr><td rowspan="2">推荐</td><td colspan="4">□晋升</td><td colspan="2">拟晋升部门（公司）</td><td colspan="3"></td></tr>
<tr><td colspan="4">□后备领导者</td><td colspan="2">拟晋升职务</td><td colspan="3"></td></tr>
<tr><td colspan="3">推荐理由及晋升原因</td><td colspan="7"></td></tr>
<tr><td colspan="3">员工自评（优劣势）</td><td colspan="7"></td></tr>
<tr><td colspan="3">部门负责人意见</td><td></td><td></td><td></td><td></td><td></td><td></td><td></td></tr>
<tr><td colspan="3">公司负责人意见</td><td></td><td></td><td></td><td></td><td></td><td></td><td></td></tr>
<tr><td colspan="2" rowspan="8">人力资源部任职资格审查</td><td rowspan="2">职缺状况</td><td colspan="7">○是 ○否</td></tr>
<tr><td colspan="7">○后备人才 ○其他</td></tr>
<tr><td>考核成绩</td><td colspan="7">历年考核成绩达规定的标准是：</td></tr>
<tr><td rowspan="4">审核意见</td><td colspan="7">○具备推荐职务基本资格条件，同意晋升</td></tr>
<tr><td colspan="7">○尚有不足，建议先代理职务或延期______办理</td></tr>
<tr><td colspan="7">○同意推荐为储备领导者：</td></tr>
<tr><td colspan="7">○建议其他部门________职务__________</td></tr>
<tr><td colspan="8">签名：
日期：</td></tr>
<tr><td colspan="10">说明：“推荐理由及晋升原因”栏，员工自荐时，由员工本人填写并签名；公司（部门）推荐时，由公司（部门）负责人填写并签名。</td></tr>
</table>

图 9-15

9.5 岗位技能培训管理

绩效考评结果可以反映员工在当前岗位所存在的问题，针对这些问题，企业可以制订培训计划，以此来帮助员工提升和成长。

9.5.1 将考核结果应用于在职培训

一般来说，根据绩效考核结果来实施的岗位培训，主要针对的是绩效较差或者在某方面存在明显不足的员工，为了让这些员工能够达到岗位的要求，改善这些绩效问题，企业有必要对其进行培训。

企业可以结合绩效考核统计分析结果来制定培训计划，如对生产管理岗位绩效指标达标情况进行分析，分析结果显示：该岗位员工的生产调度能力指标评分普遍较低。那么企业就可以针对该岗位员工组织生产调度能力进行专项培训，包括生产管理部长、产品生产主管及生产管理调度员。

对单个员工，可针对该员工所缺乏的技能和知识进行个性化培训。企业可使用培训计划表来明确拟培训的部门和员工，如表 9–20 所示。

表 9–20 培训计划表

责任部门	培训内容	培训方式	培训对象	培训时间	培训地点
制表人：		审核人：		批准人：	

9.5.2 通过绩效考核评估培训效果

为了确保参加培训的员工能认真对待培训，保证培训的效果，企业可以对受训人员进行培训考核，并将培训考核成绩作为员工提薪、升职的条件之一。培训考核的方式有多种，包括现场书面考核、考核表评价、不定期测试等。

- **现场书面考核**：是指通过书面答题的方式来检验学员培训后的效果。
- **考核表评价**：是指以考核表打分的形式来对受训人员培训后的效果进行评估，如将历史绩效考评数据与培训考核表数据做比较，看其是否有进步。
- **不定期测试**：是指当受训人员返回工作岗位后，以不定期走访、观察、沟通等方式来了解学员培训后各项能力的提升情况。

表 9-21 所示为培训考核表模板，企业可根据培训内容来填写具体的考核项目。

表 9-21 培训考核表

<table>
<tr><td colspan="2">姓名</td><td></td><td colspan="2">部门</td><td></td><td colspan="2">职位</td><td></td></tr>
<tr><td colspan="2">培训时间</td><td></td><td colspan="2">考核时间</td><td></td><td colspan="2">培训考核人</td><td></td></tr>
<tr><td>序号</td><td colspan="2">考核项目</td><td>配分</td><td>得分</td><td colspan="2">培训考核人签字</td><td colspan="2">被培训考核人签字</td></tr>
<tr><td>1</td><td colspan="2"></td><td></td><td></td><td colspan="2"></td><td colspan="2"></td></tr>
<tr><td>2</td><td colspan="2"></td><td></td><td></td><td colspan="2"></td><td colspan="2"></td></tr>
<tr><td>3</td><td colspan="2"></td><td></td><td></td><td colspan="2"></td><td colspan="2"></td></tr>
<tr><td>4</td><td colspan="2"></td><td></td><td></td><td colspan="2"></td><td colspan="2"></td></tr>
<tr><td colspan="9">成绩合计：</td></tr>
<tr><td colspan="9">自评：
被培训人 / 日期：</td></tr>
<tr><td colspan="9">考核评价意见：
评价人 / 日期：</td></tr>
</table>

有时，在职培训没有达到预期的效果并不一定是受训人员的问题，还可能是因为培训方法选择不当、培训内容没有针对性、讲师能力不足所造成的。企业可通过培训效果调查的方式来改善培训工作，表9-22所示为培训效果调查表。

表9-22 培训效果调查表

课程名称		培训讲师		培训内容	
培训时间		培训对象		参训学员	
一、关于培训课程	非常认同	认同	还可以	不认同	很不认同
课程内容目标明确，与我期望的学习内容相一致					
课程内容（含教材、案例）对我今后的工作有所帮助					
课程材料的内容结构清晰，让我很容易理解					
二、关于培训讲师	非常认同	认同	还可以	不认同	很不认同
讲师的专业知识和实践经验非常丰富					
讲师能够很好地引导我参与到课堂活动中去					
讲师能够很好地安排课程进度					
讲师给予我充分的机会去练习需要掌握的技能					
三、关于培训教材	非常认同	认同	还可以	不认同	很不认同
我发现培训教材和教具的准备非常充分					
我发现培训教室的布置和氛围有利于学习					
请对培训内容提出您的建议？（请详细回答）					

第十章

优化改进：提升绩效管理效果

优化改进是诊断绩效问题、制订绩效改进计划的过程。通过有针对性地实施绩效改进，企业可以帮助员工提高个人能力，优化组织绩效管理流程和体系，进一步提高企业绩效管理能力和核心竞争力。

10.1 绩效改进辅导帮助员工成长

在绩效管理闭环中，绩效改进辅导是贯穿于整个管理过程的，其主要内容是了解员工绩效计划的完成情况，找到绩效差距产生的原因，以辅导的形式来帮助员工解决潜在的障碍和问题。

10.1.1 对员工进行绩效观察和诊断

绩效辅导的对象通常是被考核员工，辅导员则一般是员工的上级。管理者要做好绩效辅导工作，首先要对员工当前绩效及工作技能掌握程度有比较清晰的了解。

在绩效辅导开始前，观察法是了解员工日常工作行为及潜在障碍和问题的常用方法。在使用观察法时，可以结合“绩效诊断箱”来对员工的绩效偏差进行分析。

绩效诊断箱是帮助分析员工绩效短板的实用工具，其提供了诊断员工绩效问题的思路，如图 10-1 所示。

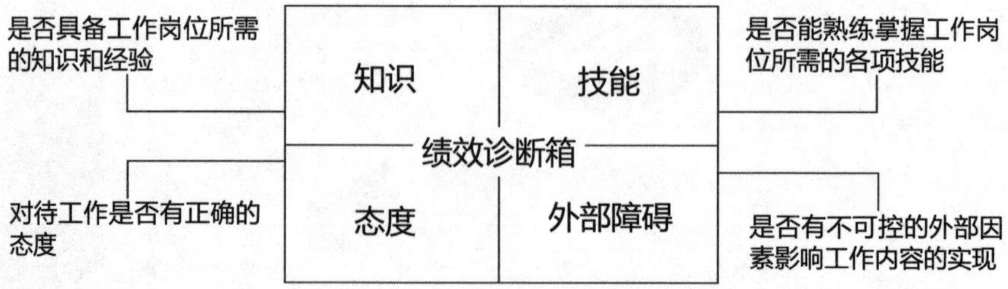

图 10-1

根据绩效诊断箱的内容，管理者可根据知识、技能、态度和外部障碍 4 个方面来对员工绩效不佳的原因进行诊断。在诊断过程中，要实事求是，通过充分的沟通交流得出诊断结论，图 10-2 所示为诊断示例。

知识 1. 缺乏电商平台运营经验 2. 缺乏主流信息平台投放经验 3. 对公司产品及优势不了解 4. 对终端内容运营认识不到位	技能 1. 缺乏数据分析能力 2. 文字功底不强 3. 运营规划能力较弱 4. 执行力、推动力不强
态度 1. 做事不够细心 2. 工作职责心强	外部障碍 1. 工作压力较大 2. 终端设备常常出现故障 3. 企业品牌宣传渠道过窄 4. 企业引流推广预算不足

图 10–2

针对不同的问题，要有针对性地给出解决方法，以图 10–2 所示的诊断结果为例，其解决方法如图 10–3 所示。

知识——解决方法 1. 组织电商运营相关内容培训 2. 加强产品知识体系学习 3. 提高自我学习意识，主动学习新媒体运营相关知识	技能 1. 加强在职技能培训 2. 进行文案写作能力训练 3. 做好企业运营推广策划 4. 加强技能学习和实践
态度 1. 明确岗位工作职责和内容 2. 端正态度，做好职业发展规划 3. 加强沟通交流，提高员工工作积极性	外部障碍 1. 提高自身工作抗压能力 2. 做好终端设备维护 3. 拓宽运营推广渠道 4. 适当加大付费渠道推广投入

图 10–3

10.1.2　运用方法找出绩效差距和原因

绩效诊断箱为我们提供了绩效差距分析的思路，在具体分析绩效差距和不足的过程中，还要运用一些方法来辅助进行分析，具体有以下方法。

（1）纵向比较法

纵向比较法是指将历史绩效考评数据与当前绩效考评数据做比较，找出绩效退步或者存在绩效问题的地方。

如某销售岗位员工，上一考核周期的销售回款率指标达 100%，而本考核周期的销售回款率指标为 60%，销售回款指标达标率明显出现下滑，这可以反映出该员工在销售账款的催收和回款工作上可能存在问题。再结合绩效诊断箱的 4 个方面，经分析和判断可能是员工工作态度或外部障碍导致了销售回款率指标出现下滑。

（2）横向比较法

横向比较法是指按部门或员工来进行绩效差距比较分析，在使用横向比较法时，可以结合部门绩效结果分析数据、员工绩效差异分析数据来找出员工绩效的不足之处。

假设以销售部为例，根据销售部员工绩效达标分析图表显示，员工 A 的谈判成功率指标值为 50%，而其他员工普遍达到了 80% 以上，反映出员工 A 在客户谈判和合同签订上存在问题，结合绩效诊断箱进行分析，发现是该员工不懂商业谈判技巧所造成的。

（3）目标比较法

目标比较法是指将员工的实际考评结果与岗位目标进行比较，然后找出存在绩效差距的地方和原因。如针对销售专员岗位，销售业绩增长率指标的目标值为 15%，但员工 A 的实际完成值为 5%，反映出该员工在客户开发和客户关系维护上存在问题，结合绩效诊断箱进行分析，判断是该员工销售能力不足所造成的。

10.1.3　制订员工绩效改进计划

通过绩效诊断找出员工存在的绩效问题后，还需要针对这些问题制订改进计划。在制订员工绩效改进计划的过程中，要注意以下几点。

- **符合 SMART 原则**：绩效改进计划是指导员工进行改进的方针指南。因此，绩效改进计划应符合 SMART 原则，即绩效改进计划的内容应具体、具有可操作性，且是可衡量和可达到的。
- **避免单方面的认同**：在制订绩效改进计划的过程中，管理者要避免将改进计划强加给员工，而不管员工是否认同。绩效改进计划只有得到管理者和员工的共同认同后，才能有效实施。
- **避免改进计划流于形式**：绩效改进计划不应只停留在理论上，而应有明确的完成时间及实施标准的规定，以避免改进流于形式。

在制定绩效改进计划时，可以使用员工绩效改进计划表来明确改进的内容及时间，如表 10-1 所示。

表 10-1　员工绩效改进计划表

<table>
<tr><td>姓名</td><td></td><td>部门</td><td></td></tr>
<tr><td>岗位</td><td></td><td>绩效得分</td><td></td></tr>
<tr><td colspan="3">1. 员工在下一考评周期需要提高 / 改进的方面</td><td>完成日期
年　月　日</td></tr>
<tr><td colspan="3">2. 考评责任人提供的指导和帮助</td><td>完成日期
年　月　日</td></tr>
<tr><td colspan="3">3. 建议员工参加的培训课程 / 方面</td><td>完成日期
年　月　日</td></tr>
<tr><td colspan="2">考评责任人签字：
年　月　日</td><td colspan="2">被考评人签字：
年　月　日</td></tr>
</table>

10.1.4 有针对性地进行绩效辅导

根据不同员工的绩效表现，可以将员工划分为不同类型，针对不同类型的员工应采取不同的绩效辅导方法，员工的常用分类方式有以下两种。

- **按是否有绩效进步：**按员工是否有绩效进步，可将企业员工分为进步快速者、些许进步者、未尽全力者和表现退步者4种。
- **按知识技能和工作态度：**按员工知识技能的高低及工作态度的好坏，可用四象限图将员工分为图10-4所示的4种类型。

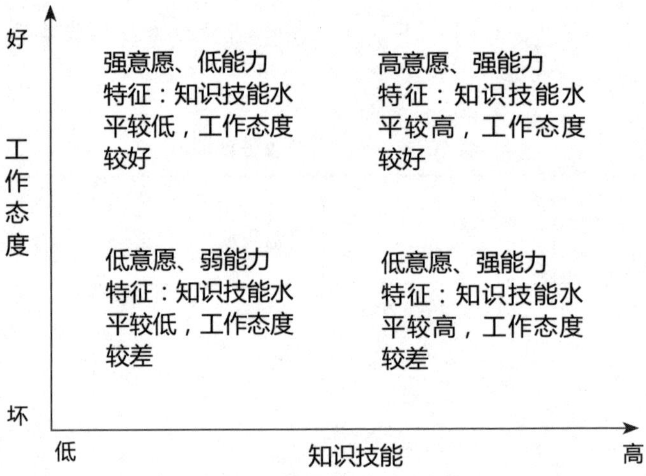

图10-4

按照以上两种分类方式确定员工类型后，就可以对不同类型的员工实施绩效改进辅导。一般情况下，针对强意愿、低能力或些许进步者，可采取具体指导的方式来辅导，明确告诉员工应该如何做，并跟踪了解员工的改善情况，在跟踪过程中对发现的问题及时纠正。对于低意愿、弱能力或表现退步者，要从心理和技能两方面入手，改变员工的工作态度和工作方式。

对于低意愿、强能力或未尽全力者，可采取方向引导式辅导，通过沟通来消除员工的负面情绪，提高员工积极性。对于高意愿、强能力或进步快速者，可采取鼓励式辅导，通过正向激励鼓励他们努力向上。

10.2 绩效考核体系改进计划

从企业层面来看，对企业的绩效管理体系进行诊断，从诊断中发现绩效管理体系存在的问题，并对不科学、不合理的地方进行调整优化，是企业绩效改进的重要内容。

10.2.1　绩效管理体系的诊断

绩效管理要在企业生根发芽，并不断发挥其价值，离不开绩效管理体系的不断优化和改进。而哪些方面需要改进是企业应明确的，管理者可从以下几方面来对绩效管理体系进行诊断。

（1）绩效指标体系是否能体现核心价值

企业的绩效体系总体可分为两大部分，一是组织绩效，二是员工绩效。这两大绩效体系需体现企业的核心经济指标，才能确保企业战略目标有效实现。为了确保绩效体系能体现企业核心目标和员工的核心价值，企业需要对绩效指标体系进行诊断。

在诊断过程中，企业可将部门与员工的实际绩效与目标绩效进行比较，在比较过程中对关键绩效指标体系进行评估，看这些评价指标与标准是否全面完整、科学合理。

（2）绩效目标的分解是否有效

通过前面的内容可以知道，员工绩效目标是由企业战略目标层层分解而得来的，这条分解主线需科学合理才能保证员工的努力方向与企业战略目标一致。因此，在绩效管理总结阶段，企业有必要对绩效目标的分解主线进行诊断。

对绩效目标的分解主线进行诊断，可采用从上到下或从下到上的诊断方式。从上到下是指以企业战略目标为出发点，诊断企业目标是否清晰地分解到部门和个人。从下到上是指从基层岗位出发，诊断岗位目标是否与部门目标相关挂钩，部门目标是否与企业整体战略目标挂钩。

（3）绩效管理制度是否合理

绩效管理制度明确了绩效管理实施的程序和标准，如果现行的绩效管理制度存在问题，很可能会导致绩效管理成为阻碍企业发展的绊脚石，使员工抵制绩效管理的推行。

对绩效管理制度进行诊断，主要了解在绩效考核过程中，相关条款是否得到了有效落实，及哪些制度成了管理的累赘，针对那些不科学、不合理的制度，需要进行调整。

（4）绩效理念是否适配企业文化

绩效管理是企业管理体系的组成部分，而要保证绩效管理能有效推动企业发展，离不开正确的管理思想的指导。企业文化是企业在日常运行中所形成的一种管理文化，这种管理文化如果与绩效理念相冲突，将会影响绩效考核的实施和开展。

因此，企业有必要诊断绩效理念是否与企业文化相契合，管理者可以对绩效管理理念和企业文化进行提炼，看两者是否相辅相成。

10.2.2　对绩效指标进行优化

对绩效指标进行优化，是企业绩效改进的内容之一，评估企业的绩效指标体系是否需要优化改进有以下 3 种方式。

- **用 SMART 原则判断**：SMART 原则可用于判断绩效指标是否清晰明确，如果通过 SMART 原则评估绩效指标存在笼统、与员工本职工作不相关等问题，那么就需要对该指标进行调整。
- **是否反映员工的工作目标**：科学的绩效指标体系应该能够反映员工的主要工作目标，在诊断绩效指标体系的过程中，如果发现绩效指标没有覆盖员工的主要工作目标，那么就需要进行调整。
- **是否有一定的超越空间**：绩效指标的考核标准应是员工能够实现的基本标准，这个标准的目标值不能太高，应该留给员工一定的可超越空间，使超过该标准目标值的员工可以被评为卓越员工。

了解了绩效指标合理性的一些评估方法后，下面来看看企业常见的绩效指标问题，如表 10-2 所示。

表 10-2　企业常见绩效指标问题

常见问题	描述
指标数量太多	绩效指标过多是比较常见的绩效指标问题，对于一些对工作目标实现帮助不大的指标，应将其从绩效指标体系中剔除，对于那些考核标准相似的指标，可以将其合并
指标名称太长	部分企业有时会错误地将指标的定义作为指标的名称进行命名，为了便于考核和交流，绩效指标的名称一般不要设置得太长
指标标准过于苛刻	过分追求“最佳结果”，导致绩效指标的标准过于苛刻，是指标设置的常见问题。企业在设置绩效指标时，应注意指标标准实现的难度，不能将指标的目标值设置得太高
指标的表达不明确	对绩效指标的表达不明确，很容易导致指标的考核出现方向性偏差，企业应避免似是而非的指标定义，确保员工对指标的理解与企业想要获得的考核结果是一致的
指标过于单一	单一的绩效指标很难反映出员工的绩效全貌，企业应设定能够反映员工主要工作行为及目标的绩效指标体系
不重视质量绩效指标	不重视质量指标，只注重数量指标，容易导致员工只追求工作数量，而忽视工作质量，使得绩效考核成了“数字游戏”，企业应避免“重数量轻质量”的绩效指标体系

10.2.3 建立科学的绩效薪酬结构

绩效薪资是企业薪酬结构的一部分，对于那些没有与绩效考核真正挂钩的绩效工资和奖金，企业也需要进行改进优化。在对绩效薪酬结构进行诊断时，可以将不同岗位员工的薪资结构罗列出来，查看是否存在缺陷，表 10-3 所示为不同岗位薪资结构示例。

表 10-3 不同岗位员工薪资结构示例

岗位	薪资结构
生产专员岗位	基本工资 + 计件工资 + 绩效奖金 + 加班补贴
销售人员岗位	岗位底薪 + 出差补助
财务岗位	固定薪资 + 绩效工资 + 临时补贴
行政专员岗位	基本工资 + 绩效工资 + 福利补贴
技术研发岗位	基本工资 + 绩效奖金 + 工龄工资

梳理出不同岗位的薪资结构后，可根据岗位职责及能力要求来找出不合理的内容。如上表所示的薪资结构中，销售人员的薪酬结构没有体现出岗位业绩要求，这时就可以对其薪酬结构进行调整，如调整为：岗位底薪 + 岗位考核奖金 + 团队业务提成 + 出差补助。

除以上方式外，还可将不同岗位的薪资结构与人才市场普遍的薪资结构做比较，看企业当前的薪资结构是否存在不合理处。一般情况下，员工的岗位薪资主要由基本工资、能力工资、绩效工资、奖金、提成及其他福利津贴构成，企业可根据不同岗位的特性来灵活调整。

除了薪资结构的改进优化外，若薪资结构的权重存在不合理处，也需要进行调整。薪酬结构权重是指薪资各组成部分所占的比例，如某岗位薪资结构权重为：基本工资 20%+ 绩效奖金 70%+ 岗位津贴 5%+ 全勤奖 5%。若经过诊断，发现绩效奖金所占的比例过高，那么就可以进行调整。图 10-5 所示为某企业绩效考核与薪酬调整方案，企业可以借鉴参考。

绩效考核与薪酬调整方案

一、绩效考核指标调整方案

综合绩效考核结果调整绩效指标为业绩表现类指标和服务管理类指标，每一类指标根据岗位性质不同，侧重点不同。

业绩表现类指标设定原则：经营责任人主要以经营业绩完成率和成本控制指标为主；职能管理者主要以业绩完成率和管理职责达成度指标为主；普通员工以岗位职责工作表现性指标为主。

服务管理类指标设定原则：经营责任人及职能管理者主要以部门工作管理、服务质量评价和员工满意度等指标为主；普通员工以工作差错、客户投诉、管理制度执行及个人成长等指标为主。

考核指标的分类结构、相对应的权重及考核结果的等级评定标准详见下表，各岗位的详细考核指标请参见《各岗位绩效考核表模板》。

考核项目	考核维度	权重	优秀	良好	一般	较差
业绩及表现类指标	业绩目标达成率	65%	60 分以上	46～60 分	32～45 分	32 分以下
	利润目标达成率					
	成本控制达成率					
	岗位职责达成率					
服务及管理类指标	工作差错或准确度	35%	30 分以上	26～30 分	18～25 分	18 分以下
	客户投诉及满意度					
	管理制度执行度					
	内部满意度评价					
	团队建设					
综合得分		100%	90 分以上	71～90 分	50～70 分	50 分以下
经营责任人分类指标		50%	45 分以上	36～45 分	25～35 分	25 分以下

二、薪酬结构调整方案

"绩效工资"更名为"绩效奖金"，分设业绩表现奖、服务满意奖、全勤奖及其他奖金四项，总额与之前发放的"绩效工资"等额。

（一）收入构成

员工月收入=基本工资+业绩表现奖+服务满意奖+全勤奖+其他奖励

员工年收入=月总收入+年终奖+年度经营业绩提成（经营责任人）+其他奖励

（二）设计标准

为保证员工的基本利益，基本工资金额保持不变，将之前的绩效工资金额拆分为四个部分，定额切分服务满意奖、全勤奖、其他奖金，剩余金额定为业绩表现奖。各类奖金的具体金额详见下表。

级别	总经理级以上	副总经理级	总监级	主管级	员工级
业绩表现奖	之前的绩效工资总额减去以下三项定额奖金后的剩余部分				
服务满意奖	1 000	800	500	300	200
全勤奖	100				
其他奖金	回款考核奖定位 300～500 元				

备注：1. 业绩表现奖与服务满意奖分别与绩效考核的对应分类指标考核结果挂钩。如当月出现一票否决制的情况被评定为"基本称职"或"不称职"时，两项奖金同时按"基本称职"或"不称职"的对应系数，核定发放。

2. 综合绩效考核等级评定以两部分得分之和为基准，综合考核结果应用于月度、季度、年度员工评优、年终调薪、年终奖金核发、晋升等工作。

3. 计时或计件工资制员工按原计薪制度执行。

4. 个别目前未设有绩效工资的员工，绩效考核结果作为其月度、年度评优和年底加薪等管理工作的依据，后期在年度调薪时，加薪金额全部定为绩效奖金，直至其个人奖金部分的比例达到公司薪酬制度规定的水平为止。

三、薪酬核发及扣款方案

（一）基本工资核发：按员工实际出勤天数核发，其中带薪年假不扣减工资。

（二）业绩表现奖金核发：与业绩及表现类指标项的考核结果挂钩，按考核评定等级的对应系数核发，相应系数与现行制度一致。

（三）服务满意奖核发：与服务及管理类指标项的考核结果挂钩，按考核评定等级的对应系数核发，相应系数与现行制度一致。

（四）全勤奖核发：按"《关于出勤时间变更的通知》"相关规定执行。

（五）其他奖金：目前仅对经营责任人设定应收账款的考核，按考核表评定完成结果，考核细则及奖金核发系数详见考核表。

（六）其他奖励：按公司相关制度员工享受到额外奖励的情况，经核准批复后，对应奖金直接在当月工资中合并发放。

（七）各类罚款：员工出现违规行为按公司相关制度规定需罚款的情况，经核准批复后，对应罚款依次从服务满意奖金、业绩表现奖金中扣罚，扣完为止。员工出现因个人行为造成公司损失，按公司相关制度规定需进行经济补偿的，依次从业绩表现奖金、服务满意奖和全勤奖中扣除，不足部分继续从基本工资中扣除，如当月基本工资不足以补偿公司损失的，延期从员工以后各月的工资中扣除，直到扣完为止。

图 10-5

10.3 实施绩效改进优化方案

明确绩效改进的内容和方向，只是绩效改进优化的第一步，要使绩效改进真正发挥提高企业管理水平和员工作能力的作用，企业还需要根据绩效改进方案来实施改进计划。

10.3.1　绩效改进方案实施前的准备

在实施绩效改进方案前，企业需要做好一些必要的准备工作，主要包括以下几方面的准备工作。

（1）明确改进的先后顺序

当企业需要优化改进的内容比较多时，就需要明确改进的先后顺序。一般来说，应先改进绩效管理的基础环境，再针对员工的发展进行改进。

绩效管理的基础环境是指影响绩效运营的组织管理因素，如绩效文化、组织结构、绩效管理制度、薪资结构、绩效考核流程等。员工的发展是指员工绩效改进的内容，如销售能力、沟通能力、产品培训等。

（2）明确改进的时间和要求

在绩效改进实施前，企业应明确改进的时间及效果要求。管理者可将绩效改进的内容分解为若干个阶段，然后规划好每个阶段所需花费的时间。对于绩效改进究竟要实现怎样的效果，也应提前做好规划，表 10-4 所示为绩效改进方案规划表，可根据实际的改进内容进行填写和规划。

表 10-4　绩效改进方案规划表

改进项目	内容描述	实施流程	目标要求	执行人	改进时间
1					
2					
3					
4					
5					

（3）明确改进所需的资源支持

绩效改进的有效实施离不开各种资源的支持，对于改进过程中需要的资源，应提前进行规划和准备，如改进培训的场地、硬件设备的配置（如投影仪、电脑等）、工作安排的调整等。提前落实好绩效改进所需的资源配备，可以为员工创造良好的改进环境，让改进计划顺利进行。

10.3.2　绩效改进期跟踪记录

为了全面了解绩效改进的实施情况，企业有必要对绩效改进的实施进行跟踪记录，管理者可通过绩效改进跟踪记录表来记录改进措施的执行情况，如表 10-5 所示。

表 10-5　绩效改进跟踪记录表

<table>
<tr><td>姓名</td><td></td><td>部门</td><td></td><td>岗位</td><td></td><td>改进起止时间</td><td></td></tr>
<tr><td colspan="2" rowspan="2">需要发展及改进的绩效、能力</td><td colspan="2" rowspan="2">绩效改进计划目标及衡量标准</td><td colspan="3">绩效改进计划活动</td><td rowspan="2">完成时间</td></tr>
<tr><td>培训项目</td><td>辅导人员</td><td>其他</td></tr>
<tr><td colspan="2"></td><td colspan="2"></td><td></td><td></td><td></td><td></td></tr>
<tr><td colspan="2"></td><td colspan="2"></td><td></td><td></td><td></td><td></td></tr>
<tr><td colspan="2"></td><td colspan="2"></td><td></td><td></td><td></td><td></td></tr>
<tr><td colspan="2"></td><td colspan="2"></td><td></td><td></td><td></td><td></td></tr>
<tr><td colspan="2"></td><td colspan="2"></td><td></td><td></td><td></td><td></td></tr>
<tr><td colspan="2"></td><td colspan="2"></td><td></td><td></td><td></td><td></td></tr>
<tr><td colspan="2"></td><td colspan="2"></td><td></td><td></td><td></td><td></td></tr>
<tr><td colspan="8">绩效改进计划确认：
员工签字：　　　　主管签字：　　　　年　月　日</td></tr>
<tr><td colspan="8">计划执行跟踪记录一：
员工签字：　　　　主管签字：　　　　年　月　日</td></tr>
<tr><td colspan="8">计划执行跟踪记录二：
员工签字：　　　　主管签字：　　　　年　月　日</td></tr>
<tr><td colspan="8">计划执行跟踪记录三：
员工签字：　　　　主管签字：　　　　年　月　日</td></tr>
</table>

计划执行跟踪记录四： 员工签字：　　　　　　　主管签字：　　　　　　　年　月　日
计划执行跟踪总体记录（在整个跟进周期内个人绩效改进计划执行情况说明） 员工签字：　　　　　　　主管签字：　　　　　　　年　月　日
说明： 1. 本绩效改进计划由员工与直接主管一起根据绩效面谈情况和员工下一步发展目标制定。员工本人要对自身能力发展负责，主管需对资源承诺的兑现负责。绩效改进计划执行结果将作为员工年度绩效评定的参考依据 2. 跟进记录至少包括： （1）在跟进周期内绩效改进计划是否执行，如未执行需说明原因 （2）该绩效改进计划是否需要调整，如有调整，经双方沟通后可添加在计划表中，并说明调整原因

10.4 绩效改进效果评估

为了全面地了解绩效改进计划的实施效果，企业可对绩效改进的有效性进行评估。一般来说，绩效改进有效性的衡量方法有两种，一是进行企业绩效改进满意度调查，二是对员工改进后的绩效指标进行评估。

10.4.1 绩效改进满意度调查

对企业来说，可通过了解员工对绩效改进后各方面的满意度来衡量绩效改进的有效性。如果员工普遍满意绩效改进的结果，那么证明企业的绩效改进是有效的。如下所示为绩效改进满意度调查问卷，可供企业借鉴参考。

1.你了解公司当前的绩效考核制度吗？

○了解　　○不了解

2.你认为改进前和改进后的绩效，哪个会让你更加明确你的工作重心？

○改进前的绩效　　○改进后的绩效

3.你认为改进前和改进后的绩效管理，哪个会让你更加去努力完成目标？

○改进前的绩效管理　　○改进后的绩效管理

4.你认为改进前和改进后的绩效指标，哪个指标设置更加合理？

○改进前的绩效指标　　○改进后的绩效指标

5.你认为改进前和改进后的绩效管理，哪个对你的激励性更强？

○改进前的绩效管理　　○改进后的绩效管理

6.你认为改进前和改进后的绩效管理，哪个更有利于达成团队目标？

○改进前的绩效管理　　○改进后的绩效管理

7.你认为改进前和改进后的绩效管理，哪个更能有效保留员工？

○改进前的绩效管理　　○改进后的绩效管理

8.你认为改进前和改进后的绩效管理，哪个更容易实现员工多劳多得、少劳少得的公平机制？

○改进前的绩效管理　　○改进后的绩效管理

9.你的上级领导每月都与你进行绩效面谈？包括指标设定的确认和达成确认，并帮你分析问题出在哪里？如何改进？

○每月都做绩效面谈改进　　○没有做绩效面谈改进

10.你认为改进前和改进后的季度绩效奖金分配制度，哪个更能激励你？

○改进前的绩效奖金分配制度　　○改进后的绩效奖金分配制度

11.你认为改进前和改进后的绩效奖金分配制度，哪个更公平合理？

○改进前的绩效奖金分配制度　　○改进后的绩效奖金分配制度

12.你对绩效结果反馈中，人事部门人员对你提出的数据核对工作是否满意？

○满意　　○不满意

13.你认为月度绩效KPI数据填写的准确性如何？

○准确　　○偶尔有误差　　○不准确

14.在过去的5个月里，你觉得你个人是付出了100%的努力去达到绩效目标吗？

○是的　　○不是

15.你认为目前团队绩效差的原因是什么？

○绩效目标设定问题　　○绩效工作指导问题

○员工态度问题　　○领导指导问题

○公司策略问题　　○市场大环境问题

16.你对公司目前现行的绩效考核制度怎么看？

○考核较为严格　　○有考核但基本上是走个形式

17.你认为改进后的绩效有没有反应你真正的能力和业绩？

○能反映　　○不能反映

18.你认为绩效考核指标中应该包含哪些指标？（可多选）

○个人业绩　　○公司日常制度

○行政纪律和工作态度　　○个人学习能力和创新

19.你是否知道自己的KPI考核什么内容？

○知道　　○不知道

20.你的部门负责人关注员工的绩效工作么？如你们的目标设定、过程跟进和达成等情况。

○关注　　　　　　　　　　　　　　○不关注

21.你对目前公司运行的绩效激励制度是否满意？

○非常满意　　　○一般满意　　　○不满意　　　○非常不满意

10.4.2　衡量员工绩效改进的效果

对员工来说，可通过对改进后的绩效指标进行评估来衡量员工绩效改进的有效性。如对某质量管理岗位员工的绩效改进效果进行评估，可通过评估产品质量合格率、进厂材料质量合格率、工作主动性等绩效指标的改进情况来了解其改进效果。若评估结果为产品质量合格率提高、进厂材料质量合格率提高、质量事故损失率降低、工作主动性提高，那么证明该员工的绩效改进是有效的。

员工绩效改进效果的评估维度一般包括 4 个方面，个人能力素质的提升情况、工作方式的改进情况、个人业绩的提升情况及工作态度的调整情况，管理者可通过以上 4 个评估维度来了解员工绩效改进的效果，表 10-6 所示为员工绩效改进效果评估表。

表 10-6　员工绩效改进效果评估表

<table>
<tr><td>姓名</td><td></td><td>部门</td><td></td><td>岗位</td><td></td><td colspan="2">改进起止时间</td><td></td></tr>
<tr><td colspan="2">绩效改进项目</td><td>绩效改进指标</td><td colspan="2">绩效改进标准</td><td colspan="2">达成情况</td><td>分值</td><td>评分</td></tr>
<tr><td colspan="2"></td><td></td><td colspan="2"></td><td colspan="2"></td><td></td><td></td></tr>
<tr><td colspan="2"></td><td></td><td colspan="2"></td><td colspan="2"></td><td></td><td></td></tr>
<tr><td colspan="2"></td><td></td><td colspan="2"></td><td colspan="2"></td><td></td><td></td></tr>
<tr><td colspan="2"></td><td></td><td colspan="2"></td><td colspan="2"></td><td></td><td></td></tr>
<tr><td colspan="2"></td><td></td><td colspan="2"></td><td colspan="2"></td><td></td><td></td></tr>
</table>

总计评估得分：					
评价级别：□ 90 ~ 100 优秀（出色完成改进计划） □ 80 ~ 89 合格（完成改进计划） □ 70 ~ 79 有待改进（与计划目标相比有差距） □ 70 以下不合格（未达到计划目标基本要求）					
绩效改进结果及其处理： （1）绩效改进结果分为“优秀”“合格”“有待改进”和“不合格” （2）3 个月绩效改进结束后，通过绩效管理系统进行绩效改进期间绩效评价与审批。若绩效改进评价结果为“合格”，可以考虑回原岗位工作。若绩效改进评价结果为“有待改进”或者“不合格”，视为经过培训或者调整工作岗位仍不能胜任工作，公司有权依据《劳动合同法》解除劳动合同					
员工签名：		直接主管签名：			

知识延伸｜绩效改进结果的运用

根据绩效改进的评估结果，企业也可以将其运用于晋升、降职、调岗、解雇及人才选拔中。需要注意，企业若要根据绩效改进的结果与员工解除劳动关系，需符合《劳动合同法》的相关规定。

第十一章

困局破解：企业绩效管理的常见问题

企业引进绩效管理的初衷是为了实现企业和员工双赢，但在实施绩效管理的过程中，很多企业会遇到各种各样的问题，这些问题不仅会影响绩效管理的成效，严重的还会导致企业管理误入歧途。因此，解决和处理这些问题对企业来说非常重要。

11.1 绩效管理过程中的问题

随着现代企业管理的发展，企业的绩效管理越来越注重过程管理，绩效过程管理涉及的内容较多，因此也是容易产生问题的一个环节，下面就来看看绩效管理过程中常见的一些问题。

11.1.1 目标管理没有发挥提升绩效作用

利用目标管理法来设定绩效目标，以此来实现强化工作绩效的目的，是很多企业的常见做法，但有时“目标管理”可能并不能带来理想的效果，下面来看一个范例。

| 范例解析 | 绩效目标不合理影响产品质量

某生产企业针对车间生产人员设定了月产量2 000件的绩效目标，该企业规定：达成绩效目标的员工可获得500元的奖励，每超出绩效目标的10%，增加100元绩效奖金，连续两个月未达到绩效目标值的员工，将予以辞退处理。

在实施上述绩效考核目标方案后，生产部员工为了达到考核要求纷纷降低了对生产质量的把控。结果导致产量上去了，产品合格率却由过去的0.1%上升到了1%。

面对以上结果，该企业进行了绩效诊断和分析，发现是绩效目标设定过高所导致的。由于企业过于追求产量目标，导致员工只注重结果而忽视过程，使得绩效目标不仅没有带来好的激励作用，反而带来不良影响。

针对上述范例存在的问题，企业需要对绩效目标进行重新设置，通过设置合理的绩效目标来获得想要的绩效结果。通过上述范例，也给企业一些启示，即在追求目标结果的同时，也应注重目标实现过程的把控。在设计绩效指标体系和目标值时，可以将结果绩效指标与质量绩效指标相结合，并为其赋予合理的目标值。

企业在设计绩效目标时，要注意一些常见的陷阱，这些陷阱可能会导致绩效目标的设置不科学合理。

（1）今年的业绩目标一定要比去年高

在设置业绩目标时，很多企业会认为目标激励就是让今年的业绩目标比去年高，明年的业绩目标比今年高，这样员工的业绩就会逐年得到提升，企业的绩效也会越来越好。

实际上，不断上调的业绩目标并不一定能激励员工并不断提高工作业绩。假设去年员工完成业绩目标已经很吃力，而今年市场行情普遍不佳，企业将今年的业绩目标设置为去年的 140%。那么员工在实现今年的绩效目标时，就会感到很困难，严重的还会挫伤员工的积极性，造成企业人员流失。

在设置绩效目标时，不仅要考虑过往的历史数据，还要考虑到市场、政策等内外部环境对目标实现的影响。以招聘达成率指标为例，在每年的 3 月～ 4 月、9 月～ 11 月，由于毕业的应届生较多，选择跳槽换岗的员工也较多。针对这两个时间段，如果给人力资源部设置 90% 的招聘达成率，人力资源部通常可以通过努力实现这一目标。而如果在 1、2 月份及其他招聘淡季也设置 90% 的招聘达成率，那么人力资源部即使很努力也未必能实现这一目标。

总之，企业设定的绩效目标不应过高，也不能过低，应确保通过努力可以实现，如在实际绩效的基础上，提高 5% ～ 10%，并且灵活根据工作的难度、环境变化等对绩效目标作出合理调整。

（2）没有考虑员工的差异性

不同的员工因工作经验、工作能力及知识水平的影响，其实现绩效目标的难易程度是不一样的。如果对所有员工都以相同的绩效目标来要求，那么很可能导致高绩效员工无法带来更高的绩效增长，而低绩效员工却因目标压力做出辞职的决定。

以销售岗位为例，假设某销售部门以月销售收入 10 万元的业绩目标来要求所有新老员工。对新员工来说，其工作时间不长，客户积累量有限，要完成 10 万元的业绩目标是很困难的；对老员工来说，其已经拥有了一定工作经验，积累了大量的客户基础，10 万元的业绩目标比自己能达到的业绩水平要低很多。结果，这样的业绩目标导致了新员工苦不堪言，而老员工却暗暗自喜。

企业在设定员工个人的绩效目标时，应考虑员工之间的差异性，综合不同员工的能力素质、工作经验等来设置绩效目标，同时要倾听不同员工对目标设定的意见。

11.1.2 数字繁荣下的绩效泡沫

绩效泡沫是指企业的绩效管理表面上为企业带来了良好的绩效和激励效果，实际上却隐藏着很多问题，常见的绩效泡沫现象有以下几种。

（1）数字泡沫

为了让绩效考核能全面地反映员工绩效，让考评便于统计和分析，有的企业会将所有的考核指标全部量化，让“数据”来指导考核。在这种以量化数据为主导的考核模式下，绩效考核的标准会越来越细致，考核的指标也会越来越多。这种做法会使得绩效考核表面看起来很规范，考核很精准，但实际上却让考核异常烦琐。员工会为了追求“数字好看”而只注重短期利益，忽视企业的持续成长，从而带来数字泡沫。

（2）行为泡沫

大多数企业都会将绩效考评数据与员工个人薪酬收入相关联，在这种情况下，员工必然会以考核指标为导向，对于绩效考核表中规定的标准和目标，他们会努力去达成。对于考核细则中没有规定的内容，则会以“我的考核指标没有包含这部分”为由，而拒绝去完成。

在这种情形下，企业往往看起来井井有条，员工会根据考核的要求做好本职工作，如行政人员会定期组织会议活动、人事专员会为了完成招聘任务邀约所有应聘者进行面试、销售人员会为了达成销售目标整天拜访客户。表现看起来员工似乎都很努力，但这其实是一种“行为泡沫”，在实际工作中，员工只会优先完成容易被绩效考核表衡量的工作内容，而忽视那些对企业长远发展有价值的行为，如创新意识、自我学习等。

（3）业绩泡沫

业绩泡沫是指企业和员工的工作业绩看起来得到了较大的增长，但这种业绩实际上却不是企业的真实业绩，或者说与同行企业差很多。

业绩泡沫通常是绩效目标设定不合理造成的，为了获得可实现的绩效目标，有的管理者会将业绩目标定得很低，这样所有员工都能获得良好的绩效，但也影响了业绩的增长。另外，员工为了获得好的绩效，会倾向于做最容易、最快完成的工作任务，这也会导致业绩泡沫的出现。

针对以上3种绩效泡沫现象，企业要分析原因，找到合理的解决方法，让考核反映企业的实际绩效。一般情况下，企业可采取以下解决方法。

◆ 明确企业未来发展的方向，将绩效考核与企业战略目标相联系，围绕战略目标去设定绩效考核指标体系，让员工认识到战略性绩效管理的重要性，避免短期行为。
◆ 设计科学合理的绩效指标体系，避免过度追求定量指标，尊重主观评价的作用，强化员工沟通和绩效管理观念宣传，重视员工的成长与发展。
◆ 分析同行绩效目标实现情况，将同行绩效目标与本企业绩效目标做对比，避免闭门造车，导致绩效目标设计不合理。

11.1.3 认为绩效考评就是考核

由于员工对绩效考评的错误认知，再加上绩效考核只重视上级评分，很容易导致员工认为绩效考评就是考核与上级的关系，下面来看一个范例。

| 范例解析 | 评分主观性强导致员工对评分不满

某企业采用KPI考核法对采购部门员工实施绩效考评，在设计关键绩效指标时，根据采购部门员工的主要工作职责，设定了采购计划完成情况、合格供应商数量、商务谈判能力等绩效指标。绩效考评由采购部主管进行评分，评分结果将作为奖罚的依据。

在本考核周期的绩效评估结束后，采购部门员工普遍对绩效评分表示不满，他们认为考核评分结果没有明确的等级划分，无法根据评分看出绩效的好坏。部门主管的考评也没有根据工作的实际情况来评分，而是按照个人偏好来评估，绩效考核就是考核与主管的关系，与主管关系好，考评得分自然就高。

员工之所以会认为绩效考评就是考评关系，大多是因为绩效考评体系设计不合理，及考核者单一且评分主观性太强所造成的。针对上述现象，企业可采取以下解决措施。

- 采用360度考核法来对被考核者进行考评，对不同的考核者进行权重赋值，如直接上级的评分权重为50%，间接上级的评分权重为20%，统计的评分权重为20%，客户的评分权重为10%。
- 在设计绩效考评体系时，避免将考核错误地认为就是评分，明确绩效指标定义和评分标准，对绩效评分结果进行等级划分。
- 明确员工绩效行为记录的重要性，让考评者结合员工的关键绩效事件及工作行为记录表进行考核评分，确保考评的客观性和准确性。
- 加强考评者的绩效评估培训，让考评者掌握正确的评估方法，树立正确的绩效评估观念。

11.1.4　管理者不愿意推行绩效管理

从不少企业的绩效管理实践可以看出，有时，阻碍绩效管理推行的并不是被考核员工，而是企业的中层管理者。这些管理者之所以不愿意进行绩效管理工作，主要原因有以下 3 点。

（1）认为绩效管理会花费大量的时间和精力

企业推行绩效管理后，管理者势必要去评估员工、跟进和指导员工完成绩效及做绩效面谈等工作，因此，不少管理者会以绩效管理会花费大量的时间和精力为由，阻碍绩效管理的推行。

实际上，管理者之所有会将花费时间和精力作为托词，是因为没有认识到绩效管理的重要作用。绩效管理可以实现企业和员工的共同发展，促进管理流程和业务流程的优化，提高企业的管理效率。这意味着绩效管理不仅不会增加管理者的时间成本，相反还能帮助管理者节约时间。

所以，针对以上托词，比较好的处理方法是加强绩效管理的宣传和培训，让管理者认识到企业实施绩效管理的目的及绩效管理的重要作用。

（2）认为绩效管理会带来与员工的冲突

企业实施绩效管理后，管理者通常要作为考核者对员工进行评估和面谈，在该过程中，有的管理者会认为与员工沟通绩效问题时会产生矛盾和冲突，因此他们会回避绩效管理工作。

确实，绩效管理实施过程中可能会产生一些矛盾冲突，但只要管理者掌握了正确的解决方法，这些矛盾冲突是可以有效化解的。当员工认识到绩效管理有利于自身发展，能给自己带来帮助时，他们通常不会与管理者产生对抗。因此，有效的绩效沟通，建立双方的信任机制是解决冲突的好方法。除此之外，管理者也应正视矛盾冲突，而不是回避，应用积极的心态去面对和解决冲突。

（3）认为绩效评估反馈难度大

我们知道在绩效考评过程中，管理者需要对员工进行绩效观察和记录，由于跟踪记录需要管理者抽出时间去了解员工的工作行为及结果，因此这也会成为管理者回避绩效管理工作的原因。

他们的理由常常是：为了给员工公正客观地评估反馈，我需要时刻去跟踪员工的工作过程，但事实是我并不能每天都去监视员工的工作，再加上有的岗位工作质量难以量化，要完全做到评估反馈准确真的很难。

面对以上理由，企业要让管理者明白，绩效评估反馈有理有据并不意味着管理者要实时监控员工的一举一动。实际上，管理者只需抽出一定比例的时间来了解员工的工作行为即可，大多数工作绩效是可以通过关键事件、财务数据、工作报告等反映出来的。

11.2 考核实施过程中的问题

绩效考评是以员工客观的工作绩效为依据，对被考核者做出准确评价的过程。绩效考核形同虚设、员工抵触考核是该环节中常见的问题。

11.2.1 绩效考核评估形同虚设

绩效考核执行起来困难，没有达到预期的效果，反而带来了负面影响，使得考核形同虚设，究其原因，主要有以下几点。

（1）绩效考评表不合理

绩效考评表是对员工业绩及成果进行评估的表格，绩效考评表如果设计不合理，会导致考核者无法对员工做出准确评价，被考核者则认为考核不公平，从而使考核失去意义。

比较常见的错误是将不属于被考核者的工作内容作为考核指标，全体员工共用一个考核表。科学的绩效考评表应与员工的工作相关，且有清晰的目标导向，能从不同方向和角度来衡量员工的绩效。

如对销售人员进行考核评估，除了要有比较关键的销售收入、销售回款率等业绩指标外，还应包含非业绩指标，如团队合作、客户满意度等。另外，对员工进行考评表的解读也很有必要，以让员工接受和理解绩效指标体系及评价标准。

（2）没有绩效面谈环节

传统的绩效考核常常聚焦于评分，关注于过去，而忽视改进和未来。这样的做法会使绩效考核只是走了一个过场，无法发挥出改进工作的作用。在绩效考评结束后，不能忽视面谈环节，管理者要充分利用绩效面谈来帮助员工发现问题、改善问题。

（3）考核没有与激励相挂钩

关注考核，忽视激励也常常使得绩效考核形同虚设。从员工的角度来看，他们其实并不喜欢考核，他们更关注绩效考核能带来哪些激励，如涨薪、升职等。

考核如果没有与激励相挂钩，员工就只会被动的工作，而不会主动去创造更高的绩效。在将绩效考核与激励结合时，企业要注意避免片面激励。片面激励是指只以物质去激励员工，而不注重员工思想素质及工作能力的提升。

绩效激励最好是将物质奖励与精神奖励相结合，因为物质激励常常只能带来短期的刺激作用，精神激励则能更长久地发挥提高员工积极性的作用。

11.2.2 员工抵触绩效考核

面对员工抵触绩效考核这一问题，首先要分析是什么原因导致了员工抵触绩效考核，然后才是“对症下药”，常见的原因有以下几种。

（1）考核带来了巨大的压力

实际上，很多时候员工抵触的并不是绩效考核本身，而是考核所带来的压力。对于部分员工来说，他们可能并不畏惧压力，但如果绩效考评是奖少罚多，他们同样会抵触考核。

企业要避免只是为了给员工压力，或者只是为了扣工资而实施的考核，应将绩效考核作为激励的一种手段，明确考核的真正目的。

（2）考核过于频繁和复杂

考核如果过于频繁会在无形中增加企业的考核成本，同时，频繁的考核也会过多地消耗员工的能量，使得员工反感考核，导致出现短期行为和绩效泡沫。考核复杂是指考核计算方式及评估方法过于复杂，如绩效指标过于细化，计算方法过于繁杂，复杂化的绩效考核方案不仅会增加考核评估和统计的难度，还会增加各部门的工作量。

企业在设计绩效指标体系时，应避免求多求全，或是不断为评价维度增加新的考核指标，使得绩效指标体系和计算方式复杂化。另外，考核周期不可太短，应避免周周考、天天抓的绩效考核模式。

（3）绩效观念上的误区

对部分拿固定工资的员工来说，企业实施绩效考核后，他们可能会因为考核成绩不理想而导致拿不到与过去金额相当的工资，这就会使得这部分员工认为绩效考核就是扣工资，从而抵制绩效考核的推行。

面对上述情形，企业首先应向员工灌输正确的绩效观念，让员工在思想上走出对绩效考核认识的误区。其次，企业应建立健全绩效管理制度，通过设置科学的绩效考核和薪酬体系，来让员工认可绩效管理。

11.2.3　绩效信息数据不真实

在绩效管理实施过程中，信息数据是贯穿于绩效考评、绩效沟通等环节的重要媒介，然而受主客观因素的影响，可能存在绩效信息数据不真实，导致绩效考评失真的情况，绩效信息数据不真实的常见原因有以下几点。

（1）企业内部信息渠道不畅通

在企业内部，信息会在不同部门进行横向传播，同时会在上下级之间进行纵向传播，如果企业的内部信息渠道不畅通，那么就会导致信息资源无法有效传播，造成数据信息延迟、失真。

因此，企业应加强内部信息渠道的建设，通过建立内部信息网络来提高信息的内部传递效率，如利用移动互联网建立即时沟通信息渠道，实现内部员工的高效信息沟通和交流。

（2）因个人利益而提供虚假信息

绩效考核常常与薪酬、奖金等挂钩，因此员工对绩效考评的数据信息会非常敏感。有时，因为部门或个人利益，员工可能会提供虚假数据，以此来获得好的绩效结果，如虚报工作业绩、不根据事实评分，只打高分等。

针对以上情形，企业可建立绩效考核监督机制，以检查绩效考核过程中是否存在虚报伪报绩效数据的情形，图 11-1 所示为某企业绩效考核监督制度的内容。

绩效考核监督制度

第一章 总则

第一条 目的

为了督促各级管理人员认真履行绩效考核的工作职责，保证绩效考核过程中不出现滥用职权的情况，体现绩效考核公正、公平性，切实推进绩效考核工作，特制定本制度。

第二条 适用范围

本制度适用于公司正式聘用并签订劳动合同的所有员工，公司试用期员工、外聘临时专业人员不在此规定范围内。

第三条 绩效考核监督体系设计的基本原则

1.依据明确的原则。

2.记载详实的原则。

3.公正评价的原则。

第二章 绩效考核监督管理机构和职责

第四条 考核监督体系组成

绩效考核监督机构：公司成立绩效考核监督领导小组，全面负责公司绩效考核管理工作，考核监督领导小组由总经理办公会成员组成，日常考核监督工作由人力资源管理中心负责。

组长：董事长

组员：企业管理中心副总经理　　生产管理中心副总经理

营销管理中心总监　　财务管理中心总监

开发管理中心副总经理　　产品研发中心副总经理

商业运营中心副总经理　　人力资源管理中心副总经理

工作人员：日常考核监督工作由人力资源管理中心负责

第五条 绩效考核监督机构的职责

通过重点检查和抽查的方式，对各中心、各项目部绩效管理执行情况和结果运用进行检查。具体内容如下。

1.推进绩效管理工作开展，指导各中心、各项目指挥部按绩效考核规定进行考核。

2.检查各中心、各项目指挥部绩效考核的真实性，是否有隐瞒等情况。并按照绩效考核的有关规定，做好各中心、各项目指挥部的日常纪律检查工作，对公司各中心、各项目指挥部环境进行不定期检查。

3.采用关键事件记录法，在考核周期内对监督事件进行详细记录并确认，为考核提供事实依据。

4.总结绩效考核监督结果，为绩效管理提出新的改进意见和方案。

第三章 绩效考核监督内容

第六条 经监督有下列行为之一的员工，当月绩效考核不能评为优秀等级。

1.每月制定的工作计划中，未涵盖所担任岗位90%以上的主要岗位职责、工作内容及目标达成情况。

2.工作情况在工作任务完成计划的95%以下。

3.直接下属或本人当月出现一次明显错误。

4.有因沟通不畅、协调不力导致相关部门的工作延误一次。

5.因个人原因影响团队绩效一次或复命不及时一次。

6.未能按要求参加公司的培训学习活动，当月培训迟到/早退一次。培训参与率为90%以下。

7.与现场对接的专业人员，每周未主动前往工地了解项目进展情况，未到现场解决问题两次以上。

8.故意浪费或损坏公司财物的。

9.工作责任心差，发生问题相互推诿责任一次。

10.会议迟到一次或者无故缺席一次。

11.通讯工具不通畅，导致无法及时联系一次。

12.在工作中弄虚作假、出现欺瞒行为一次。

13.不积极参与公司企业文化建设，当月内刊投稿两篇（含）以下，且稿件未被采纳。

14.当月出勤未全勤者。

15.各中心、指挥部上报的绩效考核指标中，影响员工评为优秀的其他行为。

第七条 经监督有下列行为之一的员工，当月绩效考核不能评为优良以上等级。

1.每月制定的工作计划中未涵盖所担任岗位80%以上的主要岗位职责、工作内容及目标达成情况。

2.工作情况在工作任务完成计划的90%以下。

3.直接下属或本人当月出现两次明显错误。

4.有因沟通不畅、协调不力导致相关部门的工作延误两次。

5.因个人原因影响团队绩效一次或复命不及时两次。

6.未能按要求参加公司的培训学习活动，当月培训迟到/早退两次。培训参与率为80%以下。

7.与现场对接的专业人员，每周未主动前往工地了解项目进展情况，未到现场解决问题一次。

8.故意浪费或损坏公司财物的，造成300元以内损失的。

9.工作责任心差，发生问题相互推诿责任两次。

10.会议迟到两次或者无故缺席两次。

11.通讯工具不通畅，导致无法及时联系两次。

12.在工作中弄虚作假、出现欺瞒行为两次。

13.利用职务便利收受业务单位财物500元以下。

14.因玩忽职守、督导不力或业务疏忽导致5 000元以下损失的。

15.违反公司保密制度，泄漏公司一般性商业秘密一次。

16.当月内刊未投稿。

17.一个月内迟到早退达三次以上五次以下者。

18.各中心、指挥部上报的绩效考核指标中，影响员工评为优良的其他行为。

第八条 经监督有下列行为之一的员工，不能评为合格以上等级。

1.每月制定的工作计划中未涵盖所担任岗位60%以上的主要岗位职责、工作内容及目标达成情况。

2.工作情况在工作任务完成计划的80%以下。

3.直接下属或本人当月出现两次以上明显错误。

4.有因沟通不畅、协调不力导致相关部门的工作延误两次以上。

5.因个人原因影响团队绩效两次以上或复命不及时两次以上。

6.未能够按要求参加公司的培训学习活动，当月培训迟到/早退两次以上。培训参与率为70%以下。

7.上级包庇下属在办公秩序方面或绩效考核过程中舞弊，或弄虚作假的。

8.因玩忽职守、督导不力或业务疏忽导致5 000元以上损失的。

9.通讯工具不通畅导致无法联系，不能及时安排工作影响公司利益较大的。

10.故意泄漏公司商业秘密的。

11.损坏或遗失公司重大物品、设备的。

12.利用职务便利侵占公司财物或收受业务单位财物500元以上的。

13.瞒报、迟报一般突发事件的。

14.一个月内迟到早退达五次以上者，或者无故旷工累计达两天的。

15.各中心、指挥部上报的绩效考核指标中，影响员工评为合格的其他行为。

第九条 以上监督事由中，发生重大经济损失，或导致严重后果的，或者造成公司重大决策失误的，本中心或者项目指挥部所有人员承担连带责任。

第十条 监督程序

员工违纪后，在查清事实、分清责任的基础上，人力资源管理中心告知所在管理中心，依据具体违纪事项和制度进行扣减分数，或降低绩效考核等级。

员工绩效监督处理单

<table>
<tr><td>姓名</td><td></td><td>部门</td><td></td><td>职务</td><td></td></tr>
<tr><td>处理日期</td><td colspan="3"></td><td>处理地点</td><td></td></tr>
<tr><td>处理事由</td><td colspan="5"></td></tr>
<tr><td>处理结果</td><td colspan="5"></td></tr>
<tr><td colspan="2">员工确认签名</td><td colspan="2">直接主管签字确认</td><td colspan="2">人力资源中心确认</td></tr>
<tr><td colspan="2"></td><td colspan="2"></td><td colspan="2"></td></tr>
</table>

图 11–1

从图 11-1 所示的内容可以看出，该企业明确了绩效考核监督的内容，包括绩效考核的真实性、考核事实依据等内容。除绩效考核监督机制外，企业还应建立健全考核申诉机制，让员工能对绩效依据和结果提出异议，以对错误的考核结果进行纠正，从而确保绩效考核的公平公正性。

11.3 绩效评估过程中的问题

在绩效评估过程中，评价误差是比较常见的问题。而产生评价误差的原因有多种，如晕轮效应、近期行为等，这类误差通常由考核者的认知偏差所造成。

11.3.1 晕轮效应导致评估不准确

晕轮效应又被称为光圈效应，是指一个人的某些特别突出的特征，掩盖了其他方面的特征，使得人们没有对这个人的其他品质做出正确评价。

在绩效评估过程中，晕轮效应容易导致评估片面不准确。如某企业销售部经理为本部门员工进行考核评分，他认为员工 A 的销售业绩做得很好，因此其他方面也会做得很好。在对该员工的团队合作精神、忠诚度等绩效指标进行评分时，也给出很高的评分。

晕轮效应可能会导致考评者“爱屋及乌”给员工打出高分，也可能使得考评者只看到员工的缺点，而忽视员工的优点，给员工打出较低的评分。同样以销售部为例，受晕轮效应的影响，销售部经理可能会因为员工 B 市场调研做得不好，在给该项指标打低分的同时也给其他绩效指标打低分。

对绩效信息掌握不全面，以个人主观推断来做考评，是晕轮效应产生的主要原因。为避免晕轮效应，企业应明确绩效考核的评价标准，让考评者能够依据具体的评价标准来对员工进行评估。同时，要建立绩效信息数据记录机制，以确保绩效评估有客观事实作为依据。对于绩效考评能力不足的管理者，可进行考核能力的培训，以提高管理者的考评技术水平。

11.3.2　近因效应误差导致评价不客观

近因效应是指考评者以员工近期的工作行为表现为依据，来对其整个考核期内的全部工作表现做评价。

近因效应很容易导致绩效考评出现“以偏概全”的偏差，如某企业以年为周期对员工进行考核评估，在评价打分的前一个月里，行政部员工 A 表现积极，每天都及时向主管反馈信息，会议组织、记录归档等工作也做得很好。于是主管认为该员工这一年里的行政工作都做得很好，在考核评分时，给该员工全部打了优秀。

受近因效应的影响，考评者在对员工进行评估时，会将最后的印象作为评价的依据，而忽视员工过往的工作行为表现。

要有效避免近因效应带来的考评误差，管理者首先应做好绩效跟踪工作，以全面掌握员工在整个考核周期的绩效表现。其次，要加强考评总结，如每月/季度根据员工的绩效表现做一次数据汇总，并总结该员工做得好的地方，及存在问题的地方。这样既能及时纠正员工的不足之处，还能使考核工作科学化。

11.3.3　自我中心效应导致评估不准确

自我中心效应是指考评者按照自己认为的考核标准，来对员工进行考核打分，具体有两种表现，一是对比偏差，二是相似偏差。

（1）对比偏差

对比偏差是指考评者将不同员工的绩效做对比，由此产生的偏差。如对一名绩效表现一般的员工进行评价时，考核者将前一个被考核者的绩效成绩与该名员工做比较，由于前一个被考核者的绩效表现很差，于是将这名表现一般的员工评为了“优秀”。这种对比会导致表现一般的员工也得到很高的评价，而当考核者将绩效表现一般的员工与优秀员工做比较时，又可能给予表现一般的员工“较差”的评价。

（2）相似偏差

相似偏差是指考核者将被考核者与自己心中的标准做比较，以寻找与该标准相似的方面，由此带来的评估偏差。

如考核者认为“优秀”员工的考核标准为：有责任心和沟通能力。于是在对员工进行考核评价时，倾向于对有责任心和沟通能力的员工打高分，对其他员工则打低分。

受相似偏差的影响，考核者还可能把某一员工作为“榜样”，将其他被考核者与该“榜样”员工进行比较，给予该“榜样”员工绩效相似的被考核者打高分，反之，则对其他被考核者打低分。

自我中心效应与晕轮效应相似，都是受考核者个人主观判断所造成的误差，因此其解决方法也类似。

11.3.4　分布误差导致评估不准确

绩效评估的理想结果是被考核员工的考评成绩呈正态分布，然而，在现实中，常常出现考评分布不符合正态分布的情形，常见的考评分布误差有以下几种。

（1）宽厚误差

宽厚误差又被称为宽松误差，是指大部分员工被评为优秀，造成宽厚误差的原因主要有以下几种。

◆ 绩效目标值设置得过低。
◆ 绩效指标的评价标准过低。
◆ 考核者为避免引起矛盾和冲突，给被考核员工普遍打高分。
◆ 为维护本部门或自身利益而给下属高评价，如担心绩效“差”的员工过多，影响本部门的良好形象或者自己受到上级领导的批评。
◆ 担心低评价会给员工带来消极影响，如影响工作积极性。
◆ 考核评价体系的主观性指标过多。
◆ 为鼓励那些付出了努力的员工。
◆ 希望能提高本部门员工的薪资。

（2）苛严误差

苛严误差与宽厚误差相反，是指大部分员工被评为不合格，造成苛严误差的原因主要有以下几种。

◆ 绩效目标值设置得过高。
◆ 绩效指标的评价标准过高。
◆ 希望通过严苛的考核督促员工进步。
◆ 希望降低薪酬成本或者奖金的发放数额。
◆ 考核者认为应当严格要求员工。
◆ 将考核作为计划裁员的有力工具。

（3）集中趋势误差

集中趋势又被称为趋中趋势，是指大部分员工被评为一般，即大部分员工位于中间水平，造成集中趋势的原因主要有以下几种。

◆ 考核者评分时趋向于平均主义。

- ◆ 考核评分等级不明确。
- ◆ 绩效考核标准无法区分员工绩效差异。

以上 3 种误差对企业来说都可能产生消极影响，宽厚误差容易使低绩效员工不思进取，抱着“蒙混过关”的心态对待考核；苛严误差容易打击员工的工作积极性，给员工带来巨大的考核压力；集中趋势误差无法体现员工的绩效差异。

针对以上 3 种误差，比较好的处理方法是建立科学的绩效考评体系，同时加强考评者的考核能力培训，采用强制分布法对考核结果进行排序。

11.4 结果应用过程中的问题

绩效结果如何应用得当，可以让企业的绩效管理形成良性的循环。但在现实中，绩效结果的应用也可能存在问题，高效地解决这些问题，可以为新一期的绩效管理营造良好的基础。

11.4.1　员工绩效不好是否可以直接辞退

很多企业都会将绩效考核结果作为辞退员工的依据，在实践中，对考核不合格的员工做出辞退决定，即是与员工解除劳动合同。因此，在具体将考核结果运用于员工辞退时，还要符合《劳动合同法》的规定。《劳动合同法》中关于劳动合同的解除和终止有以下规定：

第三十九条　劳动者有下列情形之一的，用人单位可以解除劳动合同：

（一）在试用期间被证明不符合录用条件的；

……

第四十条　有下列情形之一的，用人单位提前三十日以书面形式通知劳动者本人或者额外支付劳动者一个月工资后，可以解除劳动合同：

（一）劳动者患病或者非因工负伤，在规定的医疗期满后不能从事原工作，也不能从事由用人单位另行安排的工作的；

（二）劳动者不能胜任工作，经过培训或者调整工作岗位，仍不能胜任工作的；

……

通过上述内容可以看出，对试用期员工来说，可以通过绩效考核结果来证明该员工不符合录用条件的情况下，企业可以单方面解除劳动合同。对于正式员工来说，并不能直接解除劳动合同，而应给予员工培训或者调整工作岗位的机会。若经过培训或者调整工作岗位后，该员工不能胜任岗位工作，那么企业可以单方面解除劳动合同。当然，若企业与考评不合格的员工协商一致，或者被考核员工存在一定过失时，同样可以解除劳动合同。

知识延伸｜通过绩效考核来证明员工不能胜任工作的注意事项

根据《劳动部关于〈劳动法〉若干条文的说明》，不能胜任工作是指劳动者不能按要求完成劳动合同中约定的任务或者同工种、同岗位人员的工作量。因此，当企业将绩效考核作为评估员工是否能胜任工作的依据时，应保证该评估依据符合相关法律法规的规定。

11.4.2　不能胜任工作的两种解决方法

根据绩效考核的结果证明员工不能胜任工作时，企业可采取培训和调岗两种方法，进行培训和调岗时，要注意以下要点。

- **对员工进行培训：**当员工的考核结果为不合格时，管理者要通过绩效面谈找出员工存在的绩效问题，再有针对性地对该员工进行培训。

培训实施过程中，要做好不能胜任工作的培训记录，以作为履行了培训义务的依据。

◆ **对员工进行调岗：**对于需要调岗的员工，企业要注意调岗的合理性，可根据员工的个人能力、工作业绩、自身优势等要素，将员工调配到合适的岗位，如将不擅长商务谈判的行政人员调岗到销售岗位，就是不合理的。

知识延伸｜完善培训制度

为避免员工对不能胜任工作所进行的培训产生异议，企业应完善培训制度，根据培训的内容，将培训分为新员工入职培训、技能培训及不能胜任工作的培训等，并且明确培训的流程及考核要求。

11.4.3 涨薪比例不合适导致工资成本过高

每个考核周期结束后，绩效考评成绩自动清零，不会影响下一期的考核结果应用，这是很多企业常用的考核模式。在这种考核模式下，本考核周期绩效工资和奖金的多少，与下一考核周期通常没有直接联系，因此绩效工资和奖金对于员工的激励常常是一次性的。

对那些长期绩效表现好的员工来说，他们会觉得这样的考核结果运用有失公平，因此，有的企业为了永久性激励优秀员工，会将绩效结果与涨薪结合在一起。

在具体设计绩效涨薪方案时，如果涨薪人员的确定及加薪比例设置不合理，很容易导致企业工资成本过高，下面来看一个范例。

｜范例解析｜ 绩效加薪不合理增加用人成本

年底绩效考核评估结束了，H公司开始实施新一轮的涨薪方案。该公司的涨薪依据是员工的考评结果，绩效考评等级为“优”的员工加薪比例为

15%；绩效考核等级为“良”的员工加薪比例为10%；绩效考评等级为“一般”的员工加薪比例为5%；绩效考评等级为“合格”的员工加薪比例为1%；绩效考评等级为“不合格”的员工加薪比例为0。

根据本考核周期的绩效结果显示，公司大部分员工的绩效考核评分为“优”和“良”，少部分为“一般”和“合格”，这样几乎所有员工都能获得加薪，且幅度很大。

由于公司没有对工资总额的承受能力进行预算，在实施涨薪方案后，用人成本增加了很多，且今年更为严重，因为一些对公司贡献值很小的员工也获得了加薪。

通过上述案例可以看出，该公司的绩效涨薪方案之所以会导致用工成本过高，主要原因在于涨薪人员的确定及涨薪比例的设置出现了问题。在确定涨薪的人员时，建议企业按绩效高低来对员工进行强制排序，即按得分高低将员工分为优、良、一般、合格、不合格 5 个等级，对每个等级划分比例，如表 11-1 所示。

表 11-1　员工绩效等级排序

等级	比例
优	20%
良	30%
一般	35%
合格	10%
不合格	5%

假设公司有 100 人参加绩效考核，那么得优的员工应只有 20 人（100×20%），通过运用强制分布法，可以避免分布误差。确定好不同等级员工所占的比例后，企业可对涨薪人员进行配置，如绩效等级为“优”和“良”的员工可获得绩效加薪，其他员工则不能参加当年的绩效加薪分配。

在确定涨薪幅度时，要根据企业可承受的工资总额的涨幅来确定。如企业可承受的工资总额的涨幅为5%，那么在设计涨薪幅度时，就不能超过这个比例。具体计算公式为：

员工工资涨幅比例=Σ（企业可承受的工资总额涨幅×工资晋升等级×员工所占比例）×100%

当企业可承受的工资总额涨幅为5%时，假设绩效等级为“优”的员工可获得两级工资晋升，绩效等级为“良”的员工可获得一级工资晋升，那么员工工资的涨幅比例为：5%×2×20%+5%×1×30%=3.5%。

为实现长期激励，企业可以将薪资的晋升等级与考核历史成绩结合，如第一年考核等级为优，不能获得涨薪；连续两年考核等级为优，可获得一级涨薪；连续三年考核等级为优，可获得二级涨薪；连续5年考核等级为优，可获得三级涨薪。

在实践中，绩效涨薪的设计方式和计算方法还有多种，如固定加薪、弹性加薪、特别加薪等，企业可根据自身情况灵活选择加薪方式。

读者意见反馈表

亲爱的读者：

感谢您对中国铁道出版社有限公司的支持，您的建议是我们不断改进工作的信息来源，您的需求是我们不断开拓创新的基础。为了更好地服务读者，出版更多的精品图书，希望您能在百忙之中抽出时间填写这份意见反馈表发给我们。随书纸制表格请在填好后剪下寄到：北京市西城区右安门西街8号中国铁道出版社有限公司大众出版中心 王佩 收（邮编：100054）。此外，读者也可以直接通过电子邮件把意见反馈给我们，E-mail地址是：505733396@qq.com。我们将选出意见中肯的热心读者，赠送本社的其他图书作为奖励。同时，我们将充分考虑您的意见和建议，并尽可能地给您满意的答复。谢谢！

所购书名：______________________

个人资料：

姓名：__________ 性别：________ 年龄：________ 文化程度：______________

职业：________________ 电话：____________ E-mail：______________

通信地址：______________________________ 邮编：______________

您是如何得知本书的：

□书店宣传 □网络宣传 □展会促销 □出版社图书目录 □老师指定 □杂志、报纸等的介绍 □别人推荐 □其他（请指明）______________

您从何处得到本书的：

□书店 □邮购 □商场、超市等卖场 □图书销售的网站 □培训学校 □其他

影响您购买本书的因素（可多选）：

□内容实用 □价格合理 □装帧设计精美 □带多媒体教学光盘 □优惠促销 □书评广告 □出版社知名度 □作者名气 □工作、生活和学习的需要 □其他

您对本书封面设计的满意程度：

□很满意 □比较满意 □一般 □不满意 □改进建议

您对本书的总体满意程度：

从文字的角度 □很满意 □比较满意 □一般 □不满意

从技术的角度 □很满意 □比较满意 □一般 □不满意

您希望书中图的比例是多少：

□少量的图片辅以大量的文字 □图文比例相当 □大量的图片辅以少量的文字

您希望本书的定价是多少：

本书最令您满意的是：

1.

2.

您在使用本书时遇到哪些困难：

1.

2.

您希望本书在哪些方面进行改进：

1.

2.

您需要购买哪些方面的图书？对我社现有图书有什么好的建议？

您更喜欢阅读哪些类型和层次的书籍（可多选）？

□入门类 □精通类 □综合类 □问答类 □图解类 □查询手册类

您在学习计算机的过程中有什么困难？

您的其他要求：